책쓰기와 강연, 1인 출판사로
인생 2 막을 열라

김열방 지음

"나는 29세부터 책쓰기와 강연,
1인 출판사를 세워 벤츠를 샀다."

100세 시대가 열렸다. 앞으로 50년간 당신은 어떤 일을
하며 살 것인가? 당신의 삶과 깨달음을 담은 책을 써내고
강연하고 1인 출판사로 창업하라. 나는 700권 책을 쓰고
강연하고 1인 출판사를 하기 때문에 평생 부요하게 산다.

개미디어

[머리말]

회사는 당신의 미래를 책임져 주지 않는다.
책쓰기와 강연, 1인 출판사로 창업하라.

회사는 당신의 미래를 책임져 주지 않는다.
내일 아침 당신이 그 회사를 퇴직하게 될지도 모른다.
지금은 60세 정년퇴직이 아닌 3, 40대에 퇴직하는 사람도 많다.
바짝 긴장하고 회사에 다니는 동안 조용히 당신과 가족의 미래를 준비해야 한다. 퇴직하면 50년간 무엇을 해서 먹고 살 것인가? 그때 가서 생각하고 아무거나 닥치는 대로 창업하면 된다고?
절대 아니다. 지금 결단하고 장밋빛 미래를 준비해야 한다.
현대판 노예처럼 상자와 칸막이에 갇혀 하루 종일 남이 시킨 일만 하다가 퇴직한다면 그것만큼 미련한 일이 없다. 퇴직금 1억에서

3억 들여 치킨집, 편의점, 식당, 카페를 차리겠다고 와르르 몰려들지만 우르르 무너진다. 그런 창업은 비록 성공했다 해도 간, 쓸개, 오장육부를 다 빼놓고 하루 종일 골병들 정도로 일해야 한다.

최소한의 비용으로 가장 보람되고 가치 있는 창업을 하라. 그것이 바로 책쓰기와 강연, 1인 출판사 설립이다. 당신도 김열방에게 코칭을 받으면 얼마든지 가능하다. 나는 이것이 최고의 길이라고 확신한다. "책쓰기와 강연, 1인 출판사는 평생 현역이다."

나는 20대에 직장을 나와 만사를 제쳐 두고 책부터 써냈다. 그러자 전문 강사의 길이 열려 전국과 세계를 다니며 강연하게 되었다. 또한 1인출판사를 설립하여 사장이 되었고 내가 쓴 책을 마음껏 출판하고 팔아서 원하는 돈을 벌게 되었다.

나는 그렇게 해서 700권의 책을 출간하고 60평 아파트와 벤츠 두 대를 사고 평생 돈 걱정 없는 수입원을 만들었다. 주위 사람들을 의지하지 않고도 전국과 세계를 다니며 마음껏 여행하고 사업하며 복음을 전할 수 있는 재정적 자유의 길을 만들어 놓았다.

나는 책쓰기와 강연, 1인 출판사를 통해 나와 가족을 위한 꿈과 소원을 다 이루었다. 이제 당신이 실천할 차례다. 기회는 바로 이 책 안에 있다. 당신도 나처럼 벤츠를 타려면 상자와 칸막이에서 빠져나와 책쓰기와 강연, 1인 출판사로 창업하라. 지금 당장 천재멘토 김열방을 만나 천재적인 책쓰기와 강연의 비결을 배우고 1인 출판사를 설립하라. 오늘 밤이 가기 전에 결단하라.

서울대학교를 졸업하고 유학 가서 박사 학위를 받고 대학 교수가 되어도 겨우 먹고 살 정도의 생활비밖에 못 번다. 결코 벤츠를 탈 수 없다. 진짜로 성공하려면 짜깁기 책이 아닌 자신의 삶을 담은 책을 써내고 앵무새 강의가 아닌 자신의 깨달음을 담은 강연을 해야 한다. 책을 사서 읽는 독자의 위치에서 책을 써내 파는 저자의 위치로 옮겨야 한다. "아직은 아니야, 내일 다시 생각하자"라고 말하며 현실 안주하지 마라. 그러면 평생 희망이 없다.

특히 당신이 여자라면 만사를 제쳐 두고 책을 쓰고 강연하고 1인 출판사로 창업하라. 그러면 평범한 동네 아줌마에서 '작가 선생님'으로 신분이 상승하고 강사비를 받으며 공인된 수다를 떨 수 있다. 1인 출판사를 차리면 사장이 되어 책을 만들어 팔고 돈을 벌게 된다. 책쓰기와 강연, 1인 출판사는 평생 돈과 명예를 얻는 현역이다. 당신도 내일로 미루지 말고 오늘 실천하라.

천재멘토 김열방

"꿈을 실현할 기회는 당신 바로 옆에 있다. 그 꿈을 실현하라.
오늘 할 일을 내일로 미루지 마라. 지금 바로 실천하고 행동하라.
쉽게 만족하지 말고 쉽게 포기하지 마라."

- 빌 게이츠 (Bill Gates)

[목차]

책쓰기와 강연, 1인 출판사로 인생 2막을 열라. 제 1 부

나는 책쓰기와 강연을 하고 1인 출판사를 차렸기 때문에 벤츠와 아파트를 샀다 / 13

나는 내가 직접 번 돈으로 아파트 두 채와 벤츠 두 대를 샀다 / 14
당신도 나처럼 책을 쓰고 1인 출판사를 세워 꿈과 소원을 다 이루라 / 15
나는 100세까지 평생 현역인 책쓰기와 강연, 1인 출판사를 한다 / 17
나는 내가 원하는 꿈과 소원을 다 이루었다. 그래서 더욱 행복하다 / 20
건강하고 행복한 억만장자의 삶을 살기 위한 일곱 가지 필수 항목 / 21
책쓰기와 강연, 1인 출판사 설립은 학벌이나 자격증이 필요 없다 / 23
나는 29세에 만사를 제쳐 두고 책부터 써내야겠다고 결심했다 / 25
다른 일은 다 하면서 책을 쓸 환경과 형편이 안 된다는 것은 핑계다 / 26
무명의 청년이 책을 한 권 써내자 전문 강사로 인정받게 되었다 / 29
당신의 자녀에게 가난을 대물림하지 말고 유복한 삶을 물려주라 / 31
손가락이 열 개 있는 것처럼 한 가지만 하지 말고 열 가지 일을 하라 / 35
어떻게 하면 1인 출판사를 차려 원하는 수입을 올릴 수 있을까? / 36
우물 안 개구리처럼 한 가지에만 갇혀 있지 말고 지경을 넓혀라 / 39
내게 코칭 받은 작가들이 나처럼 저술과 강연, 출판사를 하고 있다 / 41
안수는 공짜로 받지만 코칭은 유료로 받아야 꾸준히 실천한다 / 44
돈을 버는 것은 쉽다. 나만의 제품을 만들어 높은 값에 팔면 된다 / 45

퇴직해도 평생 책쓰기와 강연하기, 1인 출판사를 운영하면 된다 / 46
퇴직 후 당신의 인생 2막을 성공적으로 여는 구체적인 방법 / 49
생각을 완전히 뒤집어 끝에서부터 시작해야 성공한다 / 51
하나님도 모든 일을 끝에서부터 시작하셨다 / 54
억대 수입을 올리려면 처음부터 당신의 몸값을 높게 정해야 한다 / 55
학벌 시대는 지나갔다. 책이 최고의 학위요 성공의 결과물이다 / 56
여자라면 만사를 제쳐놓고 책부터 한 권 써내라 / 57
당신도 책쓰기를 하고 1인 출판사를 차려 억대 수익을 올려라 / 58
당신의 이름과 얼굴이 박힌 책으로 퍼스널 브랜딩 하라 / 60
마이크를 쥐고 공인된 수다를 떨고 돈을 받는 강연가가 되라 / 61
당신의 삶과 깨달음을 담은 책을 쓰는 것이 최고의 자기 계발이다 / 62
초고만 쓰지 말고 윤문과 가치 증가 첨삭과 편집도 하라 / 63
수재나 영재가 아닌 천재의 영역에서 책을 써내라 / 66
당신도 반드시 책을 써내고 강연하겠다는 불타는 소원을 가져라 / 68
천재적인 의사 전달의 일곱 가지 원리를 배우고 책을 써라 / 69
천재는 수재를 상대하지 않고 신적인 영역에서 따로 논다 / 72
당신이 먼저 자신의 가치를 인정하고 높은 가격을 매겨야 한다 / 73
당신도 지혜만 있으면 크게 성공하고 억대 수입을 올릴 수 있다 / 74
천재적인 원리를 거액의 수표보다 더 가치 있게 여겨라 / 75
표지와 두께는 비슷해도 책마다 의식 수준이 다르다 / 77
천재멘토를 만나 일대일 코칭을 받아야 최고의 책쓰기를 배운다 / 79
어떻게든 등록비를 만들어 천재적인 의사 전달의 원리를 배우라 / 80
장사는 하나님의 명령이다. 당당하게 팔고 남겨야 한다 / 81
불완전하더라도 하나씩 일을 시작하고 마무리를 지어라 / 83
힘들면 생각을 뒤집어 끝에서부터 시작하면 쉽게 해결된다 / 84
부모님을 존경하되 그분들보다 백배나 더 크게 살아야 한다 / 85
돈은 당당한 사람에게 붙는다. 돈 잘 버는 것을 자랑스럽게 여겨라 / 87
지금 당장 책을 써내겠다고 결심하고 오늘 실천하라 / 88
내일 지구가 멸망하더라도 나는 오늘 책을 한 페이지 쓰겠다 / 90
당신이 책으로 써낸 삶과 깨달음만 후손에게 남겨진다 / 91

가치를 알아야 당신이 쓴 책을 높은 값에 팔 수 있다 / 93
가치를 안다면 지인들에게 당신의 책을 홍보하고 팔아라 / 93
개미처럼 꾸준히 책을 쓰고 강연하고 카페를 관리하고 홍보하라 / 95
카페와 블로그를 내 집안처럼 엄격하고 깔끔하게 관리하라 / 96
당신이 가진 지혜를 공짜로 주지 말고 팔아라. 그래야 실천한다 / 97
천재적인 의미를 담은 작품을 만들어 억대 가치를 부여하라 / 98
천재적인 원리를 담은 지혜를 전수할 때 등록비를 꼭 받아라 / 100
사랑하고 존경하는 나의 진정한 천재멘토 김열방 목사님께 / 101
코치에 따라 선수의 역량이 하늘과 땅 차이로 크게 달라진다 / 103
책을 쓸 때는 짜깁기를 하지 말고 당신의 삶과 깨달음을 써라 / 104
수재와 영재의 영역에서 천재의 영역으로 공간을 이동하라 / 105
당신이 쓴 책이 수천수만의 분신이 되어 당신 대신 일한다 / 106
당신의 스토리를 책에 담아 당신의 존재와 가치를 알려라 / 108
당신 안에 있는 150억 개의 뇌세포를 가동시켜라 / 119
귀여운 여자가 아닌 섹시한 여자가 되어야 인기가 많다 / 111
당신에게도 분명히 뭔가 팔만한 이야기와 깨달음이 있다 / 112
책을 파는 것은 착한 일이다. 억만 번이나 책을 팔아라 / 114
럭셔리 세계에서는 손님이 왕이 아니고 주인이 왕이다 / 116

내 책을 읽고 실천하는 열광팬을 만나는 즐거움을 누려라 / 119
거절 비서를 세워 두고 평범한 만남은 모두 거절하라 / 120
매일 아침 혼자만의 시간을 먼저 가져야 성공한다 / 122
시간 잡아먹는 하마 같은 사람을 절대로 만나지 마라 / 123
책 출간의 열다섯 가지 유익을 눈감고 달달 외워라 / 126
책 출간은 최고의 학위요 최대의 기적이다 / 128
책 출간은 가문의 영광이요 부모님께 대한 효도다 / 129
당신의 후손에게 돈과 빌딩만 남기지 말고 책을 남겨라 / 132
책을 써내는 것 자체가 세상에서 가장 큰 성공이다 / 133
책쓰기와 강연, 1인 출판사 설립을 내일로 미루지 말고 오늘 실천하라 / 135

책쓰기와 강연, 1인 출판사로 인생 2막을 열라. 제 2 부

책쓰기와 강연, 1인 출판사 설립으로 당신의 인생 2막을 열어라 / 139

세계적인 인물은 최고의 코치를 두었다. 천재코치 김열방을 만나라 / 140
세계적인 인물들은 대부분 작가와 강연가, 사업가의 길을 걸었다 / 142
책을 써내면 당신의 인생이 크게 성장하고 발전한다 / 145
당신 대신 당신의 분신이 사람들을 만나 영업하게 하라 / 147
아무나 범접하기 힘든 카리스마적인 인물이 되라 / 150
당신도 하나님처럼 모든 일을 자동으로 돌아가게 하라 / 151
베스트셀러는 한번 대박이고 럭셔리셀러는 매일 대박이다 / 154
아들아, 너는 책쓰기와 강연, 1인 출판사를 통해 20대에 벤츠를 타라 / 157
다들 미쳤다고 말했지만 황당한 꿈이 황홀한 현실이 되었다 / 160
당신 대신 껍질이 벗겨지므로 가난하게 되신 예수님을 믿으라 / 164
당신에게 있는 희귀한 지식과 재능, 제품을 높은 값에 팔아라 / 169
500만 원씩 월세 내는 위치에서 500만 원씩 월세 받는 위치로 옮겨라 / 172
어떤 위치에서 시작할 것인지 고민하고 처음부터 잘 결정하라 / 176
방법을 모르면 100년 동안 해도 성과물이 하나도 없다 / 176
돈을 벌려면 처음부터 프로의 위치에서 돈을 받고 시작하라 / 179
독지가가 나타나 기부하기를 바라지 말고 당신이 그런 사람이 되라 / 180

코치가 없으면 아무리 많은 연습을 해도 실력이 늘지 않는다 / 182
천재는 범재나 수재가 천 년 동안 할 일을 하루 만에 끝낸다 / 184
당신도 럭셔리 제품을 만들어 파는 천재사업가가 되라 / 186
천재작가와 강연가가 되려면 천재멘토 김열방을 만나 코치 받아라 / 188
거저 주고받는 것과 장사하는 것, 둘 다 잘해야 성공한다 / 195
부정적인 사람은 모두 차단하고 전화를 받거나 만나지 마라 / 197
일단 저질러서 해보면 두려움이 사라지고 새 길이 열리게 된다 / 198
외부의 반대 세력에 부딪히지 않으려면 조용히 일을 시작하고 끝내라 / 201
한 계단 올라가면 거기에 걸맞은 친구가 당신을 기다리고 있다 / 203
당신이 직접 억대 수입을 올리는 위치와 환경을 만들어라 / 207
처음에 당신이 원하는 최고 조건으로 계약해야 후회하지 않는다 / 209
부정적인 사람은 차갑게 대하고 멀리 두고 완전히 차단하라 / 211
부정적인 사람은 절대로 만나지 마라. 전화나 문자도 하지 마라 / 213
중간에 의심하지 말고 끝까지 가야 큰돈을 벌고 성과물을 얻는다 / 215
꿈이 멀어진 것 같아도 어떻게든 하나님이 그 꿈을 이루어 주신다 / 217
당신도 야곱처럼 럭셔리 제품을 만들어 억대 수입을 올려라 / 218
꿈을 꾸고 가졌다고 믿으면 어제까지 없던 새로운 길이 생긴다 / 220
무슨 일을 시도하든지 두 배의 예산을 잡고 진행하면 쉽다 / 222
끝까지 버티다가 억지로 하지 말고 즐거운 마음으로 오늘 실천하라 / 225
당신도 하루에 1억, 10억씩 벌 수 있다는 믿음을 가지라 / 228
모든 일을 자동화시켜 놓고 자유롭게 움직이며 인생을 즐겨라 / 230
김열방 연보 : 천재적인 재능을 마음껏 발휘하며 살라 / 235

책쓰기와 강연, 1인 출판사로 인생 2막을 열라. 제 1 부

나는 책쓰기와 강연을 하고 1인 출판사를 차렸기 때문에 벤츠와 아파트를 샀다

당신은 날마다 크게 투자하는 인생을 살고 있습니까?

나는 시간과 비용을 잘 투자합니다. 그리고 반드시 그 투자한 것의 백 배 이상을 거둡니다. 거두지 못하면 한번만 하고 멈추어야 하기 때문입니다. 더 이상 할 수 없습니다. 어떻게 하면 거둘 수 있을까요? 쉽습니다. 사업해서 돈을 벌면 됩니다.

마이크 맥라렌은 "당신이 되고 싶은 뭔가가 있다면 일단 자신에게 기회를 주어라"고 말했습니다. 당신은 자신에게 책을 쓰고 강연하고 1인 출판사를 차려 사업할 수 있는 기회를 주었습니까?

나는 내가 직접 번 돈으로 아파트 두 채와 벤츠 두 대를 샀다

나는 내 인생에 그런 기회를 주었습니다.

그 결과 20세부터 전국과 세계를 다니며 강연하고 29세부터 지금까지 미친 듯이 자판을 두드려 700권의 책을 써냈습니다. 내가 직접 번 돈으로 60평 아파트를 샀고 벤츠도 두 대 사서 몰고 다닙니다. 출판사도 두 개를 설립해서 운영하고 있습니다. 그리고 지금까지 텔레비전과 라디오, 신문과 잡지, 저술과 강연 등을 통해 2억 명의 사람들에게 복음을 전했습니다. 어떻게 내가 원하는 것을 다 얻게 되었을까요?

삶의 우선순위를 정하고 어떤 일이든 내일로 미루지 않고 오늘 실천하며 내 인생에 많은 기회를 주었기 때문입니다. 나는 내가 진정으로 원하는 것은 무엇이든 거침없이 하나님께 구했고 다 받았습니다. 당신도 얼마든지 가능합니다. 무엇이든 하나님께 구하고 기회가 오면 내일로 미루지 말고 오늘 실천하십시오.

내 삶의 우선순위는 매일 아침에 하는 자기 계발에 있습니다.

나는 매일 아침 카페에 가서 커피를 마시며 책을 읽고 깨달음을 얻는 '혼자만의 시간'을 가집니다. 그리고 오후에는 초고를 쓰고 '윤가편오인' 곧 윤문, 가치 증가 첨삭, 편집, 오타 수정, 인쇄 확인 등을 하며 1인 출판 사업을 합니다. 책이 한 권씩 출간될 때마다 건강한 아기를 낳은 것처럼 큰 성취감과 행복감을 느낍니다.

내 책은 나의 분신입니다. 수십만 권의 내 책이 지금도 내 대신 전국과 세계를 날아다니며 목숨 바쳐 일하고 있습니다. 내 책은 내 대신 홍보하고 영업하는 1인 기업의 직원입니다. 내 책이 내 대신 가르치고 상담하고 전도하고 선교하고 박해받고 순교까지 합니다.

내 책은 결코 죽지 않습니다. 비록 찢기고 불태워져도 다시 인쇄소에서 다시 수만 권을 찍어냅니다. 빌딩도 사라지고 사람도 죽지만 내 책은 영원합니다. 계속 생육하고 번성합니다. 계속 살아서 돌아다닙니다. 책마다 잉태와 출산, 이름과 얼굴, 개성과 덩치, 주어진 길과 운명이 있습니다. 태어나는 순간 스스로의 길을 갑니다.

당신은 이러한 분신이 있습니까? 지금 당장 만드십시오.

나는 오전에 책을 읽으며 혼자만의 깨달음의 시간을 가집니다.

그러면 그날 해야 할 중대한 일이 다 떠오르고 일이 척척 진행됩니다. 직원에게 몇 가지 지시를 내린 후 아내와 함께 산책하며 부동산을 돌아봅니다. 학교를 마치고 온 아이를 만나 대화하며 필요한 것을 채우며 인생을 코치합니다. 나는 이렇게 행복한 천재작가와 강연가, 사업가와 자산가의 길을 걷고 있습니다. 나는 자유롭고 부요하고 건강하고 한없이 행복합니다. 최고의 인생입니다.

당신도 나처럼 책을 쓰고 출판사를 세워 꿈과 소원을 다 이루라

당신은 진정으로 좋아하는 일을 하고 있습니까?

나는 진정으로 내가 좋아하는 일을 하고 있습니다. 사실 그런 일만 합니다. 내가 좋아하지 않는 일, 원치 않는 일은 아예 하지 않습니다. 어떻게 그것이 가능할까요? 시간과 돈에 부요하고 자유롭기 때문입니다. 나는 죽을 때까지 두고두고 평생 팔 수 있는 내가 만든 책들이 산더미처럼 출판사와 유통 회사에 쌓여 있습니다. 그 책은 썩지도 않고 유통기한도 없습니다. 최고의 상품입니다.

내 책은 전국 서점에서 꾸준히 팔리고 있습니다.

독자들은 내 책이 너무 좋아 한 권을 사서 읽으면 나머지 서가에 꽂힌 수십 권을 몽땅 사갑니다. 하루아침에 김열방 마니아 곧 '열광팬'이 되는 것입니다. 내 책에 담긴 삶과 깨달음이 그들의 인생을 뒤집어 놓았기 때문입니다. 그들은 나의 모든 것을 좋아합니다.

당신도 나처럼 책을 쓰고 강연하고 1인 출판사를 설립하고 운영하며 인생 2막을 여십시오. 일도 하고 돈도 벌고 후손에게 당신의 삶과 깨달음도 물려주게 됩니다. 책쓰기를 통해 얻게 되는 유익은 수천 가지도 넘습니다. 무엇보다 책쓰기는 평생 현역입니다.

지금은 다들 100세 시대라고 합니다. 중요한 것은 50대에 은퇴 후에 또 50년을 더 살아야 한다는 것입니다. 은퇴했다고 노인으로 방구석에 들어앉아 있는 것이 아닙니다. 아직 '건장한 아저씨'입니다. 20대까지는 돈이 없어도 멋있지만 30대부터는 돈을 잘 벌어야 합니다. 40대든, 50대든 현역에서 물러나 경제 활동을 하지 못하면 사회로부터 버림받은 것 같은 큰 소외감을 느끼게 되며 자신의 모습이 초라해집니다. 돈에 대한 부정적인 마음을 다 버리고 긍정적인 마음을 가지십시오. 100세까지 평생 현역인 책쓰기와 강연, 1인 출판사를 하십시오. 그러면 억대 수입을 올리게 됩니다.

나는 100세까지 평생 현역인 책쓰기와 강연, 1인 출판사를 한다

당신은 지금까지 어떤 회사에서 어떤 일을 했습니까?

회사에서 시킨 일만 하다가 막상 퇴직하면 무엇을 할 수 있겠습니까? 10년, 20년, 공장의 기계 부속품처럼 회사를 위해서만 일하지 말고 지금부터라도 자신의 인생을 챙기고 준비해야 합니다. 직장에 다니는 동안 책쓰기와 강연하기, 1인 출판사 설립에 대한 코칭을 받아야 합니다. 그러면 퇴직했을 때 평생 책 쓰고 강연하고 사업하게 됩니다.

회사는 당신을 계속 책임져 주지 못합니다. 칸막이와 상자에 갇혀 남이 시키는 단순 노동만 하면서 대기업 직원, 공무원, 군인이 되었으니 성공했다고 착각하면 안 됩니다. 언젠가는 거기서 나와야 합니다. 10년 후에 당신은 무엇을 하겠습니까?

그 회사에 취직하기 위해 일류 대학을 졸업하고 수많은 자격증을 따며 30년을 준비했습니다. 그런데 30년간 일하고 퇴직하면 60세가 됩니다. 100세 시대에 40년간 무엇을 할 것입니까? 요즘은 20대, 30대에도 퇴직을 많이 합니다. 평생 알바를 하겠습니까?

남의 일 같지만 10년은 눈 깜박할 사이에 지나갑니다. 100세까지, 아니 200세까지도 현역으로 세상에서 가장 강력한 작가와 강연가, 사업가로 살아가야 합니다. 손가락만 까닥할 힘이 있으면 자판을 두드려 책을 쓸 수 있고 입술만 까닥할 힘이 있으면 마이크를 쥐고 강연할 수 있기 때문입니다. 출판사는 직원에게 맡겨 자동화시키면 됩니다. 출판사는 최고의 전문직, 고급직입니다.

나는 책쓰기와 강연, 1인 출판사 운영으로 하루 종일 자유롭고 행복하게 인생을 즐기며 삽니다. 작가와 강연가, 사업가와 자산가의 삶은 말할 수 없는 자유와 여유가 있습니다. 그 어떤 일을 하는 것보다 더 큰 행복감과 성취감이 있고 당신도 얼마든지 할 수 있습니다. 해보지도 않고 불가능하다는 생각을 갖지 마십시오.

"다들 책 쓰고 강연하고 1인 출판사를 차리는 것은 아니잖아요?"

남들이 다 가는 길이 안전한 길이 아닙니다. 오히려 남이 가지 않는 길을 가야 안전하고 원하는 것을 다 얻고 크게 성공합니다.

다들 책 읽는 길을 갈 때 당신은 책 쓰는 길을 가야하고 다들 강연 듣는 길을 갈 때 당신은 강연하는 길을 가야하고 다들 책을 사는 길을 갈 때 당신은 책을 만들어 파는 길을 가야 합니다.

다들 대학교에 갈 때 당신은 천재멘토를 만나 천재적인 의사 전달의 원리를 코칭 받아야 합니다. 그렇게 실천한 사람들은 다들 무척 행복해 하고 있습니다. 가정이 안정되고 부요해졌습니다.

로버트 프로스트(Robert Frost)의 유명한 시인 '가지 않는 길'을 소개하고자 합니다. 이 시를 읽고 당신도 나처럼 남들이 가지 않는 길을 선택하여 원하는 것을 다 얻고 성공하기 바랍니다.

노란 숲속에 두 갈래 길이 있었어요.
한 몸으로 두 길을 다 가볼 수 없어
나는 안타까운 마음으로 오랫동안 서서
덤불 속으로 꺾여 내려간 한 길을
바라볼 수 있는 데까지 바라보았어요.

그러다가 똑같이 아름다운 다른 한 길을 택했어요.
그럴 만한 이유가 있었어요.
거기에는 풀이 더 우거지고 사람의 발자취가 적었어요.
하지만 그 길을 걸음으로써
그 길도 거의 같아질 것이지만.

그날 아침 두 길은 낙엽을 밟은 자취가 적어
아무에게도 더렵혀지지 않은 채 묻혀 있었어요.
아, 나는 훗날을 위해 한 길을 남겨 두었어요.
길은 다른 길에 이어져 끝이 없으므로
다시 돌아오기 어려우리라 여기면서도.

오랜 세월이 흐른 뒤에
나는 한숨지으며 얘기하겠지요.
숲속에 두 갈래 길이 나 있었다고
나는 사람이 적게 간 길을 택했고
그것으로 인해 내 모든 게 달라졌다고.

내가 바로 이 시처럼 살았습니다. 나는 아무도 가보지 않은 길을 갔고 그로 인해 내 모든 게 달라졌습니다. 내가 이 길을 가며 매일 누리게 된 것들은 어떤 것이 있을까요? 일곱 가지가 넘습니다.

첫째, 혼자만의 시간을 가지며 책을 읽고 깨달음을 얻는 자기 계발하기
둘째, 매일 꾸준히 책을 쓰고 강연하며 수많은 인생을 변화시키기
셋째, 스포츠 오픈카를 타고 매일 아내와 함께 즐겁게 드라이브하기
넷째, 가고 싶을 때 언제든지 떠나 전국과 세계를 마음껏 여행하기

다섯째, 내 이름과 스토리와 깨달음이 담긴 책을 만들어 팔아 돈 벌기
여섯째, 서양화를 마음껏 그려 한 점에 수백억 원에 팔기
일곱째, 나와 같은 세계적인 천재 작가와 강연가, 사업가와 자산가를 세워 코치하므로 세상을 바꾸기

나는 내가 원하는 꿈과 소원을 다 이루었다. 그래서 더욱 행복하다

당신은 꿈과 소원을 몇 가지나 이루었습니까?

나는 내가 원하는 꿈과 소원을 다 이루었습니다. 나를 만난 사람들이 다들 나를 부러워하고 있습니다. 나는 10대, 20대부터 그런 내가 진정으로 원하는 최고의 삶을 살았습니다. 그때도 주위에서 사람들이 말하길 "너는 정말 좋겠다. 하고 싶은 거 다 하며 사니까. 나는 그게 안 돼"라고 말했습니다. 왜 안 될까요?

생각을 바꾸면 됩니다. 당신의 생각을 크게 하십시오.

당신은 남이 정한 기준을 따라 살지 않습니까?

왜 그렇게 삽니까? 한번뿐인 당신의 소중한 인생을 그렇게 남의 기준을 따라 눈치 보며 살 필요가 전혀 없습니다. 부모님과 친척들, 형제자매, 직장 상사와 동료들, 학교 선생님과 친구들, 교회 목사님과 교인들, 그 누구도 당신의 인생을 책임져 주지 않습니다.

내 인생은 오직 하나님 앞에서 나만의 문제입니다. 나는 하나님 앞에서 강하고 담대하게 삽니다. 다른 사람들이 어떻게 말하든 나는 하나님의 눈에 큰 자입니다. 하나님은 나를 특별히 사랑하십니

다. 당신도 그렇습니다. 하나님의 사람은 하나님 눈치만 봐야 합니다. 주위 사람들의 눈치 보는 인생을 오늘 당장 졸업하십시오.

건강하고 행복한 억만장자의 삶을 살기 위한 일곱 가지 필수 항목

아무리 돈이 많은 억만장자라도 병들면 소용없습니다.

나는 멋지고 잘 생긴 차 메르세데스 벤츠를 두 대 사서 몰고 다닙니다. 하루는 주차하는데 맞은편에 있던 벤츠에서 한 사람이 병으로 부축을 받으며 내리는 것을 보았습니다. 나는 생각했습니다.

'벤츠를 타고 다녀도 몸이 병들면 멋지지 않구나.'

벤츠를 타도 몸이 건강해야 멋집니다. 내가 빨간 스포츠카를 운전하고 있거나, 타고 내릴 때 주위 사람들이 "와, 멋지다" 하며 쳐다봅니다. 그런데 차에서 내리는 내 모습이 병들고 근심 걱정에 얼굴이 어둡다면 어떨까요? 벤츠도 아무 소용없습니다.

나는 바로의 버금 수레를 탄 국무총리 요셉처럼 잘 생기고 날씬하고 매력적이고 범접하기 힘든 카리스마를 풍깁니다. 그래서 멋지고 항상 20대처럼 어려 보입니다. 날마다 더 젊어지고 있습니다.

인생은 벤츠만으로는 안 됩니다. 건강하고 지혜롭고 행복해야 합니다. 하나님과 동행하며 거룩한 삶을 살아야 합니다. 나는 하나님의 자녀답게 의롭고 성령 충만하고 건강하고 부요하고 지혜롭게 삽니다. 신앙도 한 가지가 아닌 전인 구원을 받아 누려야 합니다.

오늘날 수많은 교회들이 "예수 믿고 죽어서 천당 가면 된다"는 한 가지만 강조합니다. 이 땅에서의 삶은 죄짓고 목마르고 병들고 가난하고 어리석은 것이 정상이라고 가르칩니다. 절대로 그렇지 않습니다. 정말 안타까운 것은 "믿음으로 의로워진다"는 한 가지도 제대로 정립이 안 돼 끙끙거리는 성도들이 많다는 것입니다.

"예수를 믿는다고 의로워진다고? 아니야. 착한 일 많이 하고 고행하고 도를 닦고 온갖 영성 훈련 프로그램을 거치고 인격이 좋아야 해. 율법을 한 가지라도 어기면 지옥에 가, 아무나 쉽게 천국에 못 들어가. 믿기만 하면 천국에 간다고? 말도 안 돼."

그렇게 수많은 선행, 고행과 도를 닦음으로 천국에 들어간다면 하나님의 아들 예수님이 왜 껍질이 벗겨진 채 피와 땀과 눈물을 다 쏟으며 값을 지불하고 십자가에서 죽어야 했습니까?

속지 말아야 합니다. 오직 예수님이 당신의 죄 때문에 대신 죽으시고 부활하신 하나님의 아들임을 믿음으로 의로워지고 천국에 넉넉히 들어감을 얻는 것입니다. 율법은 구원 받으라고 준 것이 아닙니다. 구원 받은 자의 건강하고 행복한 삶을 살라고 주신 것입니다. 율법의 행위로는 구원을 얻을 사람이 한 명도 없습니다.

오직 믿음으로 구원받고 모든 복을 받습니다.

성경 전체를 보고 깨달아야 합니다. 당신이 건강하고 행복한 억만장자의 삶을 살려면 한 가지만 고집하지 말고 하나님이 주시는 선물 일곱 가지를 다 받아 누려야 합니다. 그것이 무엇일까요?

첫째, 죄를 사함 받고 의로워지는 것입니다.
둘째, 목마름이 사라지고 성령 충만해지는 것입니다.

셋째, 병이 떠나가고 건강해지는 것입니다.
넷째, 가난을 끊고 부요해지는 것입니다.
다섯째, 어리석음을 졸업하고 지혜로워지는 것입니다.
여섯째, 징계에 대한 두려움을 떨치고 평화를 누리는 것입니다.
일곱째, 죽음을 이기고 영원한 생명을 받아 누리는 것입니다.

책쓰기와 강연, 1인 출판사 설립은 학벌이나 자격증이 필요 없다

100세 시대를 부요하게 살려면 균형과 조화가 필요합니다.
한쪽으로만 치우치면 죽도록 고생하고 행복과 자유가 없습니다. 수많은 그리스도인들이 "예수 천당"은 이미 이루어졌는데 그 다음 어떻게 살아야 할지 모르고 교회 안에서만 허우적거리고 있습니다.
예수님은 "너희는 교회 안의 빛이다"라고 하지 않았고 "너희는 세상의 빛이다"라고 하셨습니다. 세상에 나가서 빛의 역할을 감당해야 합니다. 어떻게 가능할까요? 쉽습니다. 책을 쓰고 강연하고 사업하면 됩니다. 성경 인물들은 학벌 좋은 사람이 아니었습니다.
하나님이 선택해 책을 쓰고 강연하고 사업하게 한 사람들은 다들 보통 사람에 불과했습니다. 세상 학문에 능했던 사도 바울도 그 모든 것을 초등 학문과 배설물로 여겼습니다. 그는 말했습니다.
"형제들아, 너희를 부르심을 보라 육체를 따라 지혜로운 자가 많지 아니하며 능한 자가 많지 아니하며 문벌 좋은 자가 많지 아니하도다. 그러나 하나님께서 세상의 미련한 것들을 택하사 지혜 있는 자들을 부끄럽게 하려 하시고 세상의 약한 것들을 택하사 강한 것들을 부끄럽게 하려 하시며 하나님께서 세상의 천한 것들과 멸시받는 것들과 없는 것들을 택하사 있는 것들을 폐하려 하시나니 이는 아무 육체도 하나님 앞에서 자랑하지 못하게 하려 하심이라."
(고전 1:26~29)

그들을 하나님이 불렀지만 당신은 아니라고요?

그렇지 않습니다. 지금 이 책을 통해 하나님이 당신을 그분의 작가와 강연가, 사업가와 자산가로 부르고 있습니다. 아무나 이 책을 잡아 붙들고 읽을 수 있는 것이 아닙니다. 당신은 오늘 특별히 하나님께 선택받은 사람입니다. 당신은 운명의 사람입니다.

베드로와 요한이 뭘 했습니까? 성령이 임하자 강연하고 저술했습니다. 강연과 저술은 성경에 나오는 인물들의 기본 사항이었습니다. 아브라함과 이삭과 야곱은 양떼와 소떼와 노비와 은금이 많았고 요셉은 국가적으로 장사했고 모세는 정치했고 솔로몬은 무역했고 욥은 사업했습니다. 다들 작가와 강연가, 사업가와 자산가로 한 시대를 바꾸며 크게 활동했습니다.

당신은 지금 무엇을 하고 있습니까? 왜 한 가지만 고집합니까?

나는 일도 열심히 하고 푹 자고 쉬고 노는 것도 잘 합니다. 매일 아내와 산책하고 아이들과 재미있게 놀며 그들의 삶을 코치합니다. 사람들은 나를 보고 "하고 싶은 거 다하며 산다"고 엄청 부러워합니다. 당신도 그렇게 살아야 됩니다. 하나만 하지 말고 열 가지, 백 가지를 다 하십시오. 그렇게 살아도 됩니다.

인생은 그 정도로 풍요롭습니다. 나는 그렇게 살고 있습니다.

당신이 지금까지 학교를 졸업하고 자격증을 따고 직장에 다니고 집과 땅을 사는데 투자했다면, 잘했습니다. 하지만 이제는 책을 쓰고 강연하고 산책하고 드라이브하고 여행하겠다는 결심을 해야 합니다. 이런 것들이 직장 다닐 때는 상상조차 못할 일이었지만 이제는 가능합니다. 매일 그런 자유와 행복, 건강과 부요를 누리며 정말 멋진 삶을 살아야 합니다.

나는 29세에 만사를 제쳐 두고 책부터 써내야겠다고 결심했다

당신은 지금까지 책을 한 권이라도 써낸 적이 있습니까?

나는 29세에 책을 먼저 써냈습니다. 신학대학원에 시험을 쳐서 합격하고 입학금과 등록금을 낸 후에 즉시 휴학계를 냈습니다.

그리고 만사를 제쳐 두고 책부터 쓰기 시작했습니다.

그때 아무것도 내세울 것이 없었습니다. 그런 29세의 젊은 나이에 만사를 제쳐 두고 책을 써내야겠다고 결심한 것입니다. 대학원을 졸업하거나 유학을 다녀와서 박사 학위를 받은 것도 아니었습니다. 대형 교회를 세운 것도 아니었습니다. 텔레비전이나 라디오, 잡지책에 나와 이름을 날린 것도 아니었습니다. 아무 것도 없는 한 청년이 책을 써내겠다고 마음먹고 시도한 것이었습니다. 그것이 내 평생에 가장 잘한 일 중에 하나였습니다.

처음엔 연습장에 볼펜으로 긁적였습니다. 쓰다 버리고 쓰다 찢기를 반복하다가 도저히 안 되겠다 싶어 포기했습니다. 그러던 중

100만 원짜리 컴퓨터 한 대를 할부로 구입하게 되었고 한 달 동안 밤새우며 자판을 두드리니 250쪽짜리 책 한 권이 튀어나왔습니다.

다른 것은 다 하면서 책을 쓸 환경과 형편이 안 된다는 것은 핑계다

책을 쓰고 강연할 환경과 형편이 안 된다고요? 다 핑계입니다.

나는 26세에 결혼해서 아이를 둘 낳아 키우고 있었습니다. 낮에는 아이들과 놀아줘야 했고 밤에 아이들이 잠들면 그때부터 밤새워 가며 책을 써야 했습니다. 그 당시 시골에서 도시로 올라와 보증금 1000만 원에 월세 10만 원을 내는 지하에 살았습니다.

한 달에 수입이 50만 원도 되지 않을 정도로 가난했습니다.

내가 가진 자동차는 개척 교회에서 승합차를 구입해야 한다고 해서 헌금으로 드렸습니다. 아이 사탕 사 줄 돈이 없어 냉장고 밑을 자로 훑으며 동전을 찾아야 하는 힘든 적이 있었습니다. 그렇게 가장 밑바닥 인생일 때 내가 무엇을 했을까요? 책을 썼습니다.

그 원고 뭉치를 문방구에 가서 복사한 다음 열군데 출판사에 우편으로 보냈습니다. 그러자 한국에서 다섯 손가락 안에 드는 큰 출판사에서 연락이 왔습니다. 사장님이 내게 말했습니다.

"우리 출판사는 외국에서 유명한 작가들이 쓴 원서만 번역해서 5000권이나 책을 낸 곳입니다. 웬만해서는 한국 작가들이 쓴 책을 출간하지 않습니다. 박사 학위를 받은 분도, 대형 교회 목사님도 방송을 타는 분들도 그분들은 자신이 대단하다며 책을 내면 잘 팔릴 거라고 원고를 들고 오지만 막상 책을 찍어내면 안 팔립니다. 안 팔리면 모두 창고에 쌓여 있다가 재단기로 잘라 폐지로 팔게 됩니다. 그런데 작가님의 원고를 보니 무명의 젊은 청년에게서 성령님의 역사가 강하게 일어난 것 같아 우리 출판사에서 책을 내기로 결정했습니다. 내세울 프로필은 없지만 원고만 보고도 책에 대한 확신이 들었습니다."

나는 그 사장님과 계약했고 그 이후로 원고를 손본다고 출판사를 여러 번 들락거렸습니다. 사장님은 수시로 나를 불렀습니다. 나는 이제 책이 나오나 보다 했는데 "다시, 다시" 하며 편집하고 프린트한 원고를 계속 내 손에 쥐어 집으로 돌려보냈습니다. 전철을 타고 오가는 길에 원고를 붙들고 씨름을 했고 집에 도착해서도 며칠간 원고를 다듬어야 했습니다. 그런데도 그 출판사 사장님은 "좀 더, 좀 더 다듬어 주세요. 원고는 손볼수록 더 좋아집니다"라고 퇴고를 요구했습니다.

그렇게 힘든 기간을 거친 후 마지막으로 전문가를 통해 오타 교정을 보고 표지가 나오고 인쇄에 들어가게 되었습니다. 사장님은 내게 원고를 보여 주며 오타 교정과 표지 디자인에 많은 비용이 들었다, 한 권의 책이 나오기까지 많은 과정이 필요하다고 했습니다.

그 출판사는 큰 사옥을 갖고 있고 대형 인쇄 기계를 직접 돌리는 곳이었습니다. 사장실과 직원들의 사무실을 둘러싼 책장에는 그 출판사에서 만든 책들이 가득 꽂혀 있었습니다. 사장님은 "이 책들이 다 우리가 만든 겁니다. 저는 미국 시민권도 있습니다"라고 뿌듯한 마음으로 시민권을 보여 주며 자랑했습니다. 그 당시만 해도 그 모든 것이 나와 전혀 상관없는 일인 줄 알았습니다. 하지만 믿음은 들음에서 나고 또 뭔가를 보면 얻게 되는데 그때 내 속에서 꿈이 꿈틀거렸습니다.

지금 나는 출판사를 두 개나 설립해 10년 이상 성공적으로 운영하고 있습니다. 윤문, 가치 증가 첨삭, 편집, 오타 교정, 인쇄 확인 등을 내가 직접 합니다. 그 모든 과정마다 비용이 들고 책 한 권을 출간하는데 꽤 많은 돈이 듭니다. 그런데 수만 권의 책을 읽고 700권의 책을 출간하다 보니 그 모든 과정에 통달하고 내가 직접 하게 되었습니다. 그래서 나와 내게 책쓰기와 1인 출판사 설립 코칭을 받은 사람들은 돈을 많이 들이지 않고 마음껏 책을 제작해서 서점에 유통합니다.

하루는 영업 부장님이 내게 와서 "김열방 작가님, 이런 책이 두 권만 있으면 출판사 운영이 되겠습니다. 책이 아주 잘 팔립니다"라고 말했습니다. 그 이후로 나는 몇 군데 출판사와 거래하다가 드디어 출판사에 대한 꿈을 가지게 되었고 10년 만에 내가 직접 출판사를 차려 오디오북을 포함해서 700권이나 되는 크고 작은 멋진 책을 펴냈습니다. 내가 써내고 싶은 책을 다 출간한 것입니다.

그렇게 책을 써내자 내 인생에 급격한 변화가 찾아왔습니다.

사람들은 전국 서점에서 내 책을 사서 읽고 나를 만나겠다고 연락이 오고 실제로 많은 사람들이 찾아왔습니다. 그분들이 교회를 개척하는데 거액의 헌금을 하고 나의 복음 전도 사역에 지속적인 후원을 했습니다. 만약 내가 책을 써내지 않았다면 어떻게 되었을까요? 지금의 부요하고 행복한 내 인생은 없었을 것입니다.

무명의 청년이 책을 한 권 써내자 전문 강사로 인정받게 되었다

당신도 사람들에게 알려지기를 원치 않습니까?

사람들이 깜짝 놀랄 만한 큰 업적을 이루면 당신의 이름과 얼굴이 세상에 알려질 것입니다. 사실 가장 큰 업적은 바로 당신의 삶과 깨달음을 담은 두꺼운 책을 한 권 써내는 것입니다.

나는 29세에 책을 한 권 써냈고 그로 인해 하루아침에 유명 인사가 되어 세계를 날아다니며 강연하게 되었습니다. 처음엔 강연비가 하루에 10만 원, 2일에 50만 원 정도였지만 나중엔 10분에 100만 원, 3일에 천만 원이 넘기도 했습니다.

책을 써내니 일류대학교를 졸업하고 박사 학위를 몇 개 받은 사람들과는 완전히 다른 대우를 받게 되었습니다. 그들은 한 달 내내 강의해서 100만 원에서 500만 원을 받았지만 나는 한번 강연에 그 정도의 강사비를 받았습니다.

나도 청중들 앞에서 내 삶과 깨달음을 전하는 강연이 아닌, 교수로 초청받아 학교에서 교재를 몇 장씩 읽으며 설명하는 강의를 한 적이 있는데 한 시간에 2만 원을 받았습니다. 한 달 내내 강의해도 20만 원밖에 안 되었습니다. 학교나 학원 강사가 되면 앵무새처럼 똑같은 교재만 해마다 반복해서 읽어야 하고 수입은 적습니다.

하지만 군중들 앞에서 내 삶과 깨달음을 이야기하는 강연을 하면 억대 수입을 올릴 수 있습니다. 그렇다면 어떤 길을 가야 할까요? '스펙 강사'가 아닌 '스토리 강연가'의 길을 가야 합니다.

한국은 IMF를 기준으로 세상이 바뀌었습니다. IMF 이전에는 학원 강사, 학교 교사, 대학교수가 최고의 길인 줄 알고 부지런히 스펙을 쌓아야 인정받을 수 있었고 엄마의 치맛바람이 큰 힘을 발휘했습니다. 하지만 IMF 이후에는 그렇게 투자해서 쌓은 스펙만으로는 성공하거나 원하는 수입을 얻을 수 없게 되었습니다.

똑같은 기계 부속품과 벽돌을 수십만 개 찍어내듯 너무나 많은 사람들이 학원 강사, 학교 교사, 대학교수가 되기 위해 줄 서 있고 '얼마든지 당신 아니어도 다른 사람으로 대체가능한 공장에서 찍어낸 인력'이 되고 말았습니다. 대기업 직원, 은행 직원, 군인, 공무원도 인력이 남아돕니다. 이제는 다들 창업하는 시대가 왔습니다.

'스펙'에 '스토리'를 더해야 크게 성공하는 시대가 온 것입니다.

나는 어린 나이에 수많은 책을 읽고 그 사실을 진즉 알았습니다. 그래서 몇 가지 스펙만 갖춘 후 스토리 인생길을 가기 위해 만사를 제쳐 두고 책부터 써내기로 굳게 결심한 것입니다. 지금 생각해도 정말 잘한 일이었습니다. 그렇게 스토리 인생길을 걸었기 때문에 내가 원하는 것을 다 얻게 되었습니다.

당신도 몇 가지 스펙을 갖추었다면 이제 멈추고 스토리를 갖추어야 합니다. 몇 줄 스펙만 가지고는 안 됩니다. 수천수만 줄의 스토리를 담은 두꺼운 책을 써내 당신의 자리매김을 해야 합니다.

나는 스토리 인생인 작가와 강연가의 길을 가게 되었고 또 내가 쓴 책을 마음껏 출판하기 위해 직접 출판사를 세워 운영하기 시작했습니다. 취직하기 위해 이력서를 내는 봉급자의 길이 아닌 내가 원하는 회사를 차려 이력서를 받는 사업가의 길을 선택한 것입니다. 나는 평생 이력서나 성적 증명서를 낼 일이 없어졌습니다. 그래서 행복합니다. 전능하신 하나님은 이렇게 나를 인도하셨고 많은 복을 주셨습니다.

당신의 자녀에게 가난을 대물림하지 말고 유복한 삶을 물려주라

당신은 하나님께 얼마나 받아 누리고 있습니까?

나는 내가 꿈꾸고 소원하는 것을 다 받아 누리고 있습니다.

당신도 하나님의 자녀로서 무엇이든지 예수 이름으로 구하고 다 받아 누려야 합니다. 이 땅에서 행복하고 건강하고 부요한 삶을 살아야 합니다. 나처럼 정말 멋진 인생을 살아야 합니다.

오늘날 수많은 목회자들이 "하나님께 많이 드려라"고만 가르칩니다. 헌신은 가르치지만 실제로 "이 땅에서 백배의 복을 받아 누려야 한다"고는 가르치지 않습니다. 성도 중에 한두 명이 그런 복을 받았다고 간증하면 금방 정죄하고 비난하고 책망합니다.

"재물을 땅에 쌓아 두면 하나님께 싸대기 맞는다. 선교와 구제, 건축하는데 다 바쳐라. 가난이 미덕이다. 가난해야 겸손해진다."

그렇지 않습니다. 잠언 22장 4절에 "겸손과 여호와를 경외함의 보상은 재물과 영광과 생명이니라"고 했습니다. 돈을 많이 벌고, 많이 헌금하고, 많이 저축하고, 많이 굴리고, 많이 누려야 합니다.

하나님께 뭔가를 드렸다면 그것의 백배를 받아 누리는 것도 절대적으로 중요합니다. 많은 성도들이 이 땅에서 하나도 못 누리면서 "바치고 또 바치면 언젠가는 복을 주시겠지. 내 자손에게 복이 임하겠지. 그런데 도대체 언제까지 이렇게 가난하게 살아야 하나?"라고 합니다. 그러다 한두 명이 복을 받으면 비난합니다.

교회 안에는 실제로 하나님이 주시는 물질의 복을 받아 마음껏 누리는 것을 죄악으로 여기는 부정적인 분위기가 팽배합니다. 그걸 깨야 합니다. 성경에 나오는 인물들은 모두 하나님께 크게 헌신하기도 했지만 그와 동시에 이 땅에서도 다 받아 누렸습니다. 아브라함, 이삭, 야곱, 요셉, 모세, 다윗, 솔로몬, 욥 등을 보십시오. 다 받아 누렸습니다. 그들의 잔이 부족하지 않고 넘쳤습니다.

"내 잔이 넘치나이다."(시 23:5)

"하나님께 바치면 언젠가는 복을 받겠지"가 아닙니다.

하나님은 곧 후히 되어 누르고 흔들어 넘치도록 하여 너희에게 안겨 주겠다고 하셨습니다. '언젠가는'이 아닌 '곧'입니다. 주는 동시에 받아야 합니다. 드리는 동시에 누려야 합니다. 이 두 가지를 함께해야 합니다. 세상 사람들은 "지금 고생하면 나중에 보상 받아 누리게 될 거야"라고 합니다. 그리고 막연히 기다립니다.

성경은 다르게 말합니다. 지금 행복해야 한다고 말합니다.

"너희가 지금 행복하지 못하면 나중에도 행복하지 못한다. 지금 부요하지 못하면 나중에도 부요하지 못한다. 지금 건강하지 못하면 나중에도 건강하지 못한다. 지금 성령 충만하지 못하면 나중에도 성령 충만하지 못한다. 하나님의 아들 예수 그리스도가 십자가에서 너희 대신 땀과 피와 눈물을 흘리며 값을 다 지불했으니, 지금부터 누리기 시작하라. 지금 의롭고 성령 충만하고 건강하고 부요하고 지혜롭고 평화와 영생을 누려라. 하나님의 나라는 여기 있다 저기 있다고 못한다. 지금 바로 너희 안에 가득히 있다. 오늘 모든 것을 백배로 받아 누려라."

주면 끝나는 것이 아닙니다. 곧 후히 되어 넘치게 주십니다.

"주라, 그리하면 너희에게 줄 것이니 곧 후히 되어 누르고 흔들어 넘치도록 하여 너희에게 안겨 주리라. 너희가 헤아리는 그 헤아림으로 너희도 헤아림을 도로 받을 것이니라."(눅 6:38)

주님을 따르면 죽어서가 아닌 이 땅에서 백배를 받습니다.

"베드로가 여짜와 가로되, 보소서 우리가 모든 것을 버리고 주를 좇았나이다. 예수께서 가라사대 내가 진실로 너희에게 이르노니 나와 및 복음을 위하여 집이나 형제나 자매나 어미나 아비나 자식이나 전토를 버린 자는 금세에 있어 집과 형제와 자매와 모친과 자식과 전토를 백배나 받되 핍박을 겸하여 받고 내세에 영생을 받지 못할 자가 없느니라. 그러나 먼저 된 자로서 나중 되고 나중 된 자로서 먼저 될 자가 많으니라."(막 10:28~31)

죽어 천국에 가서만 보상받는 것이 결코 아닙니다. 이 땅에서 받습니다. 나는 성경대로 이 땅에서 백배를 받았습니다. 물론 잘 나간다고 박해를 받습니다. 괴짜와 별종이라고 박해를 받습니다. "나는 날마다 행복하다"며 천국 복음을 전하면 또 박해를 받습니다. 그 정도는 아무것도 아니라고 가볍게 생각해야 합니다.

조금이라도 성공한 사람 중에 비난받지 않는 사람, 악성 댓글이 하나도 안 달리는 사람은 한 명도 없습니다. 연예인도 대통령도 비난받습니다. 안티 없는 연예인과 대통령은 없습니다. 내가 수십만 명을 변화시켰는데 그들 모두 나를 좋아했습니다. 악성 댓글을 달고 비난한 사람은 몇 명밖에 되지 않습니다. 내 삶과 깨달음이 자기 기준에는 이해가 안 되고 감당하기 힘들다는 거죠. 그 한두 명 때문에 내 마음은 힘들었습니다. 하나님이 내게 말씀하셨습니다.

"그런 악성 댓글은 열어보지 마라. 완전히 신경 꺼라."

그래서 나는 아예 악플은 열어보지 않습니다. 바퀴벌레는 그들만의 세상이 있습니다. 그들을 다 찾아내서 없앨 순 없습니다.

사람들은 고생을 미덕으로 여깁니다. 하지만 우리는 고생하지 말고 고난을 받아야 합니다. 고생과 고난은 다릅니다. 고난은 의인이 복음을 위해 받는 것이며 고생은 죄인이 미련해서 당하는 것입니다. 죄를 지어 고생하며 병들고 가난하면 아무 유익이 없습니다.

천국에서는 의의 면류관과 생명의 면류관을 받습니다.

이것은 크게 헌신한 몇몇 사람에게만 아니라 '주 예수의 나타나심을 사모하는 모든 자들'이 받습니다.

"이제 후로는 나를 위하여 의의 면류관이 예비되었으므로 주 곧 의로우신 재판장이 그 날에 내게 주실 것이며 내게만 아니라 주의 나타나심을 사모하는 모든 자에게도니라."(딤후 4:8)

하나님의 자녀인 당신이 이 땅에서 백배를 받아 마음껏 누리는 것이 하나님 아버지의 뜻입니다. 여기에 대한 부정적인 생각을 버리고 긍정적이고 적극적인 생각을 가지십시오. 생각을 바꾸지 않으면 아무리 하나님이 많이 주셔도 누리지 못하고 다 잃게 됩니다.

그동안 나는 내가 하나님께 드린 돈과 차와 집의 백배를 다 받았습니다. 나는 지금 메르세데스 벤츠를 두 대나 몰고 있습니다. 한 대는 가족이 함께 움직일 때 타는 5인승 세단이고 또 한 대는 나와 아내, 둘이서 매일 드라이브할 때 타는 2인승 빨간 스포츠 오픈카입니다. 당신도 이런 것들을 간절히 원하십시오.

손가락이 열 개 있는 것처럼 한 가지만 하지 말고 열 가지 일을 하라

"나는 목회자여서 한 달에 100만 원밖에 수입이 없는데요."

왜 한 가지만 고집합니까? 예전에는 "목회자의 길을 가면 다른 모든 일은 내려놓아야 한다. 절대로 돈을 버는 일은 하면 안 된다"고 강조했습니다. 그러나 개척 교회 목회자나 선교사님들은 생활비를 제대로 못 받기 때문에 택시 운전이나 도우미 아줌마로 일하는 분들이 많습니다. 왜 그런 일을 하냐고 비난할 수 없습니다.

당신이 그들의 생활비를 100만 원이나 200만 원씩 줄 것도 아니지 않습니까? 그들도 가족이 있고 생계를 꾸려 나가야 합니다. 물론 하나님이 굶어 죽지 않도록 엘리야를 먹이신 것처럼 까마귀를 보내 떡과 고기를 보내 주십니다. 하지만 하나님의 자녀는 그 이상의 풍요로운 삶 곧 모든 것을 받아 누리는 삶을 살아야 합니다.

성경에 나오는 하나님의 종이 가난하게 살았을까요? 아닙니다. 아브라함, 이삭, 야곱, 요셉, 모세, 다윗, 솔로몬, 욥 등은 모두 하나님의 종이었고 선지자였습니다. 하지만 그들은 가난하지 않았고 억만장자의 부를 받아 누렸습니다. 은금과 육축과 노비와 의복이 풍부했습니다. 그들 모두 양떼와 소떼를 키우고 장사를 하고 무역을 해서 돈을 많이 벌었습니다. 다들 재산이 어마어마했습니다.

요즘 목회자는 교회에서 주는 생활비 외에는 수입이 없습니다.

하지만 책을 쓰고 강연하고 일인 출판사를 설립하면 문제가 달라집니다. 목회나 선교를 하면서도 출판사를 통해 사업을 할 수 있는 것입니다. 당신도 출판사를 설립하고 사장이 되십시오. 땅도 사고 집과 빌딩도 사고 세금도 내고 은행과 거래도 하십시오.

어떻게 하면 1인 출판사를 차려 원하는 수입을 올릴 수 있을까?

어떻게 하면 출판사를 차려 원하는 수입을 올릴 수 있을까요?

아무런 계획 없이, 길도 모른 채 무작정 뛰어 내리면 죽습니다.

그렇다고 당신이 직접 20년간 시행착오를 겪어야 할까요? 아닙니다. 먼저 성공적으로 그 길을 달리는 천재멘토를 찾아가 코치 받으면 됩니다. 당신이 성공적인 책쓰기와 강연, 1인 출판사를 설립하기 위해 다음의 두 가지를 필수로 코칭 받아야 합니다.

첫째, 출판사를 차리기 전에 당신이 직접 책쓰기를 해야 합니다.

당신이 직접 책쓰기를 하지 못하면 다른 작가를 찾아야 하고 괜찮은 원고 하나 구하기 위해 오랫동안 마음 조려야 합니다. 무엇보다 당신이 원하는 내용의 책을 출간하지 못합니다. 다른 작가가 쓴 원고는 감히 손대지 못합니다. 그 사람의 창작품이기 때문입니다.

나는 내가 직접 책쓰기를 하기 때문에 원고가 산더미처럼 쌓여 있습니다. 나는 100년 동안 출간할 원고가 이미 다 준비되어 있습니다. 평생 원고 걱정이 없습니다. 당신도 나처럼 천재적인 책쓰기의 일곱 가지 원리를 알면 자동으로 원고가 술술 나옵니다. 한 달 만에 한 권을 쓸 수 있습니다. 내게 코칭 받은 작가들이 실제로 한 달 만에 한 권을 쓰고 있습니다. 당신도 '김열방의 책쓰기학교'에 등록해서 코칭을 받으십시오. 책쓰기가 얼마나 쉽고 재미있는지 알게 될 것이고 한번 배우면 평생 써먹을 수 있습니다.

둘째, 책쓰기를 했으면 당신이 직접 출판사를 차려 출간해야 합니다. 당신이 쓴 책 원고가 아무리 많아도 다른 출판사와 계약해서 출간하면 수입이 없습니다. 책을 100권 냈건 200권을 냈건 다른 출판사를 통해 내면 수입이 없습니다. 있어도 아주 작습니다.

한 작가님은 밤낮 죽어라고 책쓰기를 해서 100권이나 되는 원고를 다른 출판사와 계약 출간했습니다. 하지만 한 달 수입이 몇 십만 원 안 된다고 호소했습니다. 그래서는 먹고 살 길이 막막합니다. 1000명의 작가 중에 월수입 100만 원을 넘는 작가는 다섯 손가락 안입니다. 책만 쓸 줄 알지 마케팅을 몰라서 그렇습니다.

"작가는 책만 쓰고 출판사와 계약해서 내야 하지 않나요? 책 쓰는 작가가 출판사를 차려 직접 책을 내면 비난받지 않나요?"

예전에는 작가와 출판사의 영역을 뚜렷이 구분했지만 지금은 세상이 바뀌었습니다. 작가도 출판해야 하고 출판사 사장도 책을 써야 합니다. 사업적인 능력이 없는 작가는 원고를 출판사에 넘겨야 하지만 사업적인 능력이 뛰어난 작가는 자신이 직접 출판합니다.

작가의 길만 가면 안 됩니다. 작가와 강연가, 사업가의 길을 함께 가야 평생 억대 수입을 올리며 안정되고 부요한 삶을 삽니다.

"이거 뭐야? 자기가 책 쓰고 자기가 출판사 차려 책 내고 자기가 유통에 찾아가 거래하네. 자기가 북 치고 장구 치고 혼자 마케팅을 다 하네. 작가는 예술가니까 고상해야지. 너무 세속적이지 않나?"

아직 철없는 어린 작가와 독자들이 그런 말을 하는 것입니다.

한 유명한 소설가는 자신의 책이 500만 부나 팔렸지만 지금도 일하지 않으면 수입이 없습니다. 130권을 출간했지만 계속 일해야 합니다. 왜 그럴까요? 자신이 출판사를 운영하지 않기 때문입니다.

그는 자신이 기계치라 컴퓨터를 할 줄 몰라 만년필로 책을 쓴다고 합니다. 그러나 한 시간 정도만 배우면 얼마든지 컴퓨터를 할 수 있고 직접 편집해서 출간할 수 있습니다.

외주로 작업하면 돈이 많이 들고 시간도 많이 듭니다. 한 달 만에 책을 출간하려면 90퍼센트는 직접 작업해야 합니다. 윤문도 외주, 편집도 외주, 교정도 외주, 가치 증가 첨삭도 외주로 하면 수백만 원의 돈이 들고 시간도 무척 오래 걸립니다. 표지 디자인 외에는 모두 당신이 직접 작업해야 속전속결로 책이 태어납니다.

당신도 직접 책을 쓰고 출판사를 차려 억대 수입을 올리십시오.

어떻게 하면 될까요? 출판사 등록은 구청에 가서 신고만 하면 됩니다. 중요한 것은 책 한 권을 내기 위한 모든 과정을 통달해야 한다는 것입니다. 초고 200쪽 쓰기, 윤문, 가치 증가 첨삭, 편집, 오타 교정, 인쇄 확인 등을 당신이 직접 다 할 줄 알아야 합니다.

나는 그 방법을 20년간 부딪히고 연구하여 터득했습니다.

당신이 '천재멘토 김열방의 1인 출판사 설립학교'에 등록해서 코칭 받으면 당신 혼자 멋진 책을 완벽하게 출간할 수 있도록 모든 과정을 내가 직접 코치해 줍니다. 지금 당장 등록하십시오.

나는 내가 직접 책쓰기를 하고 윤문, 가치 증가 첨삭, 편집, 오타 교정, 인쇄 확인을 합니다. 그렇게 해서 인쇄소에 넘기면 일주일 만에 수천 권의 책이 태어납니다. 그걸 유통에 넘겨 전국 서점에 깔고 매달 결제를 받습니다. 당신도 작가와 강연가만 되지 말고 1인 출판사를 설립하여 당신의 책을 직접 만들어 팔며 사업을 하십시오. 그래야 돈을 법니다. 저술과 출판 사업은 평생 현역입니다.

우물 안 개구리처럼 한 가지에만 갇혀 있지 말고 지경을 넓혀라

당신은 우물 안 개구리처럼 작게 생각하지 않습니까?

나는 우물 안에 있지 않고 창공을 훨훨 나는 독수리로 삽니다.

상자와 칸막이에 갇힌 목회자들, 성도들이 많습니다. 그들과 몇 마디 대화해 보면 도대체 뭘 믿고 어떻게 사는지 막막합니다. 그들은 성경에서 몇 줄 뽑아내 그것만 '자기 복음'으로 믿고 있습니다.

성경은 "크게 생각하라, 크게 꿈꾸라, 크게 실천하라"고 말씀합니다. 예수님은 "너희는 온 천하에 다니며 만민에게 복음을 전파하라"고 하셨지만 기독교인들은 교회 안에서만 울며 금식 철야 기도하며 이구동성으로 하는 말은 "나는 아직 부족하고 때가 아니다"입니다. 그렇다면 도대체 언제입니까? 내일이 아닌 '지금'입니다.

"너희는 넉 달이 지나야 추수할 때가 이르겠다 하지 아니하느냐? 그러나 나는 너희에게 이르노니 너희 눈을 들어 밭을 보라. 희어져 추수하게 되었도다."(요 4:35)

다윗은 "내가 부족함이 없다. 내 잔이 넘친다"고 고백했습니다.

특히 출판계에서는 더욱 상자 안에 갇혀 있습니다. 모든 기독교 작가들이 경제, 경영, 자기 계발 분야에 뛰어들어 다양한 책을 내야 합니다. 그래서 그들이 쓴 수많은 책들이 온 천하에 다니며 만민에게 복음을 전하는 일을 힘 있게 감당해야 합니다.

"김열방 목사님은 이상한 분이야. 목사님이 왜 기독교 책만 내지 않고 경제, 경영, 철학, 청소년, 자기 계발 분야에서 책을 내실까?"

그들이 뭐라 하든 나는 모든 때에 모든 방법으로 모든 사람에게 복음을 전하기 위해 모든 분야의 책을 써냅니다. 그리고 그 안에서 조금도 거침없이 '예수 그리스도 온전한 복음'을 가득 담습니다.

내가 운영하는 '책쓰기학교'에 등록해 코칭 받은 모든 작가들이 그렇습니다. 내가 책을 써내는 목적은 예수 그리스도 복음을 전하기 위해서입니다. 내가 쓴 책 안에 예수 그리스도와 그의 십자가에 못 박히신 내용에 대해 풍성히 담습니다. 하지만 일단 사람들이, 그것도 불신자들이 내 책을 사서 읽어야 합니다. 그러려면 책 제목과 표지, 편집과 디자인 등이 종교 분위기를 풍겨서는 안 됩니다.

어린 아이로부터 노인, 모든 분야의 사람들이 다 편하게 다가가고 또 수많은 책들 중에 내 책을 손에 잡을 수 있을 정도로 매혹적이어야 한다고 생각합니다. 내 책은 구매력이 높습니다. 그래서 사람들이 서점에서 내 책을 돈 내고 잘 사갑니다. 그것도 한 권이 아닌 열 권, 스물 권을 바구니에 담아 계산대에서 카드를 긁으며 사는 것을 나는 몇 번이나 목격했습니다.

아무리 좋은 책을 써내도 독자의 관심을 끌지 못하면 소용없습니다. 팔리지 않으면 모두 반품되어 폐지로 팔립니다. 책은 팔려야 합니다. 책은 읽혀야 합니다. 책은 마음에 끌려야 합니다. 책은 손에 잡는 순간 가슴이 마구 뛰어야 합니다. "이걸 갖고 싶다"는 소유욕구가 불같이 일어나야 합니다. 내 책이 그렇기 때문에 독자들은 열광합니다. 내용은 말할 것도 없이 좋습니다.

나는 기독교 분야의 책만 내지 않고 자기 계발서도 함께 냅니다.
그 자기 계발서 안에 예수 그리스도 복음을 마음껏 담아냅니다. 그래서 사업도 하고 돈도 벌고 복음도 전합니다. 세 가지를 다 해야 합니다. 나는 내 책에서 내가 하고 싶은 말을 거침없이 다 합니다. 내 책은 다른 책에 비해 약간 높은 가격인데도 꼭 필요하니까 잘 팔립니다. 당신도 독자들의 필요를 채우는 책을 써내십시오.

내게 코칭 받은 작가들이 나처럼 저술과 강연, 출판사를 하고 있다

"김열방 목사님이니까 그렇지, 나도 그렇게 성공할 수 있나요?"
물론입니다. 나만 아니라 당신도 얼마든지 이런 복을 받는 것이 가능합니다. 내게 정식으로 코칭 받은 작가들이 나와 똑같이 책을 써내고 강연하고 출판사를 차리고 집을 사고 벤츠를 탑니다.

성경에도 예수님이 사람들을 성공시킬 때 한 명만 아닌 열 명, 120명, 5000명 다 성공시켰습니다. 예수님이 능력이 아주 많은 분이기 때문입니다. 열 명의 나병환자가 왔을 때 한 명만 고치고 "내 능력이 다 빠져나갔다, 나머지 아홉 명은 내일 다시 와라"고 하지 않았습니다. 예수님은 열 명 모두 즉시 깨끗하게 고쳐 주셨습니다.

오병이어 기적도 그렇습니다. 남자만 5000명, 여자와 노인과 아이들을 합하면 수만 명이 되는 군중이 말씀을 듣다가 배가 고파 기진맥진했을 때 예수님은 그들 모두를 한방에 다 배불리 먹이셨습니다. 예수님은 결코 "내게는 한 명을 먹일 능력밖에 없다. 그러니 한 명씩 차례대로 줄을 서라. 한 명씩 배불리 먹이겠다"고 말씀하지 않았습니다. 그분은 한꺼번에 5000명을 다 배불리 먹이고도 열두 바구니를 남기셨습니다.

군대 귀신 들린 사람이 왔을 때 예수님은 "하루에 한 놈씩 쫓아내주겠다. 로마의 한 군단은 2000명인데, 네 안에 2000마리의 귀신이 있으니 하루에 한 마리씩 오늘부터 2000일 동안 쫓아내자"라고 하지 않았습니다. 그러면 다른 사람들을 고칠 수 없습니다. 예수님은 한방에 "나가" 하고 명령하여 2000명의 군대 귀신을 다 쫓아냈습니다.

오순절에 성령이 임했습니다. 성령이 한 컵이나 한 동이처럼 내려와 한 사람에게만 가득 채웠던 것이 아닙니다. 120명을 다 채웠습니다. 120명을 다 변화시켰고 그들에게 큰 권능을 주었습니다. 그들 모두 병고치고 귀신 쫓고 저술하고 강연했습니다. 한번에 3000명, 5000명이 변화되었습니다. 손수건만 내밀어도 병이 낫고 그림자만 지나가도 악귀가 떠나갔습니다. 찬양과 기도 한 번에 옥에 갇힌 사람들이 한꺼번에 다 풀려났습니다. 이처럼 하나님은 모두 성공시키는 크신 분입니다. 당신도 얼마든지 하나님의 능력과 복을 경험할 수 있습니다.

하나님은 나 같은 사람 한 명만 복을 주시는 것이 아닙니다.

나만 책을 쓰고 강연하고 출판사를 차리고 억대 수입을 올리고 벤츠를 타고 다니고 넓은 아파트에 살아야 하는 것이 아닙니다.

"그러면 저도 김열방 목사님처럼 20년 이상 준비하고 수많은 시행착오를 거쳐야 하나요? 하나부터 열까지 다 부딪혀야 하나요? 지금 40세인데 20년 동안 그런 과정을 거치면 60세가 되는데요."

그런 사람들을 위해 나는 천재적인 코칭으로 시간을 줄여 줍니다. 내게 와서 안수 받으면 병이 낫고 성령을 체험하고 방언을 받게 됩니다. 귀신이 쫓겨 나갑니다. 이런 신령한 은사들을 나타내는 것은 10원짜리 하나 받지 않고 그냥 다 해줍니다. 거저 받았으니 거저 줍니다. 그러나 책쓰기학교와 강연학교, 출판사 설립학교 등은 소정의 코칭비를 받고 해줍니다. 신학교에서 등록금을 받는 것과 같습니다.

하나님의 말씀은 값으로 따질 수 없기 때문에 모두 공짜입니다. 그러나 하나님의 말씀을 펴낸 성경책은 돈을 받고 서점에서 판매해야 합니다. 그래야 계속 인쇄소에서 더 많은 책을 찍어낼 수 있기 때문입니다. 물론 한 사람이 거액을 기부해서 그 돈으로 성경책을 찍고 신학교를 운영한다면 10원도 안 내고 모두가 혜택을 누릴 수 있습니다. 그렇지 않다면 독자나 학생들이 돈을 내야 합니다.

나는 코칭비를 받고 내가 20년간 깨달은 내용들을 단기간에 전수해 줍니다. 그래서 내게 코칭 받은 사람들은 다들 작가와 강연가, 사업가와 자산가가 되어 크게 성공했습니다. 코칭비를 내고 배운 사람들은 자기들이 배운 내용이 얼마나 귀한지 알고 지속적으로 실천했습니다. 내게 정식으로 등록비를 내고 코칭 받은 많은 사람들은 계속 책을 써내고 특강을 열고 또 출판사 운영을 통해 돈을 잘 벌고 있습니다.

안수는 공짜로 받지만 코칭은 유료로 받아야 꾸준히 실천한다

당신도 내게 와서 공짜로 안수 기도를 받으십시오. 그러면 성령의 은사가 불일 듯 일어날 것입니다. 나는 21가지 은사를 다 받았습니다. 내가 안수하는 사람마다 성령의 은사가 나타나고 있습니다. 그리고 코칭 과정은 코칭비를 내고 정식으로 등록하십시오.

그러면 당신도 나처럼 천재적인 책쓰기와 강연을 하게 됩니다. 1인 출판사를 설립하고 당신이 쓴 책을 평생 100권 이상 마음껏 내게 됩니다. 당신도 억대 수입을 올리고 전국과 세계를 다니며 마음껏 여행하며 전도하게 됩니다. 꿈과 소원이 다 이루어집니다.

성경에 돈을 내고 뭔가를 얻은 사람이 있을까요? 많습니다.

솔로몬은 해마다 정한 금액을 받고 열방의 왕들을 만났고 그들에게 지혜와 도움을 주었습니다. 요셉은 7년 풍년의 때에 수확의 오분의 일을 곳간에 저장한 후 7년 흉년의 때에 값을 받고 조금씩 내다 팔았습니다. 그랬기 때문에 백성들은 곡물이 소중한 줄 알았고 7년 흉년을 다 이겨낼 수 있었습니다. 당신도 요셉처럼 팔아야 성공하고 그 성공을 오랫동안 지속할 수 있습니다.

돈을 버는 것은 쉽다. 나만의 제품을 만들어 높은 값에 팔면 된다

당신은 장사하는 것에 대해 세속적이라고 생각하지 않습니까?

그런 부정적인 선입견을 다 버려야 합니다. '장사'란 말은 성경에 나옵니다. 예수님은 달란트 비유를 통해 "장사하라"고 지시하셨습니다. 당신이 장사하는 것은 하나님의 뜻입니다.

한 달란트를 받은 사람은 주인에 대해 오해하여 그 돈을 땅에 묻어 두었다가 큰 책망을 받았습니다. 두 달란트와 다섯 달란트 받은 사람은 "장사하라"는 명령에 따라 즉시 나가 장사하여 네 달란트와 열 달란트로 만들었습니다. 한 달란트는 15억으로 꽤 큰돈입니다.

오늘날 수많은 기독교인들이 사업에 망하는 이유는 장사하지 못하기 때문입니다. 장사란, 저렴한 가격에 물건을 사와서 높은 가격에 되팔아 이윤을 남기는 것을 말합니다. 성경에는 "주라"는 말씀만 있는 것이 아니라 "장사하라"는 말씀도 있습니다.

둘 다 중요합니다. 둘 다 주님의 명령입니다. 나도 거저 줄때는 돈을 받지 않고 주지만 팔 때는 꼭 돈을 받고 팝니다. 세미나 등록비, 책값, 코칭비 등은 꼭 받아야 합니다. 아니라면 다른 한 거부가 그 비용을 몽땅 지불했을 경우입니다.

수많은 사람들이 받아 누리는 장학금 혜택, 무료 급식, 무료 성경 보급, 무료 책자 나누기, 무료 강연 등은 공짜가 아닙니다. 다른 누군가가 값을 지불한 것입니다. 죄 사함도 공짜가 아닙니다.

하나님의 아들 예수 그리스도가 십자가에 껍질이 벗겨진 채로 매달려 땀과 피와 눈물을 흘리며 값을 다 지불한 결과를 믿음으로 받아 누리는 것입니다. 인간이 값을 지불할 수 없기 때문에 하나님이 지불한 것입니다. "다 이루었다."(요 19:30)는 말씀은 값을 다 지불했다는 의미입니다. 예수님이 죄와 목마름, 병과 가난, 어리석음과 징계와 죽음에 대한 값을 하나도 남김없이 다 지불했습니다.

그러므로 죄 사함과 구원, 성령 체험과 은사들은 값없이 저저 받는 것입니다. 그 외에 세상만사 돌아가는 것은 다 '사고파는 경제법칙'에 따라 돌아가는 것입니다. 당신도 야곱처럼 거래하고 요셉처럼 장사하고 솔로몬처럼 무역하십시오. 그러면 금방 억만장자가 됩니다. 성경에는 경제적으로 성공하는 방법이 다 나와 있습니다.

이것을 '재정의 기름 부음'이라며 말을 돌리면 안 됩니다. 누가 재정의 기름 부음을 받았습니까? 그런 사람은 없습니다. "재정의 천사가 날아와서 돈을 준다"는 말도 성경적이지 않습니다. 돈은 이 땅에 있는 것이고 거래와 장사와 무역을 통해 얻게 됩니다.

기름 부음은 성령님 자신을 의미합니다. 성령님은 사모하는 사람들에게 지혜와 총명, 재물 얻을 능을 나타내십니다. 나는 기름 부음을 통해 재물을 얻지 않았습니다. 거래와 장사와 무역을 통해 얻었습니다. 물론 성령님은 거래와 장사와 무역을 잘 하도록 지혜와 총명과 모략과 재능을 주십니다. 그래서 나는 모든 일에 성령님과 동업합니다.

퇴직해도 평생 책쓰기와 강연하기, 1인 출판사를 운영하면 된다

당신은 이제 40대, 50대인데 인생이 끝났다고 생각하십니까?

100세 시대가 열렸습니다. 요즘은 평균 50세에 은퇴합니다. 베이비부머 세대가 지금 1년에 백만 명씩 마구 은퇴하고 있습니다. 은퇴하면 가만히 앉아 놀고먹는 평탄한 노후가 기다리고 있을까요? 아닙니다.

은퇴 후에도 아직 정정한 체력과 사고력이 있습니다. 기억력, 이해력, 집중력, 창의력, 거래력, 실천력, 추진력 등이 펄펄 끓어 넘칩니다. 그렇다면 앞으로 50년간 더 일하며 돈을 벌어야 합니다.

당신은 그동안 어떤 일을 하며 살 것입니까? 성공의 끝은 책입니다. 끝에서부터 시작하십시오. 당신의 삶과 깨달음을 담은 책을 써내고 강연하고 1인 출판사를 설립하십시오. 나는 그렇게 했기 때문에 돈을 벌게 되었고 60평 아파트와 벤츠 두 대를 샀습니다. 죽을 때까지 내가 좋아하는 일을 하며 수입을 올릴 수 있습니다.

당신은 크게 성공하는 비결이 뭐라고 생각하십니까?

모든 일을 끝에서부터 시작하는 것입니다. 당신이 크게 성공하면 꼭 하려고 했던 계획들, 그것부터 지금 당장 시작하면 됩니다.

어떤 것이 있을까요? 책 출간, 강연, 세계 일주, 스포츠카, 외국 이민, 고급 외투와 멋진 구두, 매일 산책하기 등 그것이 무엇이든 지금 당장 하나씩 시도하십시오. 그러면 다른 것들이 저절로 따라옵니다. 내일로 미루지 말고 오늘 실천하십시오.

나는 성공한 사람처럼 아이들과 놀고 대화하며 시간을 보냈습니다. 아이들에게 옷값과 용돈을 넉넉히 주었습니다. 하루에 세 시간 정도 카페에 앉아 책을 읽고 생각하고 아내와 산책을 했습니다. 하루에 세 시간 정도 자손 천대까지 남길 책을 썼습니다.

책을 700권이나 쓰고 전국을 다니며 강연하는 내가 하루에 여덟 시간씩 잠을 푹 잔다고 하면 다들 놀랍니다. 하지만 사실입니다. 지금도 나는 변함없이 그렇게 하고 있습니다. 나는 정말 여유 있고 행복합니다. 그것도 가슴에서 터져 나오는 진정한 행복입니다.

그렇게 끝에서부터 시도한 결과 나는 그동안 하고 싶은 일을 다 했고, 가고 싶은 곳을 다 갔고, 먹고 싶은 것을 다 먹었습니다. 20세부터 지금까지 2억의 영혼에게 복음을 전했습니다. 놀랍다고요? 끝에서부터 시작했기 때문입니다. 이것이 성공의 비결입니다.

미련한 사람들은 끊임없이 내일로 미룹니다. 왜 더 나은 내일이 오기를 막연히 기다리고 있습니까? 더 나은 내일은 오늘의 실천이 가져오는 것입니다. 내일 실천하려고 계획 세운 것을 오늘 실천하십시오. 오늘 실천해야 성공합니다.

내일로 미루고 오늘 실천하지 않으면 아무것도 얻을 수 없습니다. 끝에 있는 것부터 하십시오. 끝에서부터 시작하면 성공합니다. 인생은 어떻게 살아야 할지 방법만 알면 참으로 풍요롭습니다.

노예와 하녀처럼 땀과 피와 눈물을 흘리며 힘들게 비참한 삶을 살지 말고 왕과 여왕처럼 입에 미소를 가득 머금고 행복한 삶을 사십시오. 고생 끝에 낙이 오는 것이 아니라 고생 끝에 골병만 듭니다. 무작정 고생한다고 크게 성공하는 것이 아니라 지혜가 큰 성공을 안겨 줍니다. "오직 지혜는 성공하기에 유익하니라."(전 10:10)

퇴직 후 당신의 인생 2막을 성공적으로 여는 구체적인 방법

당신은 인생 2막을 성공적으로 여는 비결을 알고 있습니까?

나는 그 비결을 알고 있습니다. 이 책을 끝까지 읽으면 그것을 깨닫게 됩니다. 성공은 빈손으로 처음부터 시작해서 수많은 과정을 겪으며 죽도록 고생한 다음 마지막에 얻게 되는 것이 아닙니다. 그와 반대로 끝에서부터 시작해야 얻습니다. 당신이 평생 이루고 싶은 꿈과 소원이 있다면 그것의 끝이 무엇인지를 찾고 거기서부터 시작하십시오.

어떤 사람들은 백번 죽었다 깨어나도 나를 못 따라옵니다.

왜냐하면 나는 일을 할 때 끝에서부터 시작하기 때문입니다.

소설가 오스카 와일드(Oscar Wilde)는 "성공은 과학이다. 조건을 갖추면 결과를 얻는다"고 말했습니다. 그렇습니다. 어떻게 해야 원하는 최고의 결과를 얻을 수 있을까요?

그 비결은, 당신이 나처럼 성공하고 싶다면 죽어라고 나를 따라오는 것이 아니라 내가 일하는 위치에서 시작하고 나와 함께 일해야 한다는 것입니다. 성공은 바닥에서부터 시작하는 것이 아닙니다. 끝에서부터 시작해야 합니다. 성공한 사람의 어깨 위를 딛고 서서 더 멀리 더 크게 내다보십시오. 끝을 보고 끝에서부터 하면 쉽습니다. 사람들은 지금은 형편이 안 된다며 내일로 미룹니다.

"형편이 좀 더 좋아지면 그때 꼭 효도해야지."

그러면 효도할 수 없습니다. 지금 효도부터 해야 형편이 좋아집니다. 효도부터 하면 성공하고 부귀와 장수를 얻습니다. 정말일까요? 그렇습니다. 신명기 5장 16절에 "너는 네 하나님 여호와께서 명령한 대로 네 부모를 공경하라. 그리하면 네 하나님 여호와가 네게 준 땅에서 네 생명이 길고 복을 누리리라"고 했기 때문입니다.

성공하면 하려던 것을 지금 당장 먼저 해야 합니다. 나는 어제 시골에서 오신 부모님을 모시고 양고기 집에 가서 식사를 하고 백화점에 가서 옷을 한 벌씩 사 드렸고 용돈과 차비를 봉투에 넣어 드렸습니다. 나중으로 미루었다면 어떻게 되었을까요?

당신이 해야 할 일을 지금 하십시오. 내일로 미루면 안 됩니다.

나는 성공하면 하려고 했던 것을 지금 다 하고 있습니다.

"크게 성공하면 아내와 함께 매일 산책해야지."

나는 지금 아내와 산책부터 하고 있습니다.

"이 일을 다 끝내면 영화보고 오페라, 뮤지컬을 보러 가야지."

나는 반대로 합니다. 영화부터 보고 와서 일을 끝냅니다.

"돈을 많이 벌면 멋진 구두와 고급 외투를 사야지."

멋진 구두와 고급 외투부터 먼저 사야 돈을 많이 법니다.

"억대 수입이 생기면 그때 벤츠를 사야지."

벤츠를 먼저 사면 거기에 걸맞은 억대 수입이 생기게 됩니다.

"하루 일과를 끝내고 집에 들어가 커피 마시며 책 읽어야지."

그래서 평생 일에 파묻혀 그 모양 그 꼴로 사는 것입니다.

반대로 해야 합니다. 아침에 한 시간 일찍 출근해서 근처 카페에 앉아 커피를 마시며 책부터 읽어야 합니다. 그러면 깨달음을 얻고 하루 업무를 빨리 끝낼 수 있습니다. 나는 그렇게 합니다.

"일주일 동안 미친 듯이 일하고 잠을 푹 자야지."

끝에서부터 해야 합니다. 잠부터 푹 자면 일주일간 해야 할 일을 최상의 컨디션으로 완전 몰입하여 이틀 만에 끝낼 수 있습니다.

"미친 듯이 일해 집과 땅을 사고 나면 자기 계발에 투자해야지."

자기 계발에 먼저 투자해야 합니다. 그래야 높은 의식 수준을 갖게 되고 그에 어울리는 멋진 집과 땅을 살 수 있습니다.

"상여금을 받으면 아내에게 가방과 구두를 선물로 사줘야지."

지금 당장 그것부터 먼저 챙겨야 합니다.

"나중에 미국에 가야지. 성지 순례 가고 크루즈 여행 해야지."

끝에서부터 하십시오. 지금 당장 그 일부터 계획을 세우고 진행하십시오. 그것이 성공의 비결입니다. 나는 그렇게 하고 있습니다.

"내가 크게 성공하면 역경과 성공의 열매를 모두 책에 담아야지. 70세쯤 되어 죽기 전에 꼭 책을 써낼 거야. 그리고 강연도 해야지."

그것을 이루기 전에 죽을 수도 있습니다. 지금 책부터 써내십시오. 최고의 성공은 저술과 강연입니다. 끝에서부터 시작해야 합니다. 지금 당장 만사를 제쳐 놓고 나처럼 책부터 써내십시오.

오르지 못할 나무는 쳐다보지도 말라고요? 아닙니다. 오르지 못할 나무는 사다리를 놓고 올라가면 됩니다. 전문가의 도움을 받으면 꿈과 소원을 이루기란 누워서 떡 먹기보다 쉽습니다.

생각을 완전히 뒤집어 끝에서부터 시작해야 성공한다

해도 해도 안 되면 생각을 완전히 뒤집어야 합니다.

당신이 진짜로 성공하고 싶다면 위치를 바꾸어 끝에서부터 시작해야 합니다. 어떻게 하면 되냐고요? 먼저 당신이 진정으로 원하는 것의 끝이 무엇인지를 보고 그것을 공책에 적으십시오. 그것부터 시작하십시오. 몇 가지 예를 들자면 다음과 같습니다.

첫째, 크게 성공한 사람은 책을 써냅니다. 그렇다면 크게 성공한 다음에 책을 써내려고 하지 말고 지금 당장 책부터 써내면 됩니다.

둘째, 크게 성공한 사람은 세계 일주를 합니다. 그렇다면 크게 성공한 다음에 세계 일주를 하려고 하지 말고 지금 당장 세계 일주부터 하면 됩니다. 세계 일주를 위해 알아보고 즉시 움직이십시오.

셋째, 크게 성공한 사람은 저택을 구입합니다. 그렇다면 크게 성공한 다음에 저택을 구입하려고 하지 말고 지금 당장 저택부터 구입하면 됩니다. 집값의 오분의 일 정도만 있으면 나머지를 대출받아 사십시오. 그 집에서 살면서 대출금을 갚는 것은 모두 저축하는 것이 됩니다.

넷째, 크게 성공한 사람은 스포츠카를 삽니다. 그렇다면 크게 성공한 다음에 스포츠카를 사려고 하지 말고 지금 당장 스포츠카부터 사면됩니다. 스포츠카를 몰면서 부가가치를 일으키십시오.

다섯째, 크게 성공한 사람은 용돈을 10억 정도 보유합니다. 그렇다면 크게 성공한 다음에 용돈을 10억 보유하려고 하지 말고 지금 당장 용돈부터 10억 보유하면 됩니다. 내가 말하는 용돈이란 개인적으로 자유롭게 쓸 수 있는 돈을 말합니다. 한 달에 수백억, 수천억을 굴리며 사업하는 사람 중에 천만 원의 용돈도 없는 사람들이 수두룩합니다. 그들은 사업의 노예일 뿐입니다. 자신을 위해 천만 원, 1억도 쓸 수 없다면 왜 사업을 합니까?

여섯째, 크게 성공한 사람은 헌금과 기부를 많이 합니다. 그렇다면 크게 성공한 다음에 헌금과 기부를 많이 하려고 하지 말고 지금 당장 헌금과 기부부터 많이 하십시오. '두 배의 법칙'을 따라 두 배로 헌금하고 기부하십시오. 그러면 더 큰 부가 나타납니다.

일곱째, 크게 성공한 사람은 영혼의 문제를 살핍니다. 그렇다면 크게 성공한 다음 영혼의 문제를 살피려 하지 말고 지금 당장 영혼의 문제를 살피십시오. 예수 그리스도를 구주로 영접하고 죄를 사함 받고 영혼 구원부터 받아 놓으십시오. 사실 이것이 가장 긴급하고 중대한 일입니다. 죽어서 천국에 가는 일이 맨 끝에 이루어지는 일인 것 같지만 예수님은 "아들을 믿는 자는 영생을 가졌다. 하나님의 나라가 너희 안에 있다"고 하셨습니다.

금방 말한 일곱 가지 중에 맨 끝에 있는 일곱 번째 것부터 먼저 하십시오. 그것이 크게 성공하는 비결입니다. 맨 끝에 있는 영혼 구원 문제부터 먼저 해 놓으면 다른 것은 저절로 따라옵니다.

"그런즉 너희는 먼저 그의 나라와 그의 의를 구하라. 그리하면 이 모든 것을 너희에게 더하시리라."(마 6:33)

크게 성공하는 비결은 쉽습니다. 한 마디로, 끝에서부터 시작하는 것입니다 무엇이든 끝에서부터 시작하면 타임머신을 탄 것처럼 단숨에 성공을 거두게 됩니다. 나는 지금까지 그렇게 해서 성공했습니다. 이제 당신이 실천할 차례입니다. 오늘 실천하십시오.

하나님도 모든 일을 끝에서부터 시작하셨다

나는 믿음의 조상 아브라함과 같은 위치에서 시작했습니다.

아브라함에게 있어 독자 이삭은 하늘의 별과 같고 바닷가의 모래알 같은 수많은 자손의 첫 아들이 아닌 마지막 아들이었습니다. 하나님은 끝에서부터 시작하셨습니다. 그 이삭 안에 우리가 들어 있습니다. 이처럼 전능하신 하나님도 모든 일을 끝에서부터 시작하셨습니다.

나는 믿음의 대통령으로서 내가 기도하고 구한 모든 것을 이미 가졌다고 믿고 성령님의 인도를 따라 내가 지금 당장 마련할 수 있는 것부터 하나씩 마련했습니다. 그렇게 저지른 것에 대해 하나님이 다 채우셨습니다. 당신도 믿음으로 발걸음을 내디디면 기적이 일어납니다.

이미 성공한 사람처럼 책부터 써내고 강연부터 열었습니다. 그러자 책은 수십만 권이 팔렸고 한 번 강연회에 수백 명이 몰려왔습니다. 나는 이미 성공한 사람처럼 넓고 쾌적한 집부터 사고 편안한 고급 승용차부터 샀습니다. 그러자 그 비용이 다 채워졌습니다.

온 천하에 다니며 복음을 전파하는 것도 한국에서 볼 때 땅 끝인 브라질 상파울로에서 2주간 부흥회 인도 차 다녀왔습니다. 그곳은 비행기를 타고 24시간을 가야 하는 가장 먼 곳입니다.

나는 처음부터 뒤집어 생각하고 끝에서부터 시작했습니다. 결국 중요한 것은 뒤집어 생각하고 끝에서부터 시작할 용기가 있느냐 하는 것입니다. 나는 성령님과 함께 믿음으로 그 모든 일을 저질렀습니다. 그리고 내가 진정으로 원하는 것을 모두 얻었습니다.

억대 수입을 올리려면 처음부터 당신의 몸값을 높게 정해야 한다

당신의 몸값은 얼마입니까? 한 번도 생각해본 적이 없다고요?

인기 드라마 작가의 몸값은 꽤 높습니다. 한국 방송계에서 가장 영향력 있는 작가 중 한 명인 김수현(金秀賢, 1943~) 씨는 드라마 회당 1억을 받는다고 합니다. 그렇다면 한 달에 총 얼마일까요? 당신도 그 정도의 돈을 벌겠다는 소원을 가지고 일해야 합니다.

당신의 몸값을 다른 사람이 정해 주리라고 기대하지 말아야 합니다. 그들은 당신의 진정한 가치를 알지 못하기 때문입니다. 당신이 당신의 몸값을 정해야 합니다. 그것도 싸구려가 아닌 꽤 높게 정해야 합니다. 몸값은 서서히 높아지는 것이 아닙니다. 처음부터 높게 잡아야 합니다. 직장에서도 처음에 몸값을 높게 못 잡으면 은퇴할 때까지 물가처럼 조금씩 밖에 오르지 않게 됩니다.

저술과 강연에는 엄청난 매력이 있습니다. 작가와 강연가가 되십시오. 왜냐고요? 성공의 최고 경지가 저술과 강연이기 때문입니다. 그렇다면 나중이 아닌 지금부터 그 일을 시작해야 합니다.

미국의 대통령인 지미 카터와 오바마도 저술과 강연으로 높은 수입을 올리고 있습니다. 대통령 월급만으로는 먹고 살기 힘듭니다. 도널드 트럼프와 빌 게이츠 등 성공한 기업가들이 저술과 강연에 뛰어듭니다. 저술과 강연은 자신의 경험과 지혜를 전수하면서 돈을 버는 최고의 영광스러운 길이기 때문입니다.

학벌 시대는 지나갔다. 책이 최고의 학위요 성공의 결과물이다

당신이 가장 빨리 성공하는 비결은 무엇일까요?

다른 사람과 비교해서 조금 더 나은 학위가 아닌 그들과 완전히 구별된 최고의 학위를 가져야 합니다. 그 학위는 한 줄의 스펙이 담긴 얇은 졸업장이 아닌 수만 줄의 스토리를 담은 두꺼운 책을 내는 것입니다. 4년제 대학을 졸업하는 것보다 4개월 만에 당신의 이름이 박힌 책을 한 권 써내는 것이 훨씬 더 가치 있습니다.

책은 모든 사람에게 떳떳이 보여줄 수 있는 최고의 결과물입니다. 명문대학교를 졸업했다고 해서 주위 사람들이 성공했다고 말하지 않습니다. 이제 사회생활을 시작해야 하는 초년생으로 여깁니다. 하지만 책을 써냈다고 하면 모두들 "대단하다. 성공했다. 자랑스러운 내 아들이다. 우리 가문의 영광이다"라고 말합니다.

나의 둘째 아들인 천재 작가 김추수는 17세에 〈원하는 것을 얻으려면 지금 저질러라〉는 책을 써냈습니다. 주위에서 충격과 감탄이 끊이지 않았습니다. 또 18세에 〈십대에 책을 써내라〉는 책을 써냈습니다. 김추수는 독보적인 작가와 강연가의 길을 걷고 있습니다. 당신도 당신의 자녀도 지금 책을 써내야 합니다.

여자라면 만사를 제쳐놓고 책부터 한 권 써내라

당신이 여자라면 만사를 제쳐놓고 책부터 써내야 합니다.

다른 사람과 조금 차별되는 몇 줄의 스펙이 아닌 다른 사람과 완전히 구별되는 수만 줄의 스토리를 담은 당신의 이름과 사진이 박힌 책을 써내는 것이 가장 빠르고 가장 큰 성공의 비결입니다.

주위 사람들이 당신을 어떻게 인식하고 있습니까?

당신의 이름조차 모르고 있지는 않습니까? 혹시 당신도 "개똥이 엄마"라고 불리지 않습니까? 당신의 이름은 어디에 있습니까? 어디에서 당신의 이름을 볼 수 있으며, 누구한테 당신의 이름을 들을 수 있습니까? 당신은 당신의 이름과 존재를 자랑스럽게 여깁니까?

당신이 책을 써내면 '평범한 동네 아줌마'에서 '존경하는 작가 선생님'으로 위치 상승하게 됩니다. 그것도 한 단계 승진하는 정도가 아닌 수직으로 상승하여 최고의 위치인 '작가 선생님'이 됩니다.

작가로서 밥도 하고 빨래도 하면 됩니다. 주위 사람들에게 "나도 너희와 똑같이 밥도 하고 빨래도 하지만 작가로서 매일 한 줄이라도 꾸준히 책을 쓰고 있다"는 사실을 인식시켜야 합니다.

그리고 큰 성공의 결과물인 책을 한 권 내서 보여 주면 1년 내내 먹고 놀아도 아무도 당신을 비난하지 않고 당신이 지금도 열심히 책을 쓰고 있는 줄로 알고 존중하게 됩니다. 책을 써내면 최고의 인생을 살게 됩니다.

나와 공동 저자로 책을 낸 작가들이 모두 최고의 자존감을 갖고 살고 있습니다. 그들은 모두 자신이 행복하고 떳떳하다고 얼굴에 빛을 발하며 당당하게 말합니다. 책을 써낸 것이 자기 인생에서 가장 크고 가치 있는 최고의 결과물이었다고 자랑합니다.

사실 당신이 지금까지 살면서 남긴 확실한 결과물이 뭐 있습니까? 넓은 땅과 높은 빌딩, 빛나는 졸업장과 고급 승용차, 전쟁터에서 살아 돌아와 받은 훈장이나 배지 등이 성공의 기준이 될 수 없습니다. 모든 사람에게 떳떳이 내밀 수 있는 결과물은 졸업장이나 상패, 작은 배지가 아닌 당신의 이름이 박힌 책입니다.

책에 당신의 삶과 깨달음을 담아 전국 서점에서 팔리게 해야 합니다. 수많은 독자들의 인생을 뒤흔드는 멘토가 되어야 합니다.

그러므로 만사를 제쳐 두고 책부터 먼저 출간하십시오.

내면의 카리스마, 곧 생각의 힘을 발휘하십시오. 정신적인 지도자, 영적인 지도자로 굳게 서십시오. 지금 당신 안에 천재적인 지혜가 가득합니다. 당신은 바보가 아닌 천재입니다. 당신은 최고의 삶을 살 자격이 있습니다. 크게 생각하십시오. 크게 생각하면 크게 꿈꾸고 크게 이루게 됩니다. 생각의 크기는 성공에 있어 매우 중요한 요소입니다. 왜냐하면 성공이 생각의 결과이기 때문입니다.

사람은 생각하는 대로 말하고 행동하게 됩니다. 그러므로 당신이 크게 성공하려면 먼저 생각의 지경과 생각의 힘을 키워야 합니다. 그러면 당신의 인생에 거대한 변화의 물결이 일게 될 것입니다. 크게 생각하면 작은 문제들은 저절로 해결됩니다.

당신도 책쓰기를 하고 1인 출판사를 차려 억대 수익을 올려라

지금은 책을 쓰고 강연하는 '1인 기업가의 시대'입니다. 나는 29세에 책을 〈김열방의 두뇌개발비법〉과 〈천재멘토 김열방의 성령님과 교제법〉이란 두 권의 책을 써내고 연구소를 차렸습니다. 하나는 '두뇌개발연구소'였고 또 하나는 '전세계복음화운동본부'였습니다.

두뇌개발연구소 소장으로 직함을 정하여 자리매김하고 '두뇌개발 세미나'를 열었습니다. 강연장을 빌려 등록비를 5만 원씩 받았는데 50명이나 왔습니다. 또 전세계복음화운동본부 대표로 직함을 정하여 자리매김하고 '성령님과 교제법 세미나'를 열었습니다. 그때도 대형 강연장을 빌려 등록비를 받았는데 700명이나 왔습니다.

책과 세미나, 신문광고를 통해 김열방이라는 이름이 온 세상에 알려졌습니다. 창세기 12장 2절의 "네 이름을 창대케 하리니"라는 말씀이 내게 이루어진 것입니다. 내가 꿈꾸던 것이 단방에 이루어졌습니다. 이제 나는 수많은 사람들의 꿈이 되었습니다.

그들은 내게 와서 이렇게 말했습니다.

"나는 세상에서 김열방 목사님이 제일 부럽다. 나도 그분처럼 되고 싶다. 하나님의 은혜로 모든 것을 가진 그분은 나의 꿈이다."

당신도 꿈을 이루고 또 다른 사람의 꿈이 되십시오.

책을 냈기 때문에 나는 전문가로 인정받을 수 있었습니다. 그 이후로 지금까지 나는 두뇌 개발 전문가, 성령 사역 전문가로 전국과 세계를 다니며 최고의 대접을 받으며 군중들에게 마음껏 강연을 했습니다. 당신도 책부터 써내고 강연을 하기 시작하십시오. 이것이 최고의 길이고 가장 가치 있는 길입니다.

책을 써내면 전문가로 인정받기 때문에 사람들이 당신에게 도움을 받겠다고 밤낮 전화하고 상담하러 찾아옵니다. 책을 출간하면 당신이 고객을 만나러 뛰어다니고 그들 앞에 굽실거리며 영업하지 않아도 됩니다. 책을 읽은 고객이 당신을 만나러 달려와 줄을 서게 됩니다. 이것이 책 마케팅입니다. 책은 최고의 권위가 있습니다.

내 얼굴이 박힌 책으로 퍼스널 브랜딩(Personal Branding)하라

나는 지금까지 퍼스널 브랜딩에 열정을 쏟았습니다.

그렇게 내 이름을 알린 결과 20년간 2억 명에게 미친 듯이 복음을 전할 수 있었습니다. 당신은 몇 명에게 복음을 전했습니까?

사도 바울, 사도 베드로의 이름이 중요한 것처럼 당신의 이름도 매우 중요하고 가치 있습니다. 당신의 이름과 함께 복음이 전파됩니다. 책을 내어 당신의 인지도를 높이고 그것을 통해 예수 그리스도 복음을 전해야 합니다. 궁극적인 목적은 복음 전도에 있습니다.

빌리 그레이엄(Billy Graham, 1918~)이 백악관에서 대통령에 대해 무례히 행동한 사건을 통해 신문에 대서특필되어 유명해졌기 때문에 수억의 사람들에게 복음을 전할 수 있었습니다. 당신도 빌리 그레이엄처럼 유명해지면 복음을 전하는 것이 더욱 쉬워집니다.

개인의 네임 브랜딩이 기업의 네임 브랜딩보다 더 가치 있다는 사실을 알아야 합니다. 당신의 존재 가치를 알려야 합니다.

지금은 각 사람이 '퍼스널 브랜딩'(Personal Branding)을 해야 크게 성공합니다. 퍼스널 브랜딩을 가장 확실하고 강력하고 권위

있게 할 수 있는 방법은 책을 써내는 것입니다. 그러므로 당신도 지금 당장 공동 저자와 단독 저자로 책을 써내야 합니다.

  책을 써내는 것이 퍼스널 인지도를 높이는 데는 최고입니다.

  "브랜드"란 '회사나 제품과 관련하여 연상되는 시각적, 감정적, 이성적, 문화적인 이미지들의 총체'를 의미합니다. 세계적인 브랜드 미래학자 마틴 린드스트롬(Martin Lindstrom)은 "전략적으로 오감 브랜딩'(Five Senses Branding)을 해야 크게 성공한다"고 말했습니다. 책은 가장 강력하게 오감 브랜딩을 할 수 있는 최고의 도구입니다. 책은 글로 쓴 이야기를 통해 독자들로 하여금 보고 듣고 냄새 맡고 느끼고 만지게 합니다. 책을 만지작거릴 때 독자는 매력을 느낍니다.

  남자나 여자가 똑같이 한번뿐인 소중한 인생인데, 당신의 이름과 존재 가치는 도대체 어디에 있습니까? 당신의 이름을 구겨서 앞치마 주머니 속에 집어넣고 살지 않습니까? 다시 그 이름을 꺼내십시오. 그 이름을 책 표지에 굵직하게 박아 넣으십시오.

마이크를 쥐고 공인된 수다를 떨고 돈을 받는 강연가가 되라

  당신은 세상의 어떤 값비싼 보석보다 더 비싸고 귀합니다.

  당신이 여자라면 먼저 자기 계발에 시간과 비용을 투자해야 합니다. 동네 아줌마들을 만나 잡다한 내용으로 수다 떨지 말고 책과 강연을 통해 공인된 수다를 떠는 프로 수준의 멋진 여성이 되어야 합니다. 언제까지 지금처럼 평범한 아줌마로 살겠습니까?

"나는 아줌마란 소리 정말 듣기 싫어"라고 투덜거리지만 말고 책을 써내므로 '아줌마의 신분'에서 '작가와 선생님의 신분'으로 자신의 포지션(position, 위치)을 완전히 구별되게 정해야 합니다.

당신이 지금처럼 그대로 살면 10년 후에는 어떻게 될까요? 그렇게 냄비의 남은 누룽지만 긁으며 살면 평생 별 볼일 없는 시골 아줌마의 인생으로 끝납니다. 어느 누구도 당신의 인생을 인정하지도 대신해 주지도 않습니다. 정신 차려야 합니다.

당신의 삶과 깨달음을 담은 책을 쓰는 것이 최고의 자기 계발이다

가장 좋은 자기 계발은 수천수만 권의 다른 사람들이 써 놓은 책을 밤낮 읽는 것이 아닙니다. 자기 이름으로 된 책을 한 권 내는 것이 최고의 자기 계발 방법입니다. 다른데 돈을 허비하지 말고 책 출간에 투자해야 합니다. 책을 쓰게 되면 자기 계발에 어떤 유익이 있을까요? 첫째, 책을 쓰게 되면 정신없이 달린 다람쥐 쳇바퀴 돌듯한 과거를 한번 정리하게 되고 둘째, 현재의 내가 누구인지 내면의 가치를 정확하게 인식하게 되고 셋째, 장밋빛 희망찬 미래를 예언하게 됩니다. 책을 쓰는 것은 최고의 자기 계발 과정입니다.

저술의 가치는 말로 다 표현할 수 없습니다. 책을 통해 지난 과거를 다시 현재로 끌어오고 아직 다가오지 않은 미래를 다른 사람들에게 보여줄 수 있습니다. 몇 천 년 전에 죽은 사람도 책에 실리면 살아 있는 사람처럼 느껴집니다. 저술은 창조적인 활동입니다.

책을 통해 작가는 이 땅에서 영생을 누립니다.

책을 통해 사람들로 하여금 영적인 세계에 접촉하도록 도움을 주게 되고 성령의 나타남이 있게 합니다. 수많은 독자들이 내가 쓴 〈성령님과 교제법〉이란 책을 읽을 때 성령의 나타남을 체험하고 온몸을 떨며 흐느껴 울었고 방언을 받았다고 했습니다.

내가 쓴 책을 통해 성령님과의 교제가 원활해졌다고 연락 온 사람들이 한둘이 아닙니다. 지금도 끊이지 않고 감사의 메일과 문자가 날아듭니다. 당신도 〈성령님과 교제법〉을 읽고 그보다 더 뛰어난 책을 쓰십시오. 당신도 책을 쓰면 주위 사람에게 존경받습니다.

책을 내면 하찮은 당신의 가치는 크게 높아집니다. 신적 가치가 나타납니다. 평범한 천 쪼가리에 그려진 그림 한 점에 1억, 10억합니다. 내가 그린 서양화도 한 점에 백억, 천억입니다. 한 사람의 화가나 작가가 한 도시보다 더 비싼 값에 매겨진 경우도 있습니다.

하물며 책을 써내면 어떻게 될까요? 책을 써내면 최상의 존경을 받습니다. 그렇게 존경 받으면 복음을 전하는 것이 쉬워집니다. 당신의 말에 신적 권위가 부여되기 때문입니다. 책을 써내면 아줌마에서 '작가 선생님' 신분으로 뛰어오릅니다. 내일로 미루지 말고 오늘 책쓰기를 실천하십시오.

초고만 쓰지 말고 윤문과 가치 증가 첨삭과 편집도 하라

책은 최고의 작품으로 럭셔리하게 만들어야 합니다.

책을 아름답고 매력이 넘치게 포장해서 출간하면 사람들은 당신의 이름과 당신의 스토리에 비싼 값을 지불하게 됩니다. 허접한 문집 같은 책을 내지 말고 고급스러운 명품 책을 내야 합니다.

기왕이면 큰 화폭에 그림을 그려야 명화로 인정받습니다. 작은 것도 비싸게 팔리지 않느냐고 하겠지만 그래도 기왕이면 사람들에게 감동을 줄만한 큰 책, 큰 그림을 그리고 큰 액자를 만들어야 합니다. 그래야 더 큰 가치를 부여하고 더 비싼 값에 팔수 있습니다.

책도 두껍고 큰 책을 내야 합니다. 나는 새로 나올 책 37권을 묶어 〈6000년 명문가의 믿음의 비결〉이란 두꺼운 한 권의 책으로 만들어 냈는데 많이 팔렸습니다. 당신도 그런 책을 써내십시오.

혼자서 크고 두꺼운 책을 써내는 것이 부담스럽다면 공동 저자로 써내면 됩니다. 공동 저자로 단기간에 명품 책을 만들어 열배 이상의 힘과 가치를 독자들이 느끼게 해야 합니다. 나는 그렇게 하고 있습니다. 나는 공동 저자 책에 큰 의미를 두고 있습니다.

당신이 책을 썼다면 정성껏 다듬어야 합니다. 이를 '퇴고'(推敲, 미는 것과 두드리는 것)라고 합니다. 퇴고는 독자의 입장에서 이해하기 쉽게끔 한 문장씩 정성껏 다듬는 것입니다. 그렇게 고치고 또 고치고 확인하고 또 확인하는 과정을 끝내야 책이 출간됩니다.

한 작가는 자신의 원고를 100번, 1000번을 다듬는다고 합니다. 그래도 자기 수준을 못 넘습니다. 책은 화려하게 글을 잘 쓴다고만 되는 것이 아닙니다. 의식 수준이 높아야 수준 높은 책이 됩니다.

퇴고는 작가의 의식 수준 이상을 못 넘습니다. 문장만 매끄럽게 다듬었다고 좋은 책이 나오는 것은 아닙니다. 의식 수준을 높이기 위해 끊임없이 혼자만의 시간을 가지며 생각하고 책을 읽어야 합니다. 또한 남다른 문제에 부딪히고 그 문제를 해결해야 합니다. 그럴 때마다 당신의 의식이 크게 성장하게 됩니다.

무엇보다 천재가 쓴 책을 읽고 천재를 사귀어야 합니다. 내가 쓴 700권의 책은 천재의 영역에서 쓴 책들입니다. 당신이 의식 수준을 높이고자 한다면 천재멘토인 내가 쓴 책을 묶음으로 구입해서 하나씩 다 읽으면 됩니다. 당신의 의식이 완전히 달라질 것입니다.

거기에 자신의 가치를 증가시키는 원고 첨삭을 해야 합니다. 한 줄 한 줄 아주 비싼 다이아몬드나 승용차, 스마트 폰을 설명하듯 자신을 빛내는 좋은 글을 간결하고 힘 있게 써넣어야 합니다.

나는 그러한 '가치 증가 첨삭'을 하고 있습니다. 내가 다른 사람의 원고를 몇 줄만 첨삭해 주면 그 가치는 백배로 증가됩니다. 그래서 10만 원짜리, 100만 원짜리 원고가 1억, 10억짜리 원고로 바뀝니다. 당신도 원고를 가지고 와 '가치 증가 코칭'을 받으십시오.

내가 고등학교 3학년 시절, 서울대 지망생으로 그림을 그릴 때 몇 시간 동안 열심히 데생을 해도 그림이 밋밋한데 서울대 출신 선생님이 와서 한두 군데 지우고 그려 강조하면 그림이 확 살곤 했습니다. 그 선생님은 그 짧은 5분 정도의 코칭을 위해 몇 년간 최고의 수준에서 그림을 그리며 실력을 쌓았던 것입니다. 그래서 그분은 20명의 학원 선생님들 중에서 가장 비싼 몸값으로 일했습니다. 일주일에 하루, 토요일 오후에 와서 세 시간 정도 밖에 가르치지 않았는데 몇 백만 원을 받는다고 했습니다.

당신도 한 분야에 달인(達人, 학문이나 기예에 통달하여 남달리 뛰어난 역량을 가진 사람. 널리 사물의 이치에 통달한 사람)이 되고 장인(匠人, 창작 활동을 하며 심혈을 기울여 물건을 만드는 예술가)이 되면 충분히 억대 수입이 가능합니다.

한번은 부흥회가 끝나자 한 사람이 달려와 말했습니다.

"제가 그동안 많은 설교를 들었지만 오늘 설교의 달인을 만났습니다. 김열방 목사님은 정말 설교의 달인이십니다. 존경합니다."

나는 설교만 아닌 책쓰기의 달인입니다. 나는 그동안 수만 권의 책을 읽었고 또한 오디오북을 포함해 700권의 책을 냈습니다. 게다가 천재적인 지혜와 명철, 자존감과 확신이 있기 때문에 그런 가치 증가 첨삭에 탁월한 재능이 있습니다. 내가 손을 대면 책이 빛을 발합니다. 완전히 다른 책으로 거듭납니다.

당신의 원고를 내게 보여주면 나는 5분 만에도 그러한 도움을 줄 수 있습니다. 하지만 너무나 귀한 일이기 때문에 고가의 코칭 비용을 받고 있습니다. 그것이 가치를 인정하는 방법이기 때문입니다. 나에게는 시간이 생명과 같습니다. 나의 5분은 5천만 원으로도 바꿀 수 없습니다. 당신도 한번뿐인 인생, 당신의 시간을 소중히 여겨야 합니다. 그리고 당신에게 걸맞은 최고의 실력을 갖추어야 합니다. 그 다음엔 책을 써내야 합니다. 어떤 종류의 책일까요?

수재나 영재가 아닌 천재의 영역에서 책을 써내라

수재는 논문을 씁니다. 논문은 일종의 짜깁기입니다.

논문을 쓸 때는 교수들에게 들통 나지 않을 정도로 여기저기서 각종 기사와 자료, 학술 지식을 가져와 짜깁기하고 각주를 달고 참고 도서를 나열합니다. 100퍼센트 자기 글로만 쓰는 논문은 없습니다. 자기 글만 쓰면 지도 교수에게 논문 통과가 안 됩니다.

천재적인 책쓰기와 강연의 원리를 깨달은 사람은 그런 식으로 딱딱하게 내용을 전개하지 않습니다. 자신의 삶과 깨달음을 담아 굉장히 재미있게 이야기를 진행합니다. 정신없이 빨려 들어가다 보면 어느새 끝나게 되고 셀 수 없이 많은 깨달음을 얻게 됩니다.

나는 책을 그런 식으로 씁니다. 내가 20년간 깨닫고 사용한 책쓰기의 원리를 알면 당신도 책을 쓸 수 있습니다. 내가 가르치는 책쓰기 원리는 천재의 영역입니다. 당신이 책쓰기의 원리 일곱 가지를 알면 한 달에 한 권씩 책을 써낼 수도 있습니다.

내가 가르치는 일곱 가지 원리를 정확히 인식해야 합니다. 알고 나면 쉬우니까 "아무것도 아니야"라고 하겠지만 절대로 가벼운 것이 아닌 매우 중대한 의사 전달의 천재적인 원리입니다. 어제도 한 분이 내게 하나만 좀 알려 달라고 부탁했지만 나는 거절했습니다.

"천재적인 책쓰기 원리를 배우고 싶으면 정식으로 등록하세요."

예수님은 "네가 가진 진주를 돼지에게 던지지 마라. 짓밟을 것이다"라고 하셨습니다. 책쓰기학교는 정식으로 등록해야 합니다.

나는 천재적인 의사 전달 원리를 따라 29세 때부터 지금까지 700권의 아주 탁월한 책들을 써냈습니다. 내 책을 읽는 사람마다 감탄합니다. 내용 속에 몰입됩니다. 인생이 바뀝니다. 그래서 사람들이 등록비를 입금하고 내게 와서 직접 배우는 것입니다. 당신은 내가 이 책에서 전하는 지혜와 지식들을 귀하게 여겨야 합니다.

당신도 반드시 책을 써내고 강연하겠다는 불타는 소원을 가져라

당신은 어떤 일을 가장 크고 귀하게 여깁니까?

예수님은 3년간의 공생애에 열두 명의 제자를 양육했습니다.

그들이 무엇을 했습니까? 병을 고치고 귀신을 쫓고 상담을 했지만 결국 그들은 책을 쓰고 강연을 했습니다. 그들이 성경을 기록했고 수천 명 앞에서 자신의 삶과 깨달음을 담은 강연을 했습니다.

성경에는 '설교'라는 단어가 나오지 않습니다. '강론'이라는 말이 계속 나옵니다. "바울이 두란노 서원에서 강론했다"고 되어 있습니다. 강론이 곧 강연입니다. (행 17:2, 18:4, 19;8~9, 20:7, 24:25)

당신도 예수를 믿은 지 3년이 되었다면 예수 그리스도 복음을 담은 책을 써내고 예수 그리스도 복음을 담은 강연을 해야 합니다.

나는 지난주에 부산에서 강연회를 인도했습니다. 6개월 전에 한 곳인데 너무 좋다며 한 번 더 하게 된 것입니다. 한 번 할 때 3박 4일간 진행되는데 모두들 성령의 21가지 은사를 체험하고 지혜와 재정의 문이 열리게 되고 처음 사랑이 회복됩니다.

당신도 강연회를 이끌겠다는 소원을 가져야 합니다. 책을 써내고 텔레비전과 라디오에 출연해야 합니다.

예수님은 처음에 혼자 다 하셨습니다. 혼자 병고치고 귀신 쫓고 가르치고 다 하셨습니다. 얼마 후에 열두 제자를 세워 그들을 다 내보내셨습니다. 그리고 어떻게 사역했는지 보고를 받았습니다. 또한 그들에게 핵심 가치를 반복해서 확인시켜 주셨습니다.

"내 이름으로 귀신이 쫓겨 나간 것보다 더 귀한 것은 너희들의 이름이 하늘나라 생명책에 기록된 것이다."

당신이 쓴 책이나 강연보다 더 귀한 것은 당신 자신입니다.

당신 자신에게 100조 원 이상의 재산 가치가 있음을 기억해야 합니다. 내가 3일간 강연을 하면 500만 원 정도를 받습니다. 때론 천만 원 이상 받기도 합니다. 내가 하는 강연은 1억이 넘을 정도의 엄청난 가치가 있습니다.

천재적인 의사 전달의 일곱 가지 원리를 배우고 책을 써라

한번은 부흥회 3일째 되던 날 한 청년이 내게 찾아왔습니다.

그는 군대에서 여름성경학교 교사로 봉사해야 했고 여러 행사와 부대 업무로 바쁜 중에 휴가를 내어 부흥회를 참석했던 것입니다.

"이번에 유명한 목사님이 오시니까 무조건 휴가를 내고 가서 은혜를 받아야 되겠다."

모든 사람이 만류하는데도 과감히 휴가를 받아 나왔습니다.

그는 부흥회를 참석하는 중에 엄청난 변화를 얻게 되었습니다. 안수 받을 때 성령을 체험하고 방언을 받고 지혜의 문이 열렸습니다. 그 순간부터 성령님의 세미한 음성이 마음속에 계속 들려왔습니다. 그는 또 내가 쓴 〈6000년 명문가의 믿음의 비결〉 〈김열방의 억대수입비결〉 등의 책을 묶음으로 사 갔습니다. 그 자리에서 내 사인을 받고 기념사진도 함께 찍었습니다. 내가 말했습니다.

"군대 있을 동안에 책을 쓰세요."

"어떻게 책을 씁니까?"

나는 쪽지에 책쓰기 원리를 적어 주었습니다.

"이렇게 책을 쓰면 됩니다."

1분 코치를 받고 악수한 후 헤어졌는데 그 청년이 부대로 복귀하는 버스 안에서 책을 다 썼다고 했습니다. 놀랍지 않습니까?

"김열방 목사님, 제가 제 인생에 대한 책을 한 권 다 썼습니다. 전체 윤곽을 잡았고 며칠 내로 원고 파일을 보내드리겠습니다."

이것이 코치입니다. 1분을 코치했는데 책을 한 권 쓴 것입니다.

나는 책쓰기 원리 중에서 한 가지만 알려주었습니다.

"이야기 목록을 먼저 세 개 적어라. 그것으로 이야기를 펼쳐 나가다 보면 그 다음 이야기들이 떠오를 것이다. 열 개를 적다 보면 가지를 쳐 120개가 될 것이다. 그 120개 이야기 목록을 먼저 적고 난 다음에 거기에 따른 한 가지 목록으로 한 페이지에서 두 페이지 정도를 기록하면 책 300페이지는 금방 만들어진다. 대단한 이야기가 아닌 나만의 이야기를 적으면 된다. 나의 이야기가 가장 위대한 이야기다."

그 청년이 얼마 후에 책을 다 썼다고 기뻐하며 연락 왔습니다.

"정말 김열방 목사님이 말씀하신 것처럼 책쓰기가 쉽네요. 제가 쓴 원고를 메일로 보냈습니다. 출간할 수 있는지 확인해 주세요."

그렇게 해서 그 청년이 두 권의 책을 써냈습니다.

그 청년은 나를 만나 천재의 길을 걷게 된 것입니다.

당신도 천재인 나를 만나면 천재의 길을 걷게 됩니다. 정말입니다. 당신도 내게 와서 천재적인 의사 전달 원리를 모두 배우십시오. 이 책에 나오는 한 가지만 간단하게 배워서는 안 됩니다. 심화 과정을 거쳐야 합니다. 일곱 가지 원리를 모두 배워야 합니다. 그러면 세계 모든 민족 위에 뛰어난 인물이 됩니다. 나를 만나 코칭을 받으면 당신도 세계적인 작가와 강연가가 됩니다.

나는 그 짧은 1분 코치에 1억을 받을 수 있습니다. 왜일까요? 보통 사람들은 내가 깨달은 책쓰기 원리를 모르면 죽을 때까지 책 한 권을 못 쓰기 때문입니다. 천재적인 책쓰기 원리를 배워야 합니다. 책쓰기에 대해 모르는 사람이 내가 쓴 책을 보고 함부로 말합니다.

"이런 쉽고 간결한 책은 나도 열 권 백 권 쓰겠다."

나는 웃으며 그들에게 말합니다.

"그래요? 그럼 어디 써 보세요."

그렇게 말한 사람치고 한 명도 나처럼 책을 쓴 사람이 없습니다.

"김열방 목사님, 죄송합니다. 책을 쓰려고 하니 한 줄도 나오지 않습니다. 저는 서울대를 수석으로 졸업하고 박사 학위를 가진 의사인데 왜 책을 쓰지 못하는 걸까요?"

"내 책이 쉽고 간결한 것을 우습게보지 마세요. 그런 표현이 천재의 특징입니다. 천재는 복잡한 것을 쉽게, 간결하게, 명확하게, 한 마디나 한 줄로 정리합니다. 그걸 위해 수천 번을 생각합니다."

천재는 수재를 상대하지 않고 신적인 영역에서 따로 논다

천재는 신적인 영역에서 따로 놉니다. 밤낮 신과 교감합니다.

나는 24시간 늘 신과 교통하고 있습니다. 그분으로부터 영감을 받습니다. 내가 믿는 신은 전지전능하신 하나님입니다. 그래서 내게 신적인 지혜와 총명, 모략과 재능, 지식이 가득한 것입니다.

수재들은 천재들의 신적인 영역에 절대로 못 들어옵니다.

그 청년은 순간 내게 의사 전달 방법을 배워 책을 썼습니다.

"김열방 목사님이 알려준 대로 해보니까 정말 쉽구나. 이건 정말 귀하고 가치 있는 거야. 내가 김열방 목사님의 책쓰기, 강연학교에 모두 등록해야 되겠어."

그는 자신이 모은 돈 전부를 내고 김열방의 책쓰기, 강연학교, 공동 저자, 세 과정 모두 등록했습니다. 그의 인생이 천재의 영역에 들어선 것입니다. 그는 몇 개월 만에 두 권의 책을 써냈습니다.

한번뿐인 소중한 인생, 신적인 영역에서 놀아야 합니다. 신적인 결과인 책을 써내고 강연을 해야 합니다. 저술과 강연으로 수천수만 명의 영혼을 흔들어 깨워야 합니다. 세상을 바꿔야 합니다.

예수님은 열두 제자에게 다른 것을 가르치지 않았습니다. 그분은 하나님 나라에 대한 비밀을 드러내시며 제자들의 의식을 완전히 바꾸어 주었습니다. 그리고 그들은 저술과 강연을 했습니다.

열두 제자들은 군중에게 천국 복음을 전하므로 한 도시를 발칵 뒤집어 놓았습니다. 그리고 감옥과 외딴 섬에서 성경을 기록했습니다. 그들도 육체는 다른 사람처럼 죽어 먼지로 돌아갔지만 그들의 책은 남아 수백억의 영혼을 구원했습니다.

　책은 기하급수적으로 번식하며 영원히 존재합니다. 책은 사람들의 가정과 가슴, 영혼에 파고듭니다. 그리고는 그들의 내면 가장 깊은 곳까지 완전히 변화시켜 놓습니다.

당신이 먼저 자신의 가치를 인정하고 높은 가격을 매겨야 한다

　당신은 지혜를 판다는 생각을 해본 적이 있습니까?

　사람들은 지식은 팝니다. 기술도 제품도 팝니다. 하지만 지혜는 공짜로 나누어 줘야 한다고 생각합니다. 그래서 준 지혜가 마구 짓밟힙니다. 돼지 목에 진주를 걸어 줘 봤자 소용없습니다.

　정식으로 코칭 받은 사람들은 태도가 달랐습니다. 그들은 책을 몇 권씩 써내고 강연하며 억대 수입을 올리고 있습니다.

　당신이 가진 지식과 지혜를 누군가에게 꼭 팔아야 합니다. 그러려면 당신이 먼저 그 책의 가치를 인정해야 합니다. 자신이 인정하지 않는 가치를 다른 사람이 인정할 리 없습니다.

　자신의 지혜를 하찮게 여긴다면 누가 값을 지불하겠습니까? 당신의 지혜가 빛을 발하도록 눈을 크게 뜨고 목에 힘을 주어 그것을 당당하게 이야기하십시오. 카리스마적인 표현을 하며 책을 홍보하고 파십시오. 당신은 최근에 무엇을 고가에 샀습니까?

　당신이 그것을 현금이나 카드로 값을 지불하고 샀다면 당신도 당신의 지적 재산을 다른 사람들에게 팔 수 있습니다. 당신이 3개월 치 월급, 또는 카드 한도액 2, 3천만 원을 전부 긁으면서 뭔가를 샀다면 당신도 당신의 제품을 홍보하고 팔 수 있습니다.

당신이 고급 외투를 샀습니까? 핸드폰을 샀습니까? 집을 샀습니까? 차를 샀습니까? 당신이 귀중하게 여기는 것을 다른 사람에게 팔기란 쉽습니다. 가치를 자신 있게 설명할 수 있기 때문입니다.

자동차를 팔려면 자동차 회사에 취직해야 합니다. 옷을 팔려면 당신이 도매 시장에 가서 옷을 떼 와야 합니다. 그러나 정보업은 다릅니다. 당신이 값을 지불하고 정보를 샀으면 그 정보는 당신 안에 항상 지니게 됩니다. 그 정보를 공짜로 사람들에게 이야기해 주면 안 됩니다. 친구들을 만나 함부로 말하면 안 됩니다.

"책 쓰는 비결은 일곱 가지 원리가 있는데 이렇게 하면 돼."

"강연하는 비결은 쉽고 간단해. 원고 없이도 방법만 알며 몇 시간 동안 수만 명의 군중들에게 마음껏 말할 수 있어. 강연 내용도 빈약하지 않고 천재적인 지혜와 지식을 가득히 담아 낼 수 있어. 천재적인 의사 전달의 일곱 가지 원리만 알면 돼. 내가 알려줄게."

나는 그렇게 말하지 않습니다. 내가 20년 이상 고민하고 연구하여 정립한 것이라도 그렇게 하면 사람들은 귀한 줄 모릅니다. 귀한 줄 모르면 지속적으로 하지 않게 됩니다. 그러면 돈도 못 법니다.

당신도 지혜만 있으면 크게 성공하고 억대 수입을 올릴 수 있다

사람들이 자격증과 졸업장을 받기 위한 전문 지식은 소중하다며 돈을 받고 가르칩니다. 하지만 지식보다 더 귀한 것이 지혜입니다. 지혜만 있으면 크게 성공하고 많은 돈을 버는 것이 쉽고 수많은 인생들에게 꿈과 희망, 영감을 불어넣게 됩니다. 지혜가 제일입니다. 지혜의 날을 갈아야 합니다. 지혜에 값을 매겨 팔아야 합니다.

"무딘 철 연장 날을 갈지 아니하면 힘이 더 드느니라. 오직 지혜는 성공하기에 유익하니라."(전 10:10)

나는 날마다 지혜의 날을 시퍼렇게 갑니다. 내게 있어 지혜는 양날 선 칼과 같습니다. 사람은 지혜로 인해 내면이 강해지고 닥친 문제를 거뜬히 해결하게 됩니다. 지혜를 금보다 더 사모하십시오. 지혜가 당신의 모든 문제를 해결할 뿐만 아니라 큰돈을 벌게 합니다. 대부분의 사람들이 지혜는 가볍게 여기고 값싸게 넘깁니다.

지혜가 지식보다 더 귀합니다. 잠언에는 "지혜가 제일이니 지혜를 얻으라"고 했습니다. "너의 가진 모든 것으로 지혜와 바꾸라"고 했습니다. 당신은 그렇게 하고 있습니까? 나는 그렇게 했습니다.

천재적인 원리를 거액의 수표보다 더 가치 있게 여겨라

당신은 지혜를 얼마나 소중히 여기고 있습니까?

그 지혜를 책에 담아내고 높은 가치를 부여해 팔아야 합니다.

물건은 공장에서 완벽하게 만들어 놓은 것을 떼다 팔아야 합니다. 또는 당신이 수작업으로 다 만들어야 합니다. 정보는 다릅니다. 몇 마디 코칭으로 인생이 바뀝니다. 메모지 한 장의 정보로 수십억의 이익을 얻기도 하고 수십억의 손실을 줄이기도 합니다.

내가 당신에게 정보를 제공할 때 나는 내가 깨달은 것을 전달하여 당신의 의식 수준을 높이는 일을 하게 됩니다. 나는 수만 권의 책을 읽고 700권의 책을 썼습니다. 20년 이상 크고 작은 강연회를 다니며 다양한 군중들에게 강연했습니다. 그런 가운데 일곱 가지로 천재적인 책쓰기와 강연의 원리를 정립해 사람들에게 코치하게 된 것입니다. 이 원리는 수백억을 줘도 아깝지 않을 정도로 귀한 지혜입니다. 한번만 배우면 평생 잊지 않고 계속 사용하게 됩니다.

책쓰기 원리는 나를 통해 이미 다 만들어진 것입니다. 이것을 배우면 당신이 더 이상 시행착오를 겪지 않게 됩니다. 30~50년의 세월을 단축시킬 수도 있습니다. 당신이 오늘 배운 것을 가지고 누군가에게 돈을 받고 정보를 전달해 줄 수 있습니다.

당신이 내가 가진 천재적인 의사 전달의 일곱 가지 원리를 배우고 싶다면 '김열방의 책쓰기학교, 강연학교'에 등록해야 합니다. 그래서 나를 만나고 내 입에서 나오는 말을 직접 들어야 합니다. 그러면 나의 큰 믿음과 천재적인 지혜와 재능이 모두 당신에게 전염됩니다. 사람들은 무한정으로 지혜를 풀어놓으라고 요청합니다.

"왜 김열방 목사님이 깨달은 지혜와 지식을 만나는 모든 사람에게 베풀고 무료 특강을 열고 신문과 잡지, 텔레비전과 라디오로 떠들썩하게 알리지 않습니까? 왜 유명세를 타려고 하지 않습니까?"

그렇게 해야 할 필요가 없습니다. 유명세보다 중요한 것은 실속입니다. 정말 소중한 것에는 사람들이 근접할 수 없게 울타리를 쳐야 합니다. 그래야 그것이 더욱 가치 있고 빛을 발하게 됩니다.

스타가 왜 스타입니까? 가까이 다가가지 못하고 멀리서 바라봐야 하기 때문에 스타인 것입니다. 누구나 가까이 가서 만질 수 있다면 이미 스타가 아닙니다. 당신도 의도적으로 사람들과 거리를 두고 스타의 카리스마를 유지하십시오. 그게 서로에게 유익합니다.

표지와 두께는 비슷해도 책마다 의식 수준이 다르다

지식과 지혜에도 사람들이 접근할 수 있는 수준과 영역이 있습니다. 기본적으로 다음의 다섯 가지입니다.

첫째, 바보의 수준과 영역입니다.
둘째, 범재의 수준과 영역입니다.
셋째, 수재의 수준과 영역입니다.
셋째, 영재의 수준과 영역입니다.
셋째, 천재의 수준과 영역입니다.

나는 강연할 때 동기부여만 합니다. 구체적인 방법은 알려주지 않습니다. 그들에게 어떤 길을 가야 하는지에 대해 방향만 알려줍니다. 그리고 그 방향을 정하고 직접 나를 찾아와 정식으로 코칭 등록한 사람에게 구체적인 방법과 천재적인 원리를 전수합니다.

한 명에게도 원리를 알려주지 않았습니다. 그런데 군대에서 휴가 받고 나온 그 청년에게만 내가 1분 동안 책쓰기에 대한 코치를 해주었던 것입니다. 물론 그 1분간 한 가지 원리만으로는 부족합니다. 정식으로 코칭 과정에 등록하고 일곱 가지 원리를 다 전수받아야 합니다. 최근에 한 교회에서 부흥회를 인도했는데, 그때 참석한 한 청년이 내게 다가와 책쓰기에 대한 도움을 요청했습니다.

"김열방 목사님, 제가 책을 쓰고 싶습니다."

그분은 내게 식사 대접을 하며 도움을 요청했습니다. 나는 그분에게 한두 마디만 말해 주었습니다. 그것도 구체적인 방법이 아닌 방향만 제시해 주었습니다. 뭔가 속이 시원하지 않았을 것입니다.

그 다음날 또 "오늘도 제가 점심을 사겠습니다"라고 했습니다. 보통 한 번만 식사 대접을 하게 됩니다. 다른 분들이 식사 대접을 하겠다고 줄 서 있기 때문입니다. 함께 식사하면서 대화를 나누었지만 나는 구체적인 코치를 해주지 않았습니다. 동기부여만 하고 방향만 제시했습니다. 그분이 헤어지려는 나를 또 붙들었습니다.

"커피도 한 잔 드시죠."

식사가 끝났는데 커피를 마시러 가자고 했습니다. 그분은 일류 대학을 졸업하고 그 도시에서 큰 학원을 경영하며 많은 돈을 벌고 있었습니다. 한 달에 몇 천만 원을 버는 것만으로는 자신의 꿈이 이루어지지 않았던 것입니다. 그분이 말했습니다.

"제 자녀들도 저처럼 스펙의 길을 걷고 있는데 너무 숨이 막힙니다. 어떻게 해야 할까요?"

그분이 내가 쓴 책을 잔뜩 샀습니다. 담임 목사님은 그분이 그렇게 많은 책을 한꺼번에 사서 읽는 분이 아니라고 했습니다.

나는 사람들에게 90분짜리 설교를 열 번 하면서 계속 동기부여만 합니다. "이런 세계들이 있다. 당신의 의식 수준을 높이고 새로운 차원에서 일을 하라"고 말합니다. 대중 강연에는 한계가 있습니다. 일대일로 찾아와 천재적인 원리를 코칭 받아야 합니다.

천재멘토를 만나 일대일 코칭을 받아야 최고의 책쓰기를 배운다

코치(coach)는 개인적으로 지도하고 가르치는 것입니다.
당신이 나에게 일대일로 책쓰기 코칭을 받으면 천재적인 책쓰기의 일곱 가지 원리를 모두 전수받을 수 있습니다. 나는 정말 아낌없이 알려줍니다. 그래서 단기간에 나처럼 책을 써내게 합니다.
당신도 나처럼 한 달에 한 권을 쓸 수 있습니다.
나는 군중을 향해 강연할 때 무료 또는 회비를 만 원 정도만 받습니다. 만 원씩 내도 천 명이면 천만 원밖에 안 됩니다. 하지만 개인 코치를 5분, 10분 정도 하면 한 번에 1억을 받을 수도 있습니다. 그 사람은 그 1분 동안 내게 전해들은 정보를 가지고 100년 동안 수백억을 만들어 내기 때문입니다. 실로 엄청난 위력입니다.
지금 내가 여는 책쓰기, 강연학교 등의 교육과정들은 그다지 비싸지 않습니다. 당신도 여기에 등록하십시오. 기왕이면 가장 좋은 과정인 일대일 코칭을 등록하십시오. 단독 공동 저자로 책을 써내십시오. 등록은 전화 02.416.7869로 문의하면 됩니다.
처음부터 어떤 길을 갈 것인지 잘 생각해야 합니다. 짜깁기하는 영재 코치를 만나면 안 됩니다. '내가 단순히 짜깁기 책을 몇 권 써내고 강연할 거야'가 아닌 '내 삶과 깨달음을 담은 천재적인 책을 써내므로 큰 부가 가치를 일으키겠다'고 결심해야 합니다.

어떻게든 등록비를 만들어 천재적인 의사 전달의 원리를 배우라

돈이 없다고 쉽게 꿈을 포기하지 마십시오.

용기와 신념만 있으면 돈은 얼마든지 만들 수 있습니다. 한 사람이 책쓰기학교와 강연학교, 1인 출판사 설립학교에 등록해서 코칭을 받고 싶은데 돈이 없어 등록하지 못했습니다. 나는 그분에게 "여유 있게 기다릴 테니 등록비가 준비되면 그때 와서 등록하세요"라고 했습니다. 놀랍게도 그분은 일주일 만에 등록비를 다 만들어 입금했습니다. 은퇴 후에 치킨 집이나 식당, 카페를 차리는 것도 3억 정도 듭니다. 그에 비해 나의 천재적인 코칭 과정 등록비는 10분의 1밖에 안됩니다.

돈이 없다고 코칭 받는 것, 책을 출간하는 것을 포기하지 말고 어떻게든 돈을 마련해야 합니다. 돈을 마련하는 것도 인생살이에 꼭 필요한 능력입니다. 큰일을 하려면 계속 돈 문제에 부딪혀야 하기 때문입니다. 그러한 돈 문제를 해결해 내는 사람이 큰 사업가가 될 수 있습니다. 나는 지금까지 크고 작은 돈 문제를 억만 번이나 해결했습니다.

그분이 공동 저자로는 등록해서 나와 함께 책을 냈습니다. 그동안 많은 돈이 있었지만 그것을 펀드로 넣고 또 다른 사람에게 빌려

주기도 했지만 큰 수익을 올리지 못했다고 했습니다. 이제는 책으로 복음을 전하고 자신의 삶을 남기기 위해 힘쓰고 있습니다.

그분은 나를 만나고 인생이 변화되었습니다. 공동 저자로 책을 내어 자신의 몸값을 높였습니다. 앞으로의 삶과 사업의 방향을 확고히 정했습니다. 재정은 적자에서 흑자로 돌아섰습니다. 의식 수준이 높아졌습니다. 당신도 공동 저자에 등록해 책을 내십시오.

당신이 나를 만나 코칭 받는다는 것은 정말로 귀하고 가치 있는 것입니다. 지금 당장 책쓰기학교, 강연학교, 공동 저자, 1인 출판사 설립학교에 등록하십시오. 김열방의 대표 저서 30권을 주문해서 읽기 시작하십시오. 당신의 인생에 기적이 일어날 것입니다.

장사는 하나님의 명령이다. 당당하게 팔고 남겨야 한다

창업은 작은 돈으로 작게 시작해야 합니다. 나도 그랬습니다.

한 사람이 10억을 가지고 사업을 시작하겠다고 했습니다. 나는 그분에게 처음부터 그렇게 거창하게 벌이면 한 달 만에 10억을 다 말아 먹을 수도 있으니 조심하라고 했습니다. 처음엔 작게 시작해야 합니다. 작은 돈으로 큰돈을 버는 지혜를 발휘해야 성공합니다.

1인 출판사 설립 운영은 작은 돈으로 큰돈을 버는 길입니다.

돈을 버는 것은 쉽습니다. 무엇인가를 팔면 됩니다. 물건이든 기술이든 교육과정이든 당신이 가치 있다고 여기고 샀던 것을 다른 사람에게 파십시오. 가치를 설명하십시오. 당당하게 팔면 돈이 들어옵니다. 당신에게는 어떤 팔 것이 있습니까?

분명히 기억하십시오. '줄 것'이 아닌 '팔 것'입니다. 사업하는 사람들은 자신이 가진 무언가를 팔아야 합니다. 자신의 가치를 팔고 자신의 기술을 팔고 자신의 지혜를 팔고 자신의 물건을 팔아야 합니다. 기왕이면 싸고 허접한 것이 아닌 비싸고 고급스러운 것을 파십시오. 그래야 크게 성공합니다.

나물을 한 박스에 만 원 주고 사서 열 봉지에 나누어 담은 후 한 봉지에 2000원씩 받을 수도 있습니다. 100억짜리 빌딩을 50억에 사서 10억 들여 리모델링한 다음 120억에 팔수도 있습니다.

성경에, 주인이 한 므나씩 나눠주고 "장사하라"고 명령했습니다. 장사하는 것은 하나님의 명령입니다. 요셉이 곡물 장사를 했습니다. 그는 굶어 죽어 가는 사람들에게 강인한 마음으로 곡물을 얻고 싶다면 '돈가몸토소'(돈, 가축, 몸, 토지, 소출)을 가져오라고 지시했습니다. 당신은 지금부터 무엇인가 비싸게 팔 것을 찾고 준비해야 합니다. 무엇인가 팔 것을 마련해 두면 그것을 살 사람도 나타나기 마련입니다. 나는 책을 팔고 교육과정을 팝니다.'

내가 가진 지혜와 지식을 그들에게 팔아 그들이 나보다 더 크게 성공하도록 돕고 있습니다. 고급 정보를 담은 김열방의 교육 과정은 매우 귀합니다. 많은 사람들이 거지처럼 돈이 없다고 공짜로 배우게 해 달라고 요청합니다. 그렇게 해주면 함께 망합니다.

나는 국무총리 요셉처럼 정중하게 "아니오"라며 거절합니다.

"돈이 없으면 만들어서라도 등록하세요. 땅과 집을 팔아서라도 등록하세요. 그래야 더 높은 차원의 인생으로 들어서게 됩니다."

그렇게 돌아갔던 사람들이 모두 돈을 만들어 등록했습니다.

불완전하더라도 하나씩 일을 시작하고 마무리를 지어라

당신은 어떤 기준을 갖고 일을 진행합니까?

나는 불완전하더라도 하나씩 일을 시작하고 마무리를 짓습니다. 그래서 성과물이 많습니다. 나는 보통 사람의 백배 이상의 일을 합니다. 완벽을 기하면 아무것도 할 수 없습니다. 완벽을 기하여 아무것도 하지 않는 것보다 불완전하더라도 시작하고 그것을 끝내는 편이 낫습니다. 일단 결과물이 있어야 성공했다고 인정받습니다.

사람들은 완벽, 완벽, 완벽을 외칩니다. 그리고 "아직은 때가 되지 않았다. 더 많이 준비해야 한다"며 계속 뒤로 미룹니다. 하지만 그렇게 때만 기다리며 계속 미루다 보면 결국 아무것도 못하게 됩니다. 내가 지금까지 이렇게 많은 일을 한 것은 불완전하더라도 시도하여 그 일을 끝냈기 때문입니다. 세상에 완벽은 없습니다. 불완전하더라도 진도를 나가야 합니다. 그리고 일을 끝내야 합니다.

많은 사람들이 핑계를 대며 뒤로 물러납니다.

"돈이 없어서 지금은 할 수 없어요. 준비되면 그때 하겠습니다."

"그래서 당신이 아무것도 못하는 것입니다. 준비되면 하는 것이 아니라 준비해서 하는 것입니다. 지금 당장 돈을 마련하세요."

돈이 들어올 때까지 막연히 기다리면 아무것도 못 이루고 늙어 죽습니다. 돈을 마련해서 차를 사고 집을 사야 합니다. 마찬가지로 돈을 마련해서 책쓰기, 강연학교, 공동 저자, 1인 출판사 설립학교에 등록해야 합니다. 돈을 만드는 것도 쉽다고 생각해야 합니다.

당신은 얼마 있으면 원하는 일을 시도할 수 있다고 생각합니까?

우리는 뭔가 다 갖추고 난 다음에, 또는 사람들에게 알려질 만한 이벤트를 하고 난 다음에 가진 것을 팔 수 있다고 생각하는데 그렇지 않습니다. 작게 시작해서 뭔가를 팔기 시작하면 됩니다.

그리고 돈을 버는 만큼 하나씩 차례로 구색을 갖추어 나가면 됩니다. 처음에는 작게 시작하십시오. 그러면 잃을 것이 없고 얻을 것밖에 없게 됩니다. 작은 성공이 모여 큰 성공을 이루게 되고, 날마다 더 크게 성공하게 됩니다.

힘들면 생각을 뒤집어 끝에서부터 시작하면 쉽게 해결된다

당신은 괴짜라는 말을 듣지 않았습니까?

괜찮습니다. 오히려 틀이 없는 괴짜가 나중에 크게 성공합니다. "모난 돌이 정 맞는다"고 하지만 모나야 눈에 띄고 비싼 값에 팔리게 됩니다. 당신의 개성과 천재성을 살려야 크게 성공합니다.

한 어머니가 아이 때문에 고통을 호소했습니다.

"우리 아이가 학교에 잘 적응하지 못해요. 학교에 가기 싫대요."

"그 아이는 천재입니다. 천재 교육을 시켜야 합니다."

천재들의 시대가 왔습니다. 이제는 당신의 자녀에게 천재 교육을 시켜야 합니다. 부모는 한 달에 200만 원을 벌지만 그것으로는 안 됩니다. 아이는 2000만 원을 벌게 해야 합니다. 부모님보다 더 큰 삶을 살게 해야 합니다. 더 위대한 일을 하게 해야 합니다.

부모님을 존경하되 그분들보다 백배나 더 크게 살아야 한다

나도 그렇게 살기로 결심했습니다. 당신은 어떻습니까?

나는 어릴 때 아버지를 따라다니며 막노동을 했습니다. 벽돌을 지어 나르고 시멘트와 모래를 섞으며 옆에서 심부름을 했습니다. 그러면 하루에 4만 원을 받았습니다. 나는 생각했습니다.

'아, 이렇게 하면 돈을 벌게 되는구나.'

그러다 직장을 다니게 되었습니다. 그때 한 달 일하고 18만 원을 받다가 나중에는 월급이 올라 24만 원을 받게 되었습니다.

아버지는 미장 기술자였기 때문에 하루에 20만 원을 벌었습니다. 하지만 그렇게 해서는 겨우 먹고 살 정도밖에 안 되었습니다. 또 어머니가 분식점을 차리기도 했지만 그것도 돈 벌기에 만만치 않았습니다.

실제로 아버지가 돈을 번 것은 땅을 사서 집을 짓고 팔고 하면서였습니다. 자산업을 한 것입니다. 노동업을 해서는 겨우 하루 먹고 살 정도의 수입밖에 못 올립니다. 비나 눈이 오면 쉬어야 합니다. 아버지는 돈을 모으고 대출을 받아 땅을 샀습니다. 땅값이 열배로 뛰어올랐습니다. 그러나 나는 생각했습니다.

'나는 아버지와 같은 삶을 살지 않을 거야. 아버지가 하나님을 경외한 것은 본받아야 해. 아버지가 성실하게 사신 것, 또 가정을 충실하게 일으킨 것은 정말 잘하신 일이야. 하지만 나는 아버지 정도의 크기로 살진 않을 거야. 백배 더 크게 살 거야.'

아버지에게서 본받을 점은 많았습니다. 아버지는 부지런하셨습니다. 사람들을 잘 다스리셨고 수석 장로님으로 교회 일에도 충성되었습니다. 평생 가정을 책임지고 밤낮 열심히 사셨습니다. 그 모든 것은 존경할 만했습니다. 그러나 나는 그보다 더 크게 살기로 했습니다. "나는 그보다 백배, 천배나 더 크게 살 거야."

지금의 내 아버지는 나를 이해할 수 없습니다. 왜일까요? 아버지가 해 뜰 때부터 해질 때까지 하루 종일 땀 흘리며 일하고 버는 돈은 20만 원밖에 되지 않기 때문입니다. 내가 하루 일해서 버는 돈은 그보다 백배나 많습니다. 당신도 부모님을 존경하되 부모님보다 백배나 더 나은 삶을 살아야 합니다. 그래야 당신의 가문에 발전이 있습니다.

당신이 주위 사람들에게 돈을 한 달에 천만 원 일억을 주는 것보다 더 중요한 일은 그들의 의식 수준을 높여 주는 것입니다. 그렇지 않고 단순히 돈을 주며 그들의 생활을 책임지면 그들은 그 수준에서 인생을 마감하게 됩니다. 자녀에게도 돈만 주지 말고 지혜를 주어야 합니다. 돈을 천만 원 주는 것보다 천만 원 버는 능력과 지혜를 개발해 주어야 합니다. 그러면 평생 건강하고 부요하게 살게 됩니다. 잠언에 "지혜가 제일이니 지혜를 얻으라"고 했습니다.

돈은 당당한 사람에게 붙는다. 돈 잘 버는 것을 자랑스럽게 여겨라

당신은 돈에 대해 부끄럽게 생각하지 않습니까?

92세의 나이로 세상을 떠난 미국의 유명한 동화 작가이자 소설가인 타샤 튜더(Tasha Tudor, 1915~2008)란 할머니는 '타샤의 정원'을 가꾸며 살았습니다. 그분은 30만 평이나 되는 정원을 가꾸면서 많은 그림을 그리고 100권의 책을 써냈습니다.

사람들은 놀라며 이렇게 말했습니다.

"와, 대단해. 아름다운 정원과 화단을 가꾸고 멋진 그림을 그리고 시와 칼럼을 담아 책을 써내다니, 예술적인 재능이 뛰어나다."

그러나 그 할머니는 다른 말을 했습니다.

"무슨 말을 하는 거야. 나는 돈을 벌기 위해 이 일을 하고 있는 건데. 나무와 알뿌리 화초를 사려면 돈을 벌어야 해. 내 남은 생애 동안 꿈을 이루기 위해 필요한 모든 것이 채워지려면 프로 정신으로 이 일을 해야 돼. 돈 버는 능력이 얼마나 소중하다고."

사람들은 겉으로 아름다운 것만 좋아하지만 실제로 그렇게 사는 사람들은 생존을 위해 철저한 프로 정신으로 일하며 돈을 법니다.

"내가 벽돌을 쌓아 정원을 만들고 씨앗을 심고 그림을 그리는 것은 더 풍성한 삶을 살기 위해서야. 그러려면 돈을 벌어야 해."

그분의 자녀가 한국 사람과 결혼해서 텔레비전에 나온 것을 보았습니다. 그분은 현명한 인생을 살았습니다. 단순히 예술 작품을 만들어 내는 것만 아니라 자기 재능으로 돈을 벌었던 것입니다.

당신도 120세까지 행복한 삶을 산다고 믿으십시오.

지금 당장 책을 써내겠다고 결심하고 오늘 실천하라

당신은 무엇을 가장 긴급하게 여깁니까?

나는 책을 쓰는 것을 그 무엇보다 가장 중대하고 긴급한 일로 여기며, 실제로 매일 책을 쓰는 일을 가장 먼저 합니다.

당신의 이름과 당신의 스토리가 박힌 책을 먼저 써내십시오.

책부터 먼저 써내고 놀아야 합니다.
책부터 먼저 써내고 사람을 만나야 합니다.
책부터 먼저 써내고 사업을 해야 합니다.
책부터 먼저 써내고 교회를 세워야 합니다.
책부터 먼저 써내고 학생을 가르쳐야 합니다.
책부터 먼저 써내고 여행을 다녀야 합니다.
책부터 먼저 써내고 직장을 다녀야 합니다.
책부터 먼저 써내고 거래를 해야 합니다.
책부터 먼저 써내고 책을 읽어야 합니다.
책부터 먼저 써내고 돈을 벌어야 합니다.
책부터 먼저 써내고 모임에 참석해야 합니다.

나는 그렇게 했습니다. 나는 교회를 개척하기 전에 책부터 써냈습니다. 세미나를 열기 전에 책부터 써냈습니다. 친구들을 사귀기 전에 책부터 써냈습니다. 사업을 하기 전에 책부터 써냈습니다. 상담을 하기 전에 책부터 써냈습니다. 책부터 써내니 쉽게 길이 열렸습니다. 당신도 만사를 제쳐 두고 책부터 써내야 합니다.

모든 일을 끝내고 죽기 전에 책을 한 권 써서 남기는 것이 아닙니다. 모든 일을 시작하기 전에 책부터 한 권 써내고 그 책을 사람들 앞에 내밀며 일을 해야 합니다. 책의 힘은 어마어마합니다.

사람들은 내 책을 사서 읽고 찾아와서 상담합니다. 내 책을 읽고 와서 안수 기도를 받습니다. 내 책을 읽고 와서 예배하고 헌금하고 봉사합니다. 내 책을 읽고 와서 목숨 걸고 함께 일합니다.

이것이 하나님의 방법입니다. 하나님은 성경책을 통해 사람들을 만나고 계십니다. 성경 말씀이 선포되어질 때 백배로 강한 성령의 나타남이 있게 되는 것입니다. 성경책을 읽은 사람마다 성령님의 역사를 체험하게 됩니다. 하나님은 지금도 천국에 대해 '책마케팅'을 하고 계십니다. 하나님의 최고 전도 방법은 '책전도'입니다.

"저는 책을 써내고 세계를 다니며 강연하고 싶지만 지금은 형편이 안 돼요. 몸이 뻣뻣해서 안 움직여요. 돈도 시간도 없어요."

그 사람은 죽을 때까지 그 자리에 머물러 있어야 합니다.

돈도 시간도 아닌 열정이 없는 것입니다. 불타는 열정이 있어야 꿈과 소원을 이룰 수 있습니다. "저는 열정이 있는데요?"라고 하지만 몸을 움직이지 않는 열정은 가짜 열정입니다. 진짜 열정은 몸을 움직입니다. 당신이 무언가를 얻겠다고 간절히 원한다면 지금 당장 몸을 움직여야 합니다. 몸을 움직이지 않으면서 무언가를 얻겠다고 간절히 원하는 것은 '열정'이 아닌 '걱정'입니다.

책을 써내기 위해 시간과 비용을 들여 움직이십시오. 돈과 시간, 컨디션과 내면의 저항, 외부의 반대를 모두 극복하고 몸을 움직일 정도의 열정이 진정한 열정입니다. 당신에게 진짜 열정이 있다면 지금 당장 결단하고 움직이십시오. 그래야 얻게 됩니다.

내일 지구가 멸망하더라도 나는 오늘 책을 한 페이지 쓰겠다

당신이 만약 한 달밖에 살지 못한다면 뭘 하겠습니까?

마음껏 먹고 놀 것입니까? 아니면 마지막으로 그동안 사귀었던 친구들을 한 명씩 만나러 여기저기 돌아다닐 것입니까? 돈을 펑펑 쓰겠습니까? 도대체 무엇을 하겠습니까? 종말이 온다면……

나는 책을 쓸 것입니다. 책은 이 땅에서 저자가 영생하는 방법입니다. 죽고 난 이후에는 천국에 가서 영원히 살 것입니다.

하지만 이 땅에서의 삶은 누구나 한정되어 있습니다. 오는 순서는 있지만 가는 순서는 없습니다. 책은 저자가 죽고 난 이후에도 천년 동안 이 땅에 존재하게 됩니다. 수많은 사람들이 당신의 책을 읽고 변화됩니다. 나는 지금까지 책쓰기를 가장 크게 여겼습니다.

철학자인 스피노자(Spinoza, Baruch 1632~1677)는 "내일 지구가 멸망하더라도 나는 한 그루의 사과나무를 심겠다"고 말했습니다. 하지만 나는 책상에 앉아 책을 한 페이지라도 써야 한다고 생각합니다. 책쓰기는 죽기 전날까지도 가장 중대한 일입니다.

진짜로 내일 지구가 멸망하더라도 책을 써내는데 모든 시간과 비용을 투자해야 합니다. 히로시마에 원자폭탄이 터졌을 때 그 도시의 사람들은 죽고 병들었지만 그들이 써냈던 책은 일본 전역에 남아 있었습니다. 나를 따라서 말해 보십시오.

"나는 내일 지구가 멸망하더라도 오늘 책을 한 페이지 쓰겠다."

당신이 책으로 써낸 삶과 깨달음만 후손에게 남겨진다

당신이 책으로 쓴 것만 후손에게 남겨진다는 사실을 아십니까?
얼마 전에 시골에 계신 부모님이 오셔서 김열방과의 공동 저자로 나온 〈자신의 가치를 백배로 증가시키는 비결〉이란 책을 읽고 큰 감동을 받고 좋아하셨습니다. 내가 그분들께 말씀드렸습니다.
"아버지 어머니, 책을 쓰세요."
그러자 어머니께서 대답하셨습니다.
"그래, 나도 당장 가서 책부터 써야 되겠다."
내가 아버지 어머니에게 직접 들은 그분들의 삶에 대한 이야기는 몇 마디 밖에 안 됩니다. 솔직히 말해 그분들의 생애에 대해 직접 구체적으로 들은 것은 거의 없습니다. 책으로 내지 않으면 후손에게 당신의 삶과 깨달음을 전할 수 없습니다.
나도 나의 어릴 적 시절에 대해 추억이 별로 없습니다.
지금은 샤워를 하루에 두세 번씩 하지만 어릴 때는 구질구질했던 것 같습니다. 어머니는 내가 손에 구더기를 한 움큼 잡고 마당에서 놀았다고 합니다. 초등학교 때 신체검사를 하면 교실에서 선생님이 몸무게를 재야 하니까 옷을 벗고 저울 위에 올라서라고 하면 안 나가고 끝까지 버텼습니다. 그때만 해도 목욕을 일주일에 한 번 정도 밖에 안했기 때문입니다. 먼지 구덩이에서 놀다 더러워진

몸을 어머니가 큰 통에 물을 받아 놓고 씻기곤 했습니다. 내 스스로 목욕을 한 기억이 없습니다.

외삼촌 집에 자주 놀러 갔는데 그때마다 외숙모님이 발을 씻고 자라고 잔소리를 하셨습니다. 요즘은 그 잔소리를 내 아이들에게 내가 하고 있습니다. 아이들이 왜 발을 씻는 것을 싫어할까요? 나도 모릅니다. 어쨌든 싫어합니다. 발을 안 씻어도 찝찝하지 않으니까요. 나는 바깥에만 나갔다 오면 무조건 발을 씻습니다.

그렇게 부모님이 내 몸을 씻겨 준 것이 전부였는데 신체검사할 때 옷을 벗으라고 할 줄은 꿈에도 몰랐습니다. "모두들 옷을 벗고 나와" 하니까 웃통을 벗고 아래옷도 벗으니까 내 다리가 너무 더러웠습니다. 소다리에 덕지덕지 붙어 있는 소똥이나 더러운 이물질처럼 그 정도로 내 다리에 때가 많이 끼어 있어 부끄러워 못 나갔습니다. 지금은 씻지 말라고 해도 자주 씻고 겨울에도 샤워를 두세 번씩 합니다. 나는 이빨도 안 닦았던 것 같습니다. 1년에 이빨을 한 번도 안 닦았는데 그래도 학교에서 이빨 검사를 하면 건강은 A가 나왔습니다. 물론 청결 상태는 D였습니다. 항상 건강했습니다.

부모님이 책을 쓴다는 것은 매우 중요합니다. 책을 쓰면 평생 현역으로 일할 수 있습니다. 그리고 강연을 해야 합니다.

우리 교회 한 권사님은 75세가 넘었는데 책을 쓰면서부터 눈빛이 달라졌습니다. 예리하고 매서워졌습니다. 그분이 마이크를 잡고 한 마디 하면 사람들이 압도됩니다. 사람이 80세가 되고 100세가 되어도 강연은 할 수 있습니다.

가치를 알아야 당신이 쓴 책을 높은 값에 팔 수 있다

딱 한번뿐인 소중한 인생을 어떻게 살 것인가 생각해 보십시오. 책쓰기와 강연, 그리고 장사해서 큰돈을 벌어야 합니다. 뭔가 팔 때 가격은 한 번만 말하면 되지만 가치는 반복해서 설명해야 합니다. 내가 쓴 〈김열방의 억대수입비결〉에 보면 "가치를 반복해서 설명하라"는 이런 내용이 나옵니다.

"당신은 어떤 것을 홍보할 때 몇 번까지 반복하는가? 결코 약해지거나 지치거나 물러서거나 포기하지 말고 490번까지 반복해서 홍보해야 한다. 그래야 모든 사람을 열광적인 팬으로 만들 수 있다. 당신이 가치 있다고 여기는 것을 반복해서 홍보하라. 소비자의 지갑을 여는 건 싼 제품이 아닌 가치 상품이다. 값을 깎으면 제품과 고객, 사장의 자존심이 모두 깎인다. 값을 깎는 대신 선물을 하나 끼워 주라. 값을 깎기 위해 흥정할 시간에 가치를 한 번 더 설명하라. 그럴 때 사람들이 그것을 구매하려고 지갑을 열게 된다. 안타깝게도 어떤 사람은 한두 번 홍보해 보고 별로 반응이 없다며 금방 포기해 버린다. 홍보를 지속적으로 하려면 내면의 저항 세력과 외부의 반대 세력을 이겨야 한다. 나는 지금까지 그 모든 것을 이겨내고 홍보했다."

가치를 안다면 지인들에게 당신의 책을 홍보하고 팔아라

가치를 안다면 친구와 직장 동료에게 소개해야 합니다.

사람이 선을 행할 줄 알고도 행치 않으면 죄라고 했습니다. 당신이 어떤 것을 맛보고 누리며 그것이 좋다는 것을 알면서 주위 사람에게 소개하지 않는다면 아주 이기적인 나쁜 인생을 살고 있는 것입니다. 나는 내가 알고 누리는 것을 지인들에게 소개합니다.

좋은 음식을 맛보거나 좋은 차를 타면 주위 사람들에게 끊임없이 소개했습니다. 그들이 하찮은 것에 머물지 않게 하기 위해서였습니다. 내가 넓은 집을 산 후에 주위 사람들에게 나처럼 넓은 집을 사라고 권했습니다. 메르세데스 벤츠를 사서 몰고 다니며 모두에게 그런 차를 사서 몰고 다니라고 권했습니다. 내가 책을 써내고 모두에게 책을 써내라고 권했습니다. 소개하는 사람이 착한 사람입니다. 소개하지 않고 자기만 누리는 사람은 아주 나쁜 사람입니다. 당신은 최근에 무엇을 소개했습니까?

당신이 어떤 좋은 것을 구입했습니까? 그것에 가치를 두고 돈을 지불했습니까? 그것을 당당히 팔 수 있습니다. 지금 당신이 내 책을 사서 읽고 깨달음을 얻고 있습니다. 그렇다면 당신이 이 책을 다른 사람에게 파는 것은 아주 쉽습니다. 이 책에 대한 강한 확신이 있기 때문입니다. 만나는 사람에게 이렇게 말할 수 있습니다.

"김열방 목사님이 쓴 이 책을 꼭 사서 읽어보세요. 정말 좋아요."

당신이 김열방의 책쓰기, 강연학교에 등록하고 다니면 "우와, 정말 돈 많네"라고 비웃는 사람도 있을 거고 "미쳤구먼" 하고 놀리는 사람도 있을 것입니다. 사람들은 자기가 못하면서 그렇게 하는 사람을 보면 우습게 여기고 무시합니다.

"책쓰기학교는 왜 등록해? 그냥 책을 쓰면 되지. 작가 코칭을 한다고? 말도 안 돼. 국문학과를 졸업하고 키 만큼 습작을 해야지."

그들은 도무지 이해하지 못합니다. 하지만 코칭을 받아 보면 그런 말이 쑥 들어갑니다. "정말 잘 등록했어. 최고의 선택을 했어"라고 감탄합니다. 사람들은 내가 이끄는 책쓰기, 강연학교를 통해 30년, 50년의 세월을 단축하고 빠른 기간에 아주 탁월한 천재적인 수준의 책을 써내게 됩니다. 200쪽을 한 달 만에 쓰게 됩니다.

개미처럼 꾸준히 책을 쓰고 강연하고 카페를 관리하고 홍보하라

무엇이든 꾸준히 자기 일을 하는 사람을 당해 낼 수 없습니다.

나는 하나님의 성실함을 가지고 개미처럼 꾸준히 일하고 있습니다. 그리고 내가 하는 일에 대해 조금도 의심하지 않고 끊임없이 홍보합니다. 그래서 나는 지속적인 성공의 길을 걷고 있는 것입니다. 당신은 당신이 하는 일에 대해 끊임없이 홍보하고 있습니까?

카페와 블로그, 단체 문자를 통해 홍보해야 합니다. 네이버는 검색 전문이고 다음은 카페 운영에 효과적입니다. 나는 많은 돈을 지불하며 홈페이지를 운영하다가 폐쇄하고 카페를 운영하고 있습니다. 카페가 회원 관리와 거래하기에 더 효율적이기 때문입니다.

아무리 홈페이지에 많은 회원이 가입되어 있어도 회원 관리가 제대로 되지 않으면 소용없습니다. 얻는 것이 없고 계속 퍼 주기만 해야 합니다. 정보를 퍼 주는 것도 중요하지만 거래를 할 수 있도록 회원 관리를 철저히 해야 합니다. 고객을 도와야 합니다.

카페와 블로그를 내 집안처럼 엄격하고 깔끔하게 관리하라

당신은 어떻게 카페 회원 관리를 하고 있습니까?

다음(daum)과 네이버(naver) 등의 카페는 홈페이지 이상으로 웹디자인이나 기능 면에서 뛰어납니다. 당신이 미래에 무엇인가를 팔기 원한다면 지금 당장 카페를 만들어야 합니다. 어떻게 메뉴를 만들고 관리할까 하는 것도 직접 해보며 많이 고민해야 합니다.

자료가 많지 않더라도 일단 카페를 개설해 놓아야 합니다. 그리고 카페 이름에 당신의 이름 석 자를 박아 넣어야 합니다.

내가 운영하는 다음 카페는 이름이 '천재멘토 김열방과 서울목자교회'라고 되어 있고 네이버 카페는 '천재멘토 김열방의 카페'라고 되어 있습니다. 당신의 카페 이름은 무엇입니까?

처음에 카페를 만들어 놓으면 회원 가입하는 사람도 거의 없고 썰렁할 수 있습니다. 그래도 만들어야 합니다. 꾸준히 하다 보면 숫자가 늘어납니다. 어느 순간 되어 적극적으로 홍보하면 사람들이 많이 가입하게 됩니다. 일단 만들어 놓는 것이 필요합니다.

회사도 그렇습니다. 회사도 일단 만들어 놓고 가지고 있어야 합니다. 아무것도 안 하더라도 가지고만 있으면 경력이 쌓이게 됩니다. 그러면 나중에 여기저기 거래하는 것이 쉬워집니다. 200개 회사 중에 197개 회사가 문을 닫습니다. 그런데 당신의 회사가 몇 년이 지나도록 살아남아 있다면 그것만으로도 대단한 것입니다.

미국 같은 경우는 2500만 개의 회사가 있습니다. 그중에서 98퍼센트가 1년에 1억을 못 법니다. 그런데 당신의 회사가 1년에 1억을 번다면 대단한 것입니다. 회사를 설립한 지 5년이 되었는데 아직 존재하고 있다면 거기에 대해 은행이 인정합니다.

땅과 빌딩, 집과 아파트, 그리고 회사든 홈페이지든 무엇이든 오랫동안 보유하고 있으면 사업 자금을 지원받거나 대출 받는 것이 쉬워집니다. 지금부터 미래를 준비해야 합니다.

"지금 나는 내놓을 것이 없어."

그렇게 생각하지 말고 하나씩 준비하며 꾸준히 경영하십시오.

당신이 되고 싶은 모습, 하고 싶은 일 등을 카페나 블로그를 통해 적극적으로 표현하며 지속적으로 사람들에게 알려야 합니다. 카페는 하나의 집과 같습니다. 사람들이 당신의 집을 방문하도록 초청을 해야 합니다. 지나가는 사람들이 당신의 집에 쓰레기를 버려 놓았으면 그것을 주워서 버려야 합니다. 부정적인 글, 악성 댓글을 삭제하십시오.

당신이 가진 지혜를 공짜로 주지 말고 팔아라. 그래야 실천한다

당신은 최근에 무엇을 돈 주고 샀습니까?

당신이 현금과 카드를 통해 구매한 것을 다른 사람에게 팔려고 계획을 세워야 합니다. "이렇게 쉬웠어" 하는 것에 높은 값을 매겨야 합니다. 어려운 것에 값을 매겨야 한다고 생각하는데 그렇지 않습니다. 어려운 것을 쉽게 만들어 높은 가격에 팔아야 합니다.

"해보니까 너무 쉽잖아" 하는 것에 사람들이 값을 매길 줄 모릅니다. 천재들은 자기가 하는 일을 쉽게 여깁니다. 그렇다고 다른 사람들도 쉽게 할 수 있는 것이 결코 아닙니다. 그러므로 당신이 쉽게 할 수 있는 것에 대해 높은 값을 매기고 팔아야 합니다.

"당신만이 가진 지혜에 높은 값을 매겨 팔아라."

내 책을 한 권이라도 돈 주고 산 사람들은 밤새워 읽고 인생이 완전히 변화됩니다. 그리고 묶음으로 다 삽니다. 얼마 전에도 한 사람이 30권 플랜 책 한 묶음과 강연 테이프 200개를 사 갔습니다.

내가 파는 것을 몰랐을 때 수만 권의 책을 공짜로 주었습니다. 그들 중에 그 책을 읽고 실천했다는 사람이 한 명도 없었습니다.

지금은 돈을 받고 당당하게 팔고 있는데 놀라운 것은 다들 실천하고 있다는 것입니다. 사람들은 공짜라면 우습게 여깁니다. 돈을 내야 실천하고 돈 낸 것의 백배를 거두게 됩니다.

그렇기 때문에 반드시 당신의 책과 강연 테이프, 코칭 과정 등은 꼭 높은 값을 받고 팔아야 합니다.

천재적인 의미를 담은 작품을 만들어 억대 가치를 부여하라

당신은 1인 출판사를 설립하여 어떤 책을 만들 계획입니까?

나는 천재입니다. 천재는 복잡한 것을 단순하게 만드는 능력이 있습니다. 어려운 것을 쉽게 만드는 능력이 있습니다. 그래서 다른 사람들이 볼 때는 너무 간단하고 쉬워 보이니까 그런 얕잡아 보는 말을 하는 것입니다. 하지만 실제로 해보면 간단한 일이 아닙니다.

모두들 겁도 없이 까불며 떠들었지만 실제로 나처럼 그렇게 한 사람은 없습니다. 그러나 겸손한 마음으로 내게 가르침을 받은 사람들은 한 달 만에 책을 한 권씩 써왔습니다. 천재적인 재능이 나타난 것입니다. 천재를 만나면 천재적인 재능이 전염됩니다.

피카소가 그림을 1분 만에 간단하게 그려 백만 원, 천만 원 받는다고 그것을 우습게보면 안 됩니다. 피카소와 똑같이 따라 그리는 사람들은 정말 많습니다. 하지만 겉으로 따라 그린다고 해서 그 그림이 가치가 있는 것이 아닙니다. 피카소는 그의 정신에서 나온 의미 있는 그림을 그립니다. 왜 똑같은 그림인데 피카소가 그린 것은 한 점에 1000억에 팔리고 베낀 것은 10만 원에 팔리는 걸까요?

천재들은 자신이 하는 일이 너무 쉽다고 여기기 때문에 자기 혼자만 누리고 끝나는 경우가 많습니다. 그 쉬운 것에 높은 값을 매기고 팔아야 합니다. 당신도 자신의 재능을 소중하게 여기고 그것을 다른 사람에게 팔 때도 소중하게 팔아야 합니다.

김열방의 책쓰기학교에 다닌 사람은 이구동성으로 말합니다.

"책을 쓰는 것이 이렇게 쉬웠군요. 하루에 50쪽도 쓰겠어요."

그런 핵심 지혜를 소중하게 생각해야 합니다. 그래서 나는 내가 가르치는 책쓰기, 강연학교에 대한 등록비를 높게 매겼고 실제로 그 금액을 사람들이 지불하고 등록하고 있습니다. 내게 고급 정보를 배우기 위해 수업을 듣는 사람들은 그 시간을 매우 귀중하게 여깁니다. 당신이 가진 정보를 금보다 귀하게 여기십시오.

천재적인 원리를 담은 지혜를 전수할 때 등록비를 꼭 받아라

당신은 어떤 정보를 팔 수 있습니까?

당신이 가진 귀한 정보는 어떤 것입니까? 당신은 아주 쉽고 간단하게 그 일을 하고 있지만 다른 사람들은 그렇지 않습니다. 천년이 걸려도 못 깨달을 수 있습니다. 그들에게 전수할 때 높은 가치와 값을 부여해야 합니다. 그냥 공짜로 주면 다들 짓밟습니다.

나는 10년 전에 지방의 한 부흥회에 강사로 초청받아 가서 내가 쓴 책 〈김열방의 두뇌개발비법〉에 대한 내용을 가지고 열 번을 설교했습니다. 그런데 1페이지, 2페이지, 3페이지까지 밖에 진도를 못 나갔습니다. 그래도 사람들은 감당하지 못해서 쩔쩔 맸습니다.

"어휴, 김열방 목사님, 부담이 되고 벅찹니다. 받아들이기 힘듭니다. 좀 천천히 가르쳐 주세요. 내용이 너무 충격적입니다."

그래서 나는 천천히, 할 이야기를 다 해가면서 가르쳤습니다. 그래도 힘들어 했습니다. 내가 알고 있으니까 내게는 쉬운 것이지, 그것을 처음 받아들이는 사람은 엄청나게 큰 것으로 여겨집니다.

당신은 이 책을 읽고 책을 쓰는 것이 쉽다는 결론을 내리게 될 것입니다. 내가 일곱 가지 중에 한 가지 원리를 담아 놓았기 때문입니다. 하지만 그 방법을 모르는 사람은 책을 한 권 쓰는 것이 정말 어렵습니다. 하늘의 별 따기요 뜬 구름 잡는 것과 같습니다. 죽을 때까지 책 한 권 못씁니다. 서울대, 연세대, 고려대학교 교수들도, 국문학 박사들도 책을 못 씁니다. 책을 쓰는 것은 논문 쓰는 것과 완전히 다릅니다. 그래서 그들은 열심히 남의 책을 짜깁기해서 논문만 쓰고 교재를 만드는 것입니다. 당신이 "이렇게 쉬웠어"라는 것에 높은 값을 매기십시오. 거기에 당신의 금맥이 있습니다.

사랑하고 존경하는 나의 진정한 천재멘토 김열방 목사님께

한 성도님이 보험을 해약하고 비용을 마련해 김열방의 책쓰기, 강연학교에 등록했습니다. 그분이 얼마 전에 편지를 보내왔습니다.
"사랑하고 존경하는 저의 진정한 천재멘토 김열방 목사님께."
"안녕하세요? 김열방 목사님. 제가 지난 10월 23일 화요일에 책쓰기학교, 강연학교를 마친 후 목사님께 이사 가는 문제로 상담 드린 거 기억나시지요? 그때 내 현실을 넘어 두 배의 법칙을 적용해서 내가 진정으로 정말 원하는 집, 1층이든 로얄층이든 상관없이 정말 내가 살고 싶은 집을 선택하라고 하셔서 그 말을 듣고 큰 힘을 얻었습니다. 사실 맨 처음 제가 목사님의 〈김열방의 두뇌개발비법〉과 〈내 인생을 바꾼 억만장자마인드〉책을 읽고 서울목자교회 카페에 회원 가입하고 목사님 만나 뵙기를 요청했을 때 목사님께서 친히 저희 집으로 심방을 와 주셔서 너무나 감사했습니다. 그런데 그날 목사님이 돌아가실 때 저희 집이 좁으니 넓은 집으로 이사 가라고 말씀하셔서 우리 가정의 속사정도 모르면서 어떻게 넓은 집으로 이사 가라고 하시나 하고 의아했습니다. 사실 처음 17평에서 25평으로 넓혀 올 때에도 남편과 아이들이 반대하는 걸 제가 추진해서 은행에 가서 제 이름으로 담보대출 받고 부동산 가서 알아보고 해서 엄청 빠듯하게 이사 온 거였는데 여기에서 더 넓은 집으로 이사 가라고 하시니 엄청 황당했습니다. 그러나 이제 저는 저에게 온전한 복음을 알게 하시고 독수리 마인드와 사자 마인드, 억만장자 마인드를 심어 주신 크신 하나님을 믿고, 크게 생각하고, 크게 말하기로 결단하였습니다. 그래서 전능하신 하나님 아버지께 예수님의 이름으로 저도 정말로 내 마음에 드는 좋은 집, 내가 살고 싶은 집으로 이사 가게 해 달라고 요청했습니다. 그래서 목사님 뵌 바로 다음날 은행에도 가보고 부동산에도 가보고 몇몇 집을 보았는데 제 마음에 쏙 드는 좋은 집을 만났습니다. 제가 어제 보고 온 집은 정말 위치가 좋고 아파트 브랜드 이름값이 있어서 지금 제가 살고 있는 곳보다 2~3배로 좋은 아파트입니다. 그래서 은행에 가서 알아보았는데 아파트 담보 대출은 최대 KB시세의 60%까지 해준다고 확답을 받았습니다. 제가 알아본 집은 33평인데 거실도 넓고 방이 세 개나 있고 화장실도 두 개나 있고 따뜻해서 정말 좋았습니다. 제가 쓴 책이 처음 나왔을 때 제가 일하는 직장 직원 총 25명 중에 열한 명이 저의 책을 구입해 주셨습니다. 며칠 전에는 한 사장님에게 340만 원을 받고 내 책을 170권이나 팔았습니다. 제가 저의 이야기와 깨달음을 책으로 써내고 팔게 되리라고는 생각도 못했는데 이렇게 귀한 정보업의 세계로 김열방 목사님이 저를 인도해 주셔서 너무나 감사드립니다."

수십 년간 전혀 길이 안 보이고 불가능해 보이던 일이 멘토의 한 두 마디의 코칭을 통해 얼마든지 가능해질 수 있습니다. 당신도 책 쓰기와 강연을 하고 1인 출판사를 하면 얼마든지 가능합니다.

내일로 미루지 말고 오늘 실천하십시오.

코치에 따라 선수의 역량이 하늘과 땅 차이로 크게 달라진다

당신도 정보업의 세계에서 일해야 합니다.

왜 축구 코치, 야구 코치에게 1년에 50억, 100억을 지불합니까? 선수들은 연봉이 1억, 2억 밖에 안 됩니다. 그런데 코치는 연봉이 더 높습니다. 일반 사람들은 코치에 대해서는 잘 모릅니다. 선수들이 운동장에서 뛰는 것만 보고 그 선수들에 대해서만 떠듭니다.

"박찬호 선수가 10억에 계약했다더라."

그런 것만 알고 있습니다. 박찬호 선수의 코치에 대해서는 잘 모릅니다. 올림픽경기를 할 때도 감독의 반응에 따라 선수는 크게 당황하게 됩니다. 감독이 얼마를 받을까요? 코치는 어떨까요?

좋은 코치를 만나지 못하면 50년, 100년 동안 당신은 허송세월 하게 됩니다. 수많은 시행착오를 하게 됩니다. 그 세월을 확 줄여 줄 수 있는 코치가 있어야 합니다. 코치의 말 한 마디에 따라 선수의 역량이 완전히 달라집니다.

책을 쓸 때는 짜깁기를 하지 말고 당신의 삶과 깨달음을 써라

당신의 이야기 중에서 팔 만한 것들을 찾아야 합니다.

남의 이야기가 아닌 당신의 이야기를 살피고 그 목록을 만드십시오. 나는 내 이야기 중에서 의미 있는 내용을 뽑아 〈김열방의 두뇌개발비법〉이란 책을 2주 만에 써냈습니다. 컴퓨터로 타이핑하는 데는 2주였지만 그 책을 쓴 전체 기간은 30년이 걸렸습니다.

나의 책과 강연을 통해 많은 사람들이 변화되고 있습니다.

얼마 전 부흥회 때도 내가 전한 것을 믿고 사람들이 땅을 사고 집을 샀습니다. 15년이 지난 지금도 사람들은 내가 가르치는 내용이 너무 시대를 앞서간다고 말합니다. 그러면 100년이 지나면 좀 나아질까요? 그렇지 않습니다. 세상은 더 빠르게 변하고 있습니다.

당신은 내가 가르치는 이 내용을 읽고 받아들이고 있습니다. 보통 사람들에 비해 당신이 얼마나 앞질러 가고 있는지 알아야 합니다. "내 나이가 50이야, 70이야"라고 하겠지만 그렇지 않습니다. 정말 한 시대를 앞질러 가고 있다는 것을 알아야 합니다.

내가 15년, 20년 전에 쓴 책을 사람들이 아직도 감당하지 못하고 있습니다. 내가 섬기는 서울목자교회도 나의 깨달음을 감당하지 못해 그동안 미뤘다가 지금에 와서 조금씩 가르치고 있습니다. 그래도 어떤 사람은 튕겨져 나갑니다.

당신은 태어날 때 천재였습니다. 학교에 들어가면서부터 수재로 바뀝니다. 초등학교 6년, 중고등학교 6년, 대학교 4년, 16년간 가졌던 수재 마인드, 그 이후로 지금까지 평생토록 가져온 수재 마인드를 천재 마인드로 바꾸는 것은 금방 되지 않습니다.

수재와 영재의 영역에서 천재의 영역으로 공간을 이동하라

수재는 천재의 영역에 감히 들어올 수 없습니다.

내가 〈김열방의 두뇌개발비법〉을 한 페이지씩 강의해도 사람들은 그 깨달음을 충분히 소화하지 못하고 있습니다. 놀랍습니다. 그 책은 지금 120만 원에 팔리고 있는데 그래도 베스트셀러입니다.

당신은 어떤 수준에서 신앙생활을 하고 있습니까? 죄와 목마름, 병과 가난, 어리석음과 징계, 죽음의 지옥 같은 삶의 수준이 아닌 의와 성령 충만, 건강과 부요함, 지혜와 평화, 영원한 생명, 그런 천국의 수준에서 신앙생활을 해야 합니다. 의식 수준이 인생을 결정합니다. 의식 수준을 완전히 바꾸어야 합니다.

바보에서 천재의 의식 수준으로 뛰어올라야 합니다.
하녀에서 왕비의 의식 수준으로 뛰어올라야 합니다.
노예에서 왕의 의식 수준으로 뛰어올라야 합니다.
생쥐에서 사자의 의식 수준으로 뛰어올라야 합니다.
참새에서 독수리의 의식 수준으로 뛰어올라야 합니다.
거지에서 억만장자의 의식 수준으로 뛰어올라야 합니다.
독자에서 저자의 의식 수준으로 뛰어올라야 합니다.
세미나 참석자에서 강사의 의식 수준으로 뛰어올라야 합니다.

고객에서 사장의 의식 수준으로 뛰어 올라야 합니다.

위치를 다르게 설정할 때만 큰돈을 벌 수 있고 크게 성공할 수 있습니다. 혼자서 하지 못하면 공동으로 해야 합니다. 이처럼 공동 저자 책은 최 단기간에 적은 비용으로 큰 결과를 내기 때문에 최고의 성공 과정이라 할 수 있습니다. 2012년 5월에 시작해서 1년 만에 50명이 공동 저자로 책을 냈고 모두 작가의 위치에 올라섰습니다. 당신도 지금 결단하고 공동 저자에 도전하십시오.

인생은 선택입니다. 위치도 선택해야 합니다. 교과서만 달달 외우는 수재의 위치, 남의 지식을 짜깁기하는 영재의 위치에서, 자신의 삶과 깨달음을 책으로 담아내는 천재의 위치로 옮기십시오.

당신이 쓴 책이 수천수만의 분신이 되어 당신 대신 일한다

나는 한 가지 주제로 성도들에게 충분히 설명하는 편입니다.

의에 대해 1년 이상 가르쳤습니다. 성령 충만에 대해서도 그랬습니다. 내가 부흥회를 인도하면서 "믿음으로 성령 충만을 받는다"고 했을 때 교회들마다 난리가 났습니다. 데모하듯이 들고 일어났습니다. 그러나 나는 분명히 내가 깨달은 예수 그리스도 십자가 복음을 전했습니다. 모든 것이 행위가 아닌 믿음이라고 외쳤습니다.

"한 시간, 두 시간, 일곱 시간을 기도한다고 성령 충만해지는 것이 아니다. 오직 믿음으로 성령 충만해진다."

많은 분들이 내가 전하는 온전한 복음을 깨닫고 자유를 얻고 행복해졌습니다. 건강에 대해서도 계속 선포했습니다. 그리고 〈신유를 사모하라〉는 책을 써냈는데 그 책을 읽은 사람들의 병이 나았습니다. 어제도 그 책을 읽던 중에 혹이 사라졌다고 연락 왔습니다.

나는 예수 그리스도 안에 있는 억만장자의 부요함에 대해서도 끊임없이 가르쳤습니다. 〈내 인생을 바꾼 억만장자 마인드〉〈김열방의 억대수입비결〉에 대해 1년 이상 가르쳤습니다. 지금은 천재적인 지혜에 대해 부지런히 가르치고 있습니다.

"나는 진실로 천재다. 솔로몬보다 수억 배나 크신 예수님을 모시고 있기 때문에 나는 모든 일에 탁월한 천재다."

그것을 매주 설교하고 있습니다. 나는 하나님이 명하신 서울 잠실에서 목회하며 설교하지만 내가 쓴 책은 나의 분신이 되어 수천 수만 명의 독자들을 동시다발로 만나고 있습니다. 내 책을 읽은 사람들은 모두들 인생의 큰 전환점과 변화, 성장과 발전을 경험하고 있습니다. 당신도 이 책을 통해 변화와 성장을 경험하고 있습니다.

내 평생 가장 잘한 일이 있다면 그것은 29세 때부터 책을 썼다는 것입니다. 내가 책을 써냈기 때문에 지금까지 어마어마하게 많은 일들을 다 감당해 낼 수 있었습니다. 책은 한 마디로 '최대의 기적'입니다. 당신도 책쓰기의 기적을 경험하게 될 것입니다.

수십만 명, 수백만 명 중에 한두 사람이 책을 냅니다. 그 중에서도 나처럼 천재적인 영역에서 천재적인 의사 전달의 일곱 가지 원리에 따라 책을 써내는 사람은 100년에 한 명 있을까 말까입니다.

당신의 스토리를 책에 담아 당신의 존재와 가치를 알려라

당신은 스펙이 아닌 스토리의 막강한 힘과 가치를 아십니까?

책에 당신의 스토리를 담아 당신의 존재 가치를 알려야 합니다.

나는 〈김열방의 억대수입비결〉이란 책에서는 하나님이 주신 돈의 오분의 일을 저축하고 굴려 자산을 마련하라고 강조했습니다.

그렇게 자산을 굴리는 것도 중요하지만 그러기 위해서는 일단 큰 수입이 있어야 합니다. 큰돈을 버는 비법은 무엇일까요? '정보업'에 있습니다. 솔로몬이 지혜를 베푸니까 왕과 여왕들이 마차에 금은보화를 잔뜩 싣고 왔습니다. 그것을 솔로몬에게 예물로 드렸습니다. 솔로몬의 지혜가 얼마나 뛰어났는지 그들이 가져온 예물이 부끄러울 정도였습니다. 솔로몬은 정보업을 했습니다.

솔로몬이 무슨 이야기를 했을까요? 수학 공식, 영어 단어를 이야기했을까요? 아닙니다. 스토리 곧 '자기 이야기'를 했습니다.

어떻게 솔로몬의 지혜가 전 세계에 알려졌을까요?

'창녀 스토리' 하나 때문입니다.

아기를 낳아 젖을 물리던 한 창녀가 자기 아기를 깔고 뭉개 죽였습니다. 그런데 그 옆에서 잠을 자던 다른 창녀의 아기를 훔쳐 와 젖을 물렸습니다. 둘 다 아침에 일어나니까 아기가 바뀐 것을 알게 되었습니다. 그것을 놓고 솔로몬 왕에게 재판을 해 달라고 했던 것입니다. 솔로몬 왕이 칼을 가져오라고 했습니다. 살아 있는 그 아기의 몸을 두 쪽으로 쪼개어 똑같이 나누어 주라고 했습니다. 진짜 엄마는 그 아기를 쪼개지 말고 다른 창녀에게 주라고 했습니다. 그런데 가짜 엄마는 당장 쪼개어 반쪽을 자기에게 달라고 했습니다. 솔로몬이 아기를 잘라 죽이라고 한 그 엄마를 가짜 엄마로 판정하고 아기를 진짜 엄마에게 안겨 주었습니다. 그 재판에 대한 이야기가 전 세계에 쫙 퍼졌던 것입니다. 누가 겪은 이야기입니까?

솔로몬이 직접 겪은 이야기입니다.

당신이 사람들을 감동시키는 방법은 플라톤, 아리스토텔레스, 소크라테스, 그리스 신화에 나오는 이야기를 하는 것이 아닙니다. 당신이 직접 경험한 것을 말하면 그것을 주위 사람들이 퍼트리기 시작합니다. 그러므로 당신에게 팔 만한 이야기가 있는지 그것을 찾아야 합니다. 세상에 단 하나밖에 없는 당신만의 스토리를 찾으십시오. 그것으로 책을 써내고 강연하기 시작하십시오.

당신 안에 있는 150억 개의 뇌세포를 가동시켜라

"나는 바보, 멍청이에요. 아는 것이 없어요."

그렇지 않습니다. 당신은 바보가 아닌 천재입니다.

당신 안에 몇 개의 뇌세포가 있는지 아십니까? 한두 개가 아닌 자그마치 150억 개나 있습니다. 대부분의 사람들이 그 많은 뇌세포의 5퍼센트도 제대로 활용하지 못한 채 죽습니다. 나는 내 속에 있는 150억 개의 뇌세포를 최대한 가동시켜 기억력과 집중력, 이해력과 창의력, 몰입력과 거래력 등 수백 가지의 능력을 나타내고 있습니다. 당신은 한번뿐인 소중한 인생, 어떤 삶을 살고 있습니까?

"내가 다시 태어나면 저 일을 꼭 해보고 싶어"라고 할 필요가 없습니다. 지금 다 하면 됩니다. 나는 내가 하고 싶은 일을 지금 다 하며 삽니다. 왜 다시 태어날 때를 기다립니까? 그런 때란 없습니다. 병들거나 죽기 전에 침대에 누워 눈물을 흘리며 후회하지 말고 지금 당신이 하고 싶은 것을 다 하는 최고의 멋진 삶을 살아야 합니다. 나는 그렇게 살고 있습니다. 그래서 행복합니다.

다른 사람 때문에 뭘 못했다는 식으로 핑계 대는 사람이 가장 어리석은 사람입니다. 자기 인생은 자기가 책임져야 합니다. 하나님을 사랑하는 것처럼 하나님 안에 있는 하나님의 성전 된 자기 몸을 사랑해야 합니다. 그렇게 자기 몸을 사랑하는 것처럼 이웃을 사랑해야 합니다. 이것이 계명의 전부입니다.

그렇다면 먼저 당신 자신을 위해 최고의 투자를 해야 합니다.

내가 강연회에 가면 사람들이 다른 책들보다 〈김열방의 두뇌개발비법〉을 꼭 사고 싶다고 난리입니다. 그 책은 꽤 비싼 데도 사람들은 가격에 아랑곳하지 않고 사서 사인을 받습니다.

"김열방 목사님, 이번 부흥회에 왜 그 책을 안 가져오셨나요?"

어제도 한 사람, 오늘도 또 한 사람이 〈김열방의 두뇌개발비법〉을 사겠다고 나를 찾아왔습니다. 놀랍지 않습니까? 그 책에는 머릿속에 있는 150억 개의 뇌세포를 가동시키는 비결이 담겨 있습니다.

사람들은 겉만 보고 판단합니다. 그래서 조금 비싼 책들은 겉표지를 아주 화려하게 만듭니다. 권혁세 선생님이 60년간 연구해서 쓴 5000년 전통 약초 및 민간요법 대전인 〈익생양술〉은 100만 원짜리 책인데 오동나무를 표지로 사용했습니다. 꼭 그래야 할까요?

그냥 책의 내용 가치만 갖고 100만 원 받으면 왜 안 되는 걸까요?

외국에서는 〈큰 어려움에서 빠져나오는 방법〉을 담은 얇은 책을 한 권에 120만 원씩 받습니다. 그게 정보업입니다. 그냥 간증집, 설교집은 만 원만 받아도 비싸다고 말합니다. 그러나 내가 쓴 책들은 "비결, 비법"이란 제목으로 비싸게 팔리고 있습니다.

귀여운 여자가 아닌 섹시한 여자가 되어야 인기가 많다

당신은 어떤 여자를 좋아하십니까?

사실 남자는 귀여운 사람을 좋아하지 않습니다. 그런 여자와 결혼하지도 않습니다. 당신이 여자라면, 귀여운 여자가 되려고 하지 마십시오. 예쁘고 섹시하고 강인한 여성이 되어야 합니다. 여동생은 귀여우면 좋습니다. 잠깐 사귈 여자 친구도 귀여우면 좋습니다. 하지만 애인은 귀여우면 안 됩니다. 예쁘고 섹시해야 합니다.

책도 그렇습니다. 귀여운 책을 내려고 하면 낭패를 겪게 됩니다. 내가 낸 귀여운 책들은 모두 좋은 반응을 얻지 못했습니다. 귀엽고 무난하게 만든 책이 〈생애 최고의 선물〉입니다. 그 책은 내 책 중에 가장 얇고 값이 저렴한데도 제일 적게 팔렸습니다. 제일 싸고 제일 얇은 책이 제일 안 팔립니다. 귀엽고 평범한 책이 제일 안 팔립니다. 처음 보면 "와, 귀엽다"라고 하지만 안 사갑니다.

사람들이 책을 살 때는 자기 인생을 완전히 바꾸어 놓을 위대한 깨달음을 얻고자 합니다. 그래서 내가 쓴 책들은 "비법, 비결"이란 제목으로 실제로 인생에 필요한 중대한 깨달음을 담아내는 것입니다. 나는 한 가지가 아닌 "12가지", 백만장자가 아닌 "억만장자"에 대한 이야기를 합니다. 그렇게 낸 책들이 잘 팔립니다. "6000년"이라고 하면 전통이 있습니다. "명문가", 누구나 다 명문가가 되고 싶어 합니다. "의 믿음의 비결"이라고 제목을 짓고 책값을 34만 원으로 붙였습니다. 〈6000년 명문가의 믿음의 비결〉 그 책이 한 번에 열 권씩 팔립니다. 내가 쓴 책들은 아름답고 영민하고 강하고 힘이 있습니다. 그래서 나는 책을 낼 때마다 흥분됩니다.

나는 사람들에게 실제로 필요한 깨달음을 책에 담습니다. 말장난을 하지 않습니다. 돌리며 어렵게 이야기하지도 않습니다. 인생은 그렇게 돌 만큼 한가하지 않기 때문입니다. 한번뿐인 소중한 인생, 정말 값어치 있게 최고의 삶을 살아야 합니다.

당신에게도 분명히 뭔가 팔만한 이야기와 깨달음이 있다

당신은 사람들에게 무엇을 팔고 있습니까?

당신의 인생에도 분명히 뭔가 팔만한 것이 있을 것입니다. 그것을 찾으십시오. 그것을 책으로 써내고 강연하십시오. 한 권만 써내고 멈추지 말고 다작을 통해 당신의 인지도를 팍팍 높여야 합니다.

사람들은 "어떻게든 내가 쓴 책을 베스트셀러로 만들어야지"라고 합니다. 그로 인해 그 사람의 몸값이 높아져서 텔레비전에 출연할 수도 있습니다. 하지만 텔레비전에 출연해도 강사와 작가들은 출연료만 몇 푼 받습니다. 연예인도 출연료는 몇 푼 안 됩니다.

대신 연예인들은 텔레비전에 출연해서 알려지면 CF를 찍을 수 있습니다. 기업 광고에 출연하면 5억, 10억의 큰돈을 받습니다. 하지만 작가가 텔레비전에 출연해서 인터뷰나 강연을 했다고 해서 기업체에서 광고 모델로 쓰겠다고 부르는 일은 없습니다.

텔레비전과 라디오 출연료는 한 번에 3만 원, 5만 원 밖에 안 됩니다. 하지만 그것을 통해 당신의 몸값이 높아졌을 때 강연회를 이끌게 됩니다. 그때는 5천만 원, 1억의 강사료를 받게 됩니다.

책을 써내므로 퍼스널 브랜드에 대한 인지도를 높이게 되고 그것으로 얻는 각종 부가가치가 억만장자를 만들어 준다는 사실을 기억해야 합니다. 나는 강연과 교육과정, 코칭을 통해 큰 수입을 얻습니다. 나는 10분 강연에 100만 원을 받은 적이 많고 3일 강연에 천만 원을 받은 적도 있습니다. 당신도 강연하기 시작하십시오.

당신이 수많은 군중 앞에서 강연하려면 천재적인 의사 전달의 원리를 배우고 익혀야 합니다. 강연을 하면 사람들에게 끼치는 영향력이 크고 많은 수입이 생깁니다. 강연을 들으려고만 하지 말고 강연을 하겠다는 꿈을 가지십시오. 인생은 꿈대로 다 됩니다.

세미나와 강연이 겉으로 볼 때는 큰 군중이 모이기 때문에 사람들이 성공했다고 말하지만 실제로는 수입이 그리 많지 않습니다.

"와, 저 사람이 수천 명 앞에서 강연을 하고 있어. 성공했구먼."

그래도 실제로 남는 돈은 별로 없습니다. 신문 광고비, 장소 임대료 등을 지불하고 나면 남는 게 거의 없습니다. 적자인 경우도 흔합니다. 내가 처음에 '성령님과 교제법 세미나'를 했을 때 한 사람에 1만 원의 등록비를 받았습니다. 천 명이 등록해도 적자였습니다. 1000만 원의 회비와 1000만 원의 책 판매비가 들어와 총 2000만 원이 되었지만 신문 광고비와 장소 임대료, 출판사에 책값을 지불하고 나니 적자였습니다. 매우 심각한 문제였습니다.

각종 단체의 초청을 받아서 강사로 갈 경우에는 좀 달랐습니다.

내가 세미나를 열지 않고 초청을 받아 갔기 때문에 장소와 군중이 다 준비되어 있습니다. 그쪽에서 신문이나 텔레비전, 라디오로 홍보를 합니다. 내가 들이는 비용이 없습니다. 숙소와 식사까지 모두 그쪽에서 해결합니다. 그리고 500~1000만 원 정도의 강사료를 받습니다. 거기에 내가 쓴 책까지 500~1000만 원어치 팔립니다.

한 장소에서 내가 90분 동안 강연을 합니다. 그러면 내 강의를 통해 많은 깨달음을 얻은 그 사람들이 내 책을 사지 않겠습니까? 강연이 끝난 후에 내 책을 손에 들고 홍보하면 사람들은 그것을 다 삽니다. 당신도 강연을 하고 강연장에서 당당하게 책을 파십시오.

책을 파는 것은 착한 일이다. 억만 번이나 책을 팔아라

당신은 책을 선물하고 파는데 대한 확신이 있습니까?

책을 선물하고 파는 것은 좋은 일입니다. 그 중에서도 당신이 직접 쓴 책을 파는 것은 가장 착한 일입니다. 책을 팔라고요? 그렇습니다. 책을 절대로 사지 않을 사람에게는 어쩔 수 없이 선물로 주어야 합니다. 책은 안 사면서 음반을 사고 신발을 사고 커피만 마시는 사람이 있습니다. 그런 사람은 죽어도 책을 안 사고 안 읽는 수재 수준의 사람이기 때문에 어쩔 수 없습니다. 그냥 선물로 주어야 합니다. 억만 번이나 선물로 주십시오.

책을 그렇게 그냥 선물로 주면 읽지 않고 바로 책꽂이에 꽂혀 진열됩니다. 그래도 또 다른 누군가가 그 책을 가져가서 읽을 것입니다. 그 사람이 책을 읽지는 않아도 전시용으로 보며 감동을 받고 큰 거래를 하게 됩니다. 대체로 수재들이 책을 잘 안 읽습니다. 교과서만 달달 외우다가 학교를 졸업하면 공부가 끝난 줄로 알기 때문입니다. 그래서 평생 봉급자로 가난하게 살다 끝나는 것입니다.

돈을 내고 산 사람은 그 책을 줄그어 가며 다 읽습니다. 책을 읽는 사람들은 가치를 알기 때문에 그들에게 공짜로 주지 말고 꼭 팔아야 합니다. 그럴 때 책의 가치가 증가되고 책 내용도 살아 움직입니다. 그러므로 책을 선물할 사람과 팔 사람을 구분해야 합니다.

나는 지금까지 수만 권의 책을 지인들에게 선물로 주었습니다. 하지만 그 이상으로 많은 책을 직접 또는 간접으로 팔았습니다. 지금도 나는 책을 파는 즐거움을 만끽하고 있습니다. 당신도 책을 파십시오. 지난 주간 나는 지방에서 부흥회를 인도하고 왔습니다.

첫날은 내 책을 꺼내 놓지 않았습니다. 둘째 날 책을 꺼내 놓았지만 홍보를 하지 않았습니다. 설교만 하고 안수하고 끝냈습니다. 그 다음날 설교를 120분 하던 것을 90분으로 줄였습니다. 90분도 꽤 깁니다. 그리고 10분 동안 사람들에게 내 책을 홍보했습니다. 그러자 내 책이 하루 만에 500만 원어치 팔렸습니다. 다들 좋아하며 내게 와서 사인을 받고 사진을 찍었습니다.

책도 한 권만 내놓고 많이 팔려고 하지 마십시오. 그 한 권을 산 사람은 더 이상 살 게 없기 때문입니다. 선물용으로는 한 권 더 살 것입니다. 책도 한 권이 아닌 가능하면 여러 권을 써야 합니다. 낱권으로 작은 책을 여러 권 만들지 말고 묶음으로 두꺼운 책을 써내야 합니다. 그리고 한 권에 10만 원을 매겨야 합니다.

왜 그럴까요? 5000원짜리 책을 사는 거나 10만 원짜리 책을 사는 거나 사람들이 고민하는 것은 똑같기 때문입니다. 중요한 것은 "정말 이 책이 내게 꼭 필요할까 필요하지 않을까?" 하는 것인데 두꺼운 것이나 명품이나 큰 것이 더 필요한 경우가 많습니다. 돈만 있으면 다 삽니다. 카드 할부로 명품을 사듯 내 책을 삽니다.

요즘은 카드로 물건을 사는 시대입니다. 교통비도 카드로 결제합니다. 서울에는 편의점에서 1000원짜리 음료수를 하나 사 마셔도 체크카드로 긁습니다. 그러니 현금을 거의 안 가져 다닙니다. 책을 팔든 뭘 팔든 그 장소에서 카드 서비스를 할 수 있도록 해야 합니다. 당신도 회사를 차린 다음 카드기를 준비해야 합니다.

직장을 다니면서, 또는 직장에서 나왔을 때 당신의 회사를 차려야 합니다. 그 다음에 가맹점 신청을 하고 카드기를 신청해야 합니다. 스마트폰에 꽂기만 하면 카드기가 설치됩니다. 언제든지 사람들이 결제하고 싶다면 그 자리에서 카드를 긁게 해야 합니다.

럭셔리 세계에서는 손님이 왕이 아니고 주인이 왕이다

"손님은 왕이다."

글쎄요. 럭셔리의 세계에서는 다릅니다. 주인이 왕입니다. 사람들이 돈만 지불하면 언제든지 뭐라도 살 수 있다고 생각합니다.

브랜드의 수준에서는 그것이 가능할지 모르지만 럭셔리의 세계는 장인이 팔지 안 팔지를 정합니다. 사는 사람의 인격이 마음에 안 들면 자기가 만든 물건을 안 팔 수도 있습니다. 자기의 숨결이 들어간 명품을 그 사람이 가지고 가는 것이 마음에 안 들기 때문입니다. 장인의 자존감 때문입니다. 나도 자존감이 아주 높습니다.

나는 내가 깨달은 것을 담아 놓은 책을 돈이 있다고 아무나 사가는 것을 허락하지 않습니다. "물건을 사는 사람은 손님이고 손님은 왕이다"라고 하지만 럭셔리의 세계에서는 안 통합니다.

내가 사는 동네에 '손님은 왕이다'라는 이름의 간판을 붙인 약국이 있습니다. 손님은 한 번 왔다가 떠나는 사람입니다. 그러므로 다시 오게 만들려면 쩔쩔 매야 합니다. "꼭 다시 들러 주세요"라고 부탁하며 할인 행사에 각종 샘플과 사은품을 증정합니다.

요즘은 너도나도 "고객님" 하며 고객이라는 말을 씁니다.

고객은 다릅니다. 고객은 '돌봐 줘야 하는 사람' '관계를 맺고 지속적으로 좋은 정보를 알려줘야 하는 사람'이란 뜻이 있습니다.

당신도 고객 관리를 해야 합니다. 단순히 물건을 사간 옷깃을 스친 사람이 아닙니다. 고객은 물건을 산 사람과 판 사람의 이름이 연결되어 인격적인 관계를 맺고 있는 사람입니다. 그리고 지속적으로 돌봐 주어야 하는 사람입니다. 좋은 물건이 나왔을 때 빨리 알려 주어서 그 사람이 사도록 도움을 주어야 하는 사람입니다.

또한 가지고 있는 물건 중에 가장 좋은 것을 선택할 수 있도록 안내해 주어야 합니다. 고객의 물건에 하자가 생겼을 때는 빨리 보상해 주어야 합니다. 그런 관계를 고객이라고 하며, 고객은 회사에서 돌봐 주어야 하는 사람입니다.

내가 돌봐 주어야 하는 사람은 이 책을 산 당신입니다. '고객'이라는 말이 마케팅 용어, 상업적인 용어라고 생각할 수 있겠지만 그렇게 나쁜 의미로만 볼 수 없습니다. 당신이 만나는 사람들 중에 어떤 사람은 손님과 같이 한 번 옷깃을 스치고 지나가지만 또 어떤 사람은 인격적인 관계를 꾸준히 맺고 돌봐 주어야 하는 고객입니다. 이해되십니까? 고객이 어떤 사람이라고요?

"꾸준히 그 사람을 돌봐 주어야 한다. 그 사람이 성공할 수 있도록 최선을 다해 도움을 주어야 한다."

그렇다면 고객은 어떤 마음을 가져야 합니까? 그 회사에 도움을 요청하고자 하는 마음이 있어야 합니다. "나는 도움이 필요 없어"라는 사람은 고객이 될 수 없습니다. 도움이 필요한 회사를 찾아야 합니다. 어떻게 보면 이 책의 독자인 당신은 나의 고객입니다.

나는 이 책에 유익한 내용을 최대한 많이 담아 당신을 성공시키려고 최선을 다하고 있습니다. 가장 고급스럽고 좋은 정보들을 계속 담고 있습니다. 다른 사람에게 알려주지 않는 고급 정보, 일급 정보들을 당신에게 말하고 있습니다. 그리고 개인적으로 나와 상담하기 위해 만남의 시간을 가질 수도 있습니다.

하나님도 구원 받은 성도들에게 손님이 아닌 고객의 차원에서 그들을 관리하고 있습니다. 보혜사 성령님을 보내셔서 돕게 하셨습니다. 당신도 하나님처럼 사람들을 돌봐 주십시오. 그들을 성공시키십시오. 그러면 당신이 더 크게 성공할 것입니다.

내 책을 읽고 실천하는 열광팬을 만나는 즐거움을 누려라

하나님은 성경책을 읽은 독자를 만나는 것을 더 좋아하십니다.
성경책은 하나님이 누구신지, 어떤 계획을 갖고 계신지 자세하게 기록하고 있습니다. 내가 쓴 책도 내가 누군지, 어떤 계획을 갖고 있는지 자세하게 기록되어 있습니다. 그래서 나는 미리 책을 읽고 오는 독자들을 만날 때 가장 기분이 좋습니다. 하나님도 그럴 것입니다.
나는 내 책을 읽은 독자가 만남을 요청할 때는 가급적이면 시간을 내서 만나려고 노력하고 있습니다. 하지만 아무리 유명한 사람, 돈 많은 사람, 신문기자나 국회의원이 와도 내 책을 읽지 않은 사람과는 만남을 피합니다. 그들은 나의 내면세계를 전혀 모르기 때문입니다. 또한 내가 운영하는 김열방의 책쓰기, 강연학교에 등록한 분들도 언제든지 시간을 내서 만납니다. 하지만 내 책을 읽지 않은 사람에 대해서는 일대일 만남을 거절합니다.
지난주에도 아주 유명한 영화감독이 나를 만나겠다고 왔습니다.
나는 그를 만나지 않고 돌려보냈습니다. 여행사 사장도 나를 만나기 위해 왔지만 만나지 못하고 돌아갔습니다. 그들은 내 고객이 아니기 때문입니다. 나는 아무나 만나지 않습니다. 당신도 나처럼 외인을 향해서는 세월을 아껴야 자유와 부를 얻습니다.

"외인에게 대해서는 지혜로 행하여 세월을 아끼라."(골 4:5)

당신의 시간이 당신의 인생입니다. 당신의 시간을 잘 지켜야 합니다. 그렇지 않으면 아무나 와서 당신의 시간, 곧 당신의 인생을 다 빼앗아 갑니다. 예약하지 않고 막무가내로 당신을 만나겠다고 온 사람에게 자신을 허용하면 한나절이 눈 깜박할 사이에 지나가 버립니다. 나는 비서실에 말했습니다.

"한 달 전이나 일주일 전에 나와 약속하지 않은 사람은 나를 만날 수 없습니다. 아무나 전화로 또는 갑자기 방문해서 나를 만나겠다고 하는 사람과는 절대로 연결시키지 마세요. 나는 그런 사람을 만나지 않습니다. 예약하지 않았는데 시장이나 대통령이 와도 나는 그를 만나지 않습니다. 문 입구에서 냉정하게 돌려보내세요."

나를 만나는데 있어 한 가지 예외는 있습니다. 그것은 바로 주일 예배 시간에 온 사람들입니다. 그들은 나를 만날 수 있습니다. 나는 예배 전에 10분 정도 시간을 내어 그들과 만나 상담합니다. 그렇지 않고는 일대일 만남이 불가능합니다. 정식으로 코칭 등록을 하지 않았는데 개인적으로는 나를 만날 수 있는 기회는 없습니다.

거절 비서를 세워 두고 평범한 만남은 모두 거절하라

당신은 "날 보러 와요"라는 노래 가사처럼 살고 있지 않습니까? 아무나 만날 수 있는 사람이 되면 싸구려 인생으로 전락합니다.

"나는 언제든지 김열방 목사님에게 연락하면 개인적으로 만날수 있어. 그분과 영화도 보고 스키도 탈수 있어. 야구나 오페라도 관람이 가능해. 그분은 나를 위해 항상 대기하고 있어. 내가 연락만 하면 언제든지 달려 나와. 나는 그분과 함께 커피를 마시고 식사할 수 있어."

착각입니다. 예수님도 그렇게 하지 않았습니다. 예수님이 외인에 대해 세월을 아꼈기 때문에 3년 만에 모든 일을 끝낼 수 있었던 것입니다. 꼭 만나야 할 사람만 만나야 합니다. 그렇지 않으면 에너지를 다 빼앗기게 되고 당신의 소중한 인생을 허비하게 됩니다.

사람들은 나와 어떻게든 개인적으로 만나 대화를 나누고 싶어 합니다. 자기 마음에 있는 것을 다 털어놓고 싶어 하고 또 내가 넓은 마음으로 다 받아 주니까 좋아합니다. 그러나 내가 모든 사람에게 시간을 내준다면 내 인생은 없을 것이며, 몇몇 사람에게 노예처럼 매이고 말 것입니다. 소중한 내 인생, 나는 그렇게 살지 않기로 굳게 결심했습니다. 나는 내가 만나고 싶은 사람만 만납니다.

내 아이들도 나와 계속 대화를 나눕니다. 아이들은 내가 하는 말을 듣는 것을 좋아합니다. 나는 아이들을 한 명씩 불러내 산책하는 도중에 인생을 어떻게 살아야 할 것인지에 대해 말해 줍니다. 돈을 어떻게 벌고 사업을 어떻게 키워 나갈 것인지에 대해 가르칩니다. 조직을 어떻게 이끌어 갈 것인지도 설명해 줍니다.

나는 아이들의 인생에 유익한 것이라면 무엇이든지 아끼지 않고 가르치며 코치해 줍니다. 그러나 나는 아이들보다 나 자신을 더 중요하게 생각합니다. 아이들은 아이들의 인생이 있습니다.

나는 내 인생이 있습니다. 그래서 나는 아침에 일어나면 제일 먼저 나만의 시간을 가집니다. 카페에 앉아 커피를 마시며 책을 읽고 생각을 합니다. 중대한 결정을 다 내린 후에 직원에게 지시를 내립니다. 그리고 내 집무실에 와서 책을 씁니다.

그렇게 우선순위를 정해 놓았기 때문에 내가 한 달에 한 권씩 책을 써낼 수 있었던 것입니다. 나는 29세 때부터 지금까지 700권의 책을 썼습니다. 평생 1000권 이상의 책을 쓰려고 합니다.

인생의 우선순위를 바로 정하면 많은 일을 할 수 있게 됩니다.

첫째는, 하나님 사랑입니다.
둘째는, 내 몸 사랑입니다.
셋째는 이웃을 내 몸과 같이 사랑하는 것입니다.

매일 아침 혼자만의 시간을 먼저 가져야 성공한다

당신은 무엇이 가장 우선되는 일이라고 여기십니까?

나는 나만의 시간을 갖는 것을 무엇보다 크고 가치 있게 여깁니다. 성령님과 함께 하는 나만의 시간은 가장 럭셔리한 시간입니다.

당신은 아침에 인상을 찡그리며 투덜거리지 않습니까?

나는 아침에 눈을 뜨는 순간 제일 먼저 "성령님, 안녕하세요? 행복한 아침입니다" 하고 성령님께 인사를 하고 사랑을 고백합니다.

그리고 그분과 함께 숨 쉬고 세수하고 옷을 입고 집을 나섭니다.

그분과 함께 먹고 마시고 산책합니다. 그분과 함께 카페로 갑니다. 그분과 함께 앉아 책을 읽고 생각을 합니다. 그리고 깨달음을 얻은 것을 책으로 써냅니다. 이것이 나의 첫 번째 우선순위로 오전에 이루어집니다. 나는 오전에 중대한 몇 가지 일을 지시하고 끝냅니다.

그 다음 오후 시간에 다른 사람을 위한 일을 하나씩 합니다. 내가 다른 사람들보다 백배나 더 많은 일을 하는 비결이 여기에 있습니다. 당신도 이렇게 우선순위를 정해야 크게 성공합니다.

한번뿐인 소중한 인생을 가치 있게 살아야 합니다.

내 아이들은 나에 대해 특권을 갖고 있습니다. 언제든지 궁금한 것이 있으면 내게 전화를 하거나 직접 내 방에 찾아와 물을 수 있습니다. 이 책을 읽은 당신은 내게 문자로 상담할 수 있습니다. 지금 010.2035.8865로 문자를 보내 감사의 말을 한 마디 전하십시오. 답장이 갈 것입니다. 금방은 아니어도 꼭 갑니다.

나는 내 책을 읽은 사람을 존중합니다. 내 책을 읽고 온 사람에 대해서는 한 번도 힘들어 하거나 짜증내지 않습니다. 기쁜 마음으로 만납니다. 내게 진정으로 도움을 얻고자 오는 사람, 내가 진정으로 도움을 줘야 하는 사람과 시간을 갖는 것은 행복한 일입니다.

내 책을 읽고 나의 도움을 얻고자 하는 사람에게는 내가 최선을 다합니다. 그렇지 않은 외인들에 대해서는 세월을 아껴야 합니다. 심플한 대인 관계를 가져야 합니다.

시간은 생명이다. 내 시간을 빼앗아 가는 사람은 만나지 마라

당신은 하루 동안 어떤 사람들을 만나고 있습니까?

꼭 필요한 사람만 만나야 합니다. 그렇지 않으면 당신의 소중한 시간을 다 빼앗기게 됩니다. 또한 정해진 만남을 가질 때도 마감 시간을 정해 놓고 대화를 시작해야 합니다. 나는 이렇게 말합니다.

"10분만 상담이 가능합니다. 10분 후에 다른 일정이 있습니다."

"지금부터 한 시간 동안 코칭이 진행됩니다. 몇 시에 마칩니다."

"죄송합니다. 30분 후에 일정이 있어서 일어나야 합니다."

나는 다른 경우에 죄송하다는 말을 절대로 안 합니다. 하지만 내 생명과도 같은 시간을 확보하기 위해서는 부드럽게 그런 표현을 씁니다. "죄송합니다. 시간이 다 되었습니다"라고 말합니다.

'물 먹는 하마'만 있는 것이 아니라 '시간 잡아먹는 하마'도 있습니다. 그런 사람은 만나지 말고 피해야 합니다. 수많은 사람들이 나를 만나고 싶다고 연락이 옵니다. 그러면 나는 문자나 전화로 끝냅니다. "용건을 문자로 알려주세요."

전화로 상담할 때는 요금과 상관없이 내가 전화를 겁니다. 그래야 내가 원하는 대로 끊을 수 있기 때문입니다. 벨이 울리면 받지 않고 내가 겁니다. 받았다가도 "바빠서요. 금방 제가 전화드릴게요"라고 말한 후에 끊고 편안한 장소로 옮겨 '거래에 필요한 말'을 다 준비한 후에 전화를 겁니다. 전화의 주도권을 내가 잡고 있어야지 안 그러면 30분이 금방 지나갑니다.

물론 네 명의 아이들과 수다 떨 때는 다릅니다. 가족과는 억만 번이나 수다를 떠십시오. 수다는 일상에서 일어난 이야기를 나누는 것을 말합니다. 하지만 다른 사람들과는 그렇게 하지 마십시오.

돈에 대해서도 거절 비서를 세워 두어야 합니다. 돈 문제에 대해 단호하게 거절하지 못하면 도와 달라는 사람에게 묶여 계속 쩔쩔매고 양심의 고통만 느끼게 됩니다. 한분이 내게 와서 말했습니다.

"김열방 목사님, 제가 다니는 회사 사장님은 땅도 있고 빌딩도 있고 주유소도 갖고 있지만 항상 현금이 없다고 해요."

왜 그렇게 말할까요? 현금이 없다고 말하므로 아무나 찾아오는 사람들에 대해 거절하는 것입니다. 눈에 보이지는 않지만 "현금이 없어요"라는 비서를 세워 놓고 사람들과의 관계를 맺는 것입니다. 땅, 주유소, 빌딩이 있으면 수많은 사람들이 찾아옵니다.

"좀 도와주세요. 우리 단체에 기부해 주세요."

물론 성령님의 음성을 듣고 기부할 수 있습니다. 그렇지 않고 일방적으로 사람들이 찾아와 괴롭히면 밤낮 시달리게 됩니다.

"힘이 있으면서 왜 나를 좀 안 도와 주는 거야?"

협박하는 사람도 있습니다. 그래서 "현금이 없어요"라는 비서를 세워 놓고 전화 올 때마다 그 말을 하는 것입니다. 몇 번 거절하면 그 다음부터는 사람들이 도움을 구하러 안 옵니다. 인간적인 마음으로 한 번 도움을 허락하면 그 다음부터 계속 도와 달라고 징징댑니다. 그러면 서로 행복하지 못합니다. 한번의 도움도 잔이 넘친다고 생각해야 합니다. 제발 자족하십시오. 그래야 행복해집니다.

"지난번에는 도와 줬는데 왜 안 도와 주는 거야? 그 사람이 나를 버린 거야. 나는 배신을 당했어. 가만 두지 않고 원수를 갚아야지."

연예인들도 그런 경험을 많이 겪습니다. 팬들을 만나 악수하고 사진 한번 찍었는데 그때부터 팬들이 '자기만의 사람'인 줄 알고 스토킹을 계속 합니다. 밤낮 문자와 카톡을 보내고 반응이 없으면 이를 뿌드득뿌드득 갑니다. 처음 한번 도와준 것이 약이 된 것이 아니라 서로를 죽이는 독이 된 것입니다. 당신도 조심하십시오.

성경에 "외인에 대해서는 세월을 아끼라"고 했습니다.

당신도 아무나 도와주지 마십시오. 한번 도와주면 그 사람과 엮이게 된다는 것을 기억하십시오. 돈으로 도와주면 돈으로 엮이게 됩니다. "지난번엔 돈을 줬는데 왜 이번엔 안 줘? 아, 섭섭해."

'돈 도움'은 아무리 줘도 만족함이 없습니다. 돈으로 도와주지 말고 스스로 일어나게 믿음으로 도와주십시오. 그러면 처음엔 좀 섭섭한 느낌이 들어도 나중엔 억만 번이나 감사할 것입니다.

당신은 돈 가진 사람에게 '돈 도움'을 받은 적이 있습니까? 한번이라도 돈 도움을 받았다면 잔이 넘친다고 생각하며 억만 번이나 감사하십시오. 믿음 가진 사람에게 '믿음 도움'을 받은 적이 있습니까? 그걸 억만 금 받은 것보다 더 귀한 줄로 알고 억만 번이나 감사하십시오. 두고두고 가슴에 새기고 믿음의 사람에게 감사하십시오. 그 믿음이 당신을 반드시 큰 인물로 만들어 줄 것입니다.

분주하게 사람들을 만난다고 돌아다니지 말고 혼자 조용히 앉아 책을 읽고 쓰는데 시간과 비용을 투자하십시오. 그래서 당신의 분신을 많이 만들어 그들이 돌아다니며 상담하게 하십시오.

사람들과의 관계에 엮이지 않아야 서로가 행복해집니다.

책 출간의 열다섯 가지 유익을 눈감고 달달 외워라

다른 좋은 것들도 많은데 왜 꼭 책을 써야 할까요?

책을 써내는 것은 열다섯 가지의 큰 유익이 있습니다.

첫째, "꿈의 성취" 평생의 꿈이 이루어지는 것입니다.

둘째, "성공 인정" 지인들이 충격 받고 놀라고 모든 사람들이 성공했다고 인정합니다. 땅과 빌딩, 학벌, 승용차 등 다른 것을 통해서는 진정으로 성공했다는 인정을 받지 못합니다. 하지만 책은 다릅니다. 책을 내면 모두들 "대단하다, 성공했다"고 인정합니다.

셋째, "자기 계발" 책을 천 권 읽는 것보다 한 권 쓰는 것이 자기 계발에 더 큰 도움이 되고, 과거를 정리하고 성장하게 됩니다.

넷째, "위치 상승" 동네 아줌마에서 작가와 선생님의 신분으로 위치가 상승합니다. 당신의 존재 가치를 인정받게 됩니다.

다섯째, "분신 만듦" 책은 나의 분신이 되어 전국과 세계에서 내 대신 사람들을 만나고 영향을 끼치게 됩니다.

여섯째, "책 마케팅" 가장 권위 있고 믿을 만한 마케팅입니다. 하나님도 6000년간 바이블 마케팅 곧 책 마케팅을 하셨습니다.

일곱째, "이름 남김" 납골당이나 무덤이 아닌 책에 이름을 남겨 도서관과 서점에 꽂히게 해야 합니다. 그게 최고입니다.

여덟째, "지혜 상속" 자녀에게 재산만 상속하지 말고 지혜를 함께 상속해야 합니다. 그래야 재산이 오래 갑니다.

아홉째, "신적 권위" 책에는 신적 권위가 있습니다. 책을 쓴 사람은 신적 권위, 왕적 권위가 나타납니다. 가장 영향력 있는 복음 전도의 도구는 책입니다. 책을 통해 한 도시와 나라가 복음화 된 경우가 많습니다. 당신도 지금 이 책을 들고 있지 않습니까? 지금도 전 세계 수십만 명이 내가 쓴 책을 손에 들고 있습니다.

책에는 날개가 달려 있습니다. 내가 쓴 책이 날개를 달고 전국과 세계에 돌아다니며 사람들을 만나 변화시키고 있습니다. 미국과 캐나다, 독일, 중국과 일본, 필리핀과 인도에서 내 책을 읽고 계속 찾아옵니다. 책을 읽고 내게 상담과 강연, 코칭 요청을 합니다.

사람들은 비행기와 배를 탈 때 읽을 책을 가지고 갑니다. 여행을 가면서도 책을 가방에 넣어 갑니다. 세계 어떤 사람을 만나도 책을 선물로 주면 좋아합니다. 비록 언어가 달라 책을 못 읽어도 책을 선물로 주면 좋아합니다. 당신이 직접 사인한 책을 선물하십시오.

당신도 책을 써내십시오. 그것을 영어와 여러 나라 언어로 번역하여 가지고 다니십시오. 책만 있으면 어디를 가든 존중받습니다.

하나님은 지금까지 책을 통해 복음 전도를 펼치셨습니다. 성경 책과 또 그 성경을 읽고 깨달은 사람들이 변화된 삶을 기록한 책들, 그 책들이 지금도 전 세계에 퍼져 사람들을 변화시키고 있습니다. 책을 써내는 것이 복음 전도에 가장 큰 힘을 발휘합니다. 성전 건축과 선교사 파송과 후원 등 그 무엇보다 책을 먼저 쓰십시오.

열째, "천년 존재" 옷은 10년, 건물은 100년, 책은 천 년 동안 남습니다. 다른 것은 모두 잠시 있다 사라집니다. 신문, 잡지도 일회성입니다. 하지만 책은 버리지 않고 계속 보관하고 자녀에게 물려줍니다. 다른 모든 것은 하루살이지만 책은 천 년간 남습니다.

책 출간은 최고의 학위요 최대의 기적이다

열한째, "최고 학위" 서울대나 동경대, 하버드대학을 수석으로 졸업해도 졸업장 한 장으로 끝납니다. 수천수만 줄의 스토리가 담긴 책을 한 권 써내는 것은 그런 허접한 졸업장이나 학위보다 백배 더 큰 힘과 가치가 있습니다. 책은 최고의 졸업장이자 학위입니다.

열둘째, "최대 기적" 성경에 나오는 인물들이 행한 기적 중에 가장 큰 기적은 책을 써낸 것입니다. 그들은 병자를 고치고 죽은 자를 살리고 귀신을 쫓아내고 태양을 멈추고 홍해를 가르고 물위를 걸었습니다. 하지만 그 모든 기적보다 더 큰 최대의 기적이 책을 써낸 것입니다. 모세가 행한 가장 큰 업적은 출애굽도 홍해 가름도 반석에서 물을 낸 것도 아닌 창세기, 출애굽기, 레위기, 민수기, 신명기의 〈모세오경〉이라는 다섯 권의 책을 써낸 것입니다.

모세가 행한 모든 기적은 일회성으로 끝났고 그 자신도 역사의 뒤안길로 사라졌지만 그가 쓴 책은 수천 년 동안 수백억의 사람들에게 영향을 끼쳤습니다. 족장들과 사사들, 선지자들도 모두 책을 남겼습니다. 책은 영원합니다. 책은 가장 작은 비용으로 가장 큰 영향력을 미치는 최고의 결과물입니다.

베드로도 수천 명에게 설교하였고 십만 명 이상 모이는 예루살렘 대형 교회를 세웠고 앉은뱅이와 중풍병자, 죽은 자를 일으켰지만 그보다 〈베드로 전후서〉를 쓴 것이 더 큰 기적이었습니다. 사도 바울과 요한도 책을 남긴 것이 가장 큰 업적이었습니다.

책 출간은 가문의 영광이요 부모님께 대한 효도다

열셋째, "가문 영광" 책을 한 권 써내는 것은 가문의 영광입니다. 당신의 집안에 책을 써낸 사람이 있습니까? 당신은 당신의 조상이 쓴 책을 갖고 있습니까? 당신의 후손에게 물려줄 책이 있습니까?

열넷째, "부모 효도" 책을 써내는 것은 부모님께 효도하는 것입니다. 일본의 자기 계발서 작가인 와시다 고야타 교수는 책을 써내므로 비로소 부모님께 효도를 하게 되었다고 했습니다.

"나는 많은 책을 썼지만 단 한 권이 출판사의 얼굴을 들게 해 준 베스트셀러였다. 나는 책을 쓰면서 많은 비용을 투자했다. 책을 써내는 것은 적자 경영에 가깝다. 하지만 나는 용기를 내어 책을 썼다. 내가 가업을 잇지 않았기 때문에 아버지의 사업은 날로 쇠약해져 결국 문을 닫고 말았다. 부모님은 책을 사지도 읽지도 않는 분이었다. 나는 부모님께 인정받을 길이 없었다. 대학교수가 되고 정교수가 되어도 부모님은 나를 이해하지 못했다. 부모님이 보실 때 나의 존재 가치는 투명 인간처럼 아무것도 아니었다. 그런 중 내가 책을 써냈고 그 책을 부모님께 한 권 보냈다. 하루는 오랜 만에 고향집에 찾아갔는데 아버지가 주무시고 계셨다. 놀랍게도 그 머리맡에 내 책이 놓여 있었다. 순간 나는 큰 감동을 받았다. 나는 그때 '내가 부모님께 효도했구나' 하는 뿌듯한 마음이 들었다. 처음으로 부모님께 이렇다 할 결과물을 내놓았는데 그것이 바로 책이었던 것이다. 33세에 내 인생에 의미 있는 결과물이 나왔다. 내 이름이 인쇄된 첫 책이 바로 그것이었다. 그 책은 내 존재를 증명해 주고 정체성을 발견하게 해 준 최고의 결과물이었다. 아들의 존재가 책을 통해 아버지에게 인식된 것이다. 당신도 책을 써내 당신의 존재와 성공을 부모님께 알리고 그로 인해 부모님께 효도하라. 인세로 먹고 사는 사람은 열 손가락 안이다. 책쓰기에는 인세보다 더 중요하고 가치 있는 유익이 많다. 누군가가 내가 쓴 책을 읽고 고통 중에 깨달음과 용기를 얻는다면 이 얼마나 놀랍고 행복한 일인가? 당신도 아무리 시간과 비용이 많이 들어도, 어떤 대가를 지불하더라도 책을 써내라."

열다섯째, "전도 목적" 책 출간의 궁극적인 목적은 전도에 있습니다. 이러한 열네 가지의 유익을 모두 합해 얻는 힘을 전도에 쏟아야 합니다. 책쓰기의 절정은 영혼 구원을 위한 전도에 있습니다. 나는 이를 '책 출간 전도'라 일컫습니다. 당신도 책 출간 전도, 책 출간 선교를 하십시오. 예수 그리스도의 복음을 담은 책 출간은 하나님 아버지께 효도하는 것입니다.

천지 창조는 6일 만에 이루어졌지만 성경책 기록은 4000년이 걸렸습니다. 하나님의 간절한 소원은 4000년에 걸쳐 수많은 작가들을 배출하고 그들을 통해 그분의 말씀인 성경책을 만들어 인류의 가슴에 안겨 주는 것이었습니다. 성경책은 하나님의 책입니다.

"성경책이 있으면 더 이상의 책은 필요 없는 것 아닌가요?"

그렇지 않습니다. 당신이 성경을 읽고 깨달은 것, 성경을 실천하여 체험한 것들을 모두 책에 담아내야 합니다. 그 책들이 서점을 장악하게 해야 합니다. 지금은 여호수아의 세대요, 피비린내 날 정도로 싸워 가나안 우상숭배 족속을 진멸해야 하는 문화 전쟁의 때입니다. 그러므로 더더욱 책을 써내 책 전쟁을 해야 합니다.

문화 마케팅을 해서 문화의 영역에 주도권을 잡아야 합니다. 이를 위해 나는 적극적으로 마케팅하고 있습니다. 대형 서점마다 내 책이 진열대에 잔뜩 쌓이게 만들고 있습니다. 신문과 텔레비전, 라디오, 잡지를 통해 계속 예수 그리스도 복음을 전하고 있습니다.

당신도 하나님처럼 당신이 쓴 책과 강연을 통해 천국을 홍보하고 영혼을 구원해야 합니다. 나도 그동안 수많은 작가들의 책을 읽고 그들의 어깨 위에 올라서게 되었습니다. 그 결과 지금은 내 책을 읽은 전국과 세계의 독자들이 밤낮 나를 찾아오고 있습니다.

책쓰기의 유익은 이루 말할 수 없을 정도로 많습니다. 하지만 그중에서 위의 15가지는 꼭 기억하고 마음껏 설명할 수 있어야 합니다. "꿈성자위분, 책이지신천, 최최가부전"을 달달 외우십시오.

하나님 아버지는 평생의 꿈인 책 출간이 이루어지고, 당신의 책을 통해 당신이 성공했다고 인정받고, 당신이 책을 쓰므로 자기 계발을 극대화시키고, 당신의 위치를 독자에서 저자로 상승시키고, 당신의 분신을 만들어 백배의 일을 하기를 간절히 원하십니다.

또한 책을 통해 마케팅 하므로 당신의 가치를 백배로 증가시키고, 당신의 이름을 알리고, 당신의 지혜를 상속하고, 당신의 책을 천 년 동안 남기고, 당신의 가문에 영광이 되고, 당신이 책을 통해 부모님께 효도하기를 원하십니다.

당신의 후손에게 돈과 빌딩만 남기지 말고 책을 남겨라

당신은 죽은 후에 무엇을 남기겠습니까? 책을 남겨야 합니다.

당신이 쓴 책은 자손 천대까지 남습니다. 당신은 겉으로 드러나는 일시적인 것보다 영원히 남는 것을 위해 일해야 합니다. 당신이 아무리 위대한 기적을 행하고 업적을 남겨도 기록되지 않은 것은 모두 바람에 부는 겨처럼 잠깐 있다 사라집니다. 그 무엇보다 책을 써내는 것이 가장 위대한 성공이라는 사실을 기억해야 합니다.

사도 베드로와 사도 요한을 비교해 보십시오. 베드로는 물 위를 걸었습니다. 앉은뱅이와 중풍병자를 일으켰고 죽은 사람을 살렸습니다. 그가 설교하자 3천 명, 5천 명, 수만 명이 회개하고 복음을 믿었습니다. 베드로는 십자가에 거꾸로 못 박혀 순교했습니다.

하지만 요한은 그러한 베드로 곁에 서서 멍청히 구경만 해야 했습니다. 그런 요한이 뭘 했습니까? 책을 썼습니다. 요한복음, 요한일이삼서, 요한계시록 등 엄청난 양의 성경을 기록했던 것입니다.

베드로는 베드로 전후서 밖에 쓰지 못했습니다. 다른 사람이 무엇을 하든 상관치 말고 내버려 두십시오. 마음이 들떠서 그들과 어울려 다니지 마십시오. 당신은 혼자 조용히 책상에 앉아 무던히 책을 쓰십시오. 내가 그랬고 결국 나는 많은 일을 해냈습니다.

"이 일을 증거하고 이 일을 기록한 제자가 이 사람이라. 우리는 그의 증거가 참인 줄 아노라. 예수의 행하신 일이 이 외에도 많으니 만일 낱낱이 기록된다면 이 세상이라도 이 기록된 '책'을 두기에 부족할 줄 아노라."(요 21:24~25)

책을 써내는 것 자체가 세상에서 가장 큰 성공이다

사도 요한은 그 누구보다 큰일을 했습니다. 그것이 무엇일까요?

첫째, 요한은 예수님에 대한 일을 전했습니다. 강연을 통해 자신이 경험하고 깨달은 복음을 많은 사람들에게 증거했던 것입니다.

둘째, 요한은 예수님에 대한 일을 기록했습니다. 기록된 것만 역사입니다. 기록된 것만 인생입니다. 기록되지 않은 것은 다 안개와 같이 사라집니다. 흐릿한 혼자만의 기억으로 남아 있을 뿐입니다. 당신의 삶과 깨달음을 모두 책에 기록하십시오.

요한은 "기록된 책"이라고 했습니다. 책이 가장 큰 사역입니다.

처칠은 "내 역사는 내가 기록한다. 그래서 역사는 내게 호평할 것이다"라고 했습니다. 죽기 전에 또는 죽고 난 이후에 누군가 당신에 대해 책을 써 줄 것이라고 기대하지 마십시오. 지금 손가락을 움직일 수 있을 때 책을 쓰십시오. 다른 곳에 돈을 쓰지 말고 책을 출간하는데 쓰십시오. 그것이 자신과 후손을 위한 최고의 투자입니다. 돈을 얼마나 버느냐 보다 어디에 썼느냐가 더 중요합니다.

당신이 여자라면 만사를 제쳐 두고 책부터 써내야 합니다. 그래야 왕의 위치에 올라서게 되고 크게 성공하게 됩니다. 책을 써낸 사람은 왕과 신의 권위를 갖게 됩니다. 책을 쓰지 않은 사람은 아무리 일류 대학을 졸업하고 자격증이 많아도 동네 아줌마 아저씨를 못 벗어납니다. 그러나 책을 한 권 써내면 '작가 선생님'으로 신분이 상승합니다.

책을 써내는 것은 사람이 한 평생 해낼 수 있는 모든 업적 중에 가장 큰 업적입니다. 땅을 사고 건물을 짓고 버스 운행을 하는 것보다, 수천 명에게 밥과 국을 퍼 주는 것보다 훨씬 긴급하고 중대한 일입니다. 모든 시간과 비용을 투자해 책을 써내고 책으로 전도해야 합니다. 나는 29세 때부터 지금까지 700권의 책을 썼습니다.

"좋은 책을 한 권 써내는 것은 대학교를 하나 세우는 것과 맞먹는다"는 말이 있습니다. 나는 이렇게 생각합니다.

"책을 한 권 출간하는 것은 교회를 하나 세우는 것과 같고 수천 명의 선교사를 파송하는 것과 같다. 책은 분신이 되어 내 대신 사람들을 만나고 그들의 인생을 흔들어 완전히 변화시킨다."

책쓰기와 강연, 1인 출판사를 내일로 미루지 말고 오늘 실천하라

사람들은 자신에게 없는 것만 떠올리며 가만히 앉아 있습니다. 언젠가는 기회가 오겠지만 지금은 아니라고 미룹니다. 그러는 동안 땅과 집값, 물건 값은 계속 뜁니다. 나도 예전에 그랬습니다.

"나는 땅과 집을 사고 책을 낼 돈이 없어."

그러는 동안 내가 사는 동네의 땅과 집값이 배로 뛰었습니다.

하루는 큰마음 먹고 무조건 집을 사겠다고 결단했고 잠실에서 내가 본 집 중에 가장 좋은 집 62평짜리를 계약했습니다. 지금 생각해보면 끔찍한 일입니다. 내가 그런 일을 저지르다니…….

놀랍게도 하나님이 그때부터 내 안에 있는 재물 얻을 능을 백배로 나타내셨고 그 결과 집값을 모두 지불하게 되었습니다. 하지만 갑자기 부동산 경기가 최악으로 치달았고 모두들 부정적인 말만 했습니다. 그래도 나는 우리 여섯 명 가족이 사는 집이니까 집값

하락과 상관없이 행복한 마음으로 모든 것을 누리며 지냈습니다.

나는 모든 것이 잘되고 있다고 믿었습니다. 내 믿음대로 지금은 다시 부동산 경기가 급속도로 회복되고 있습니다. 지금은 1억 이상 올랐습니다. 무엇보다 가장 감사한 것은 하나님이 내 안에 있는 재물 얻을 능을 백배로 나타내시므로 내 삶이 엄청 풍요로워졌다는 것입니다. 매일 억만장자의 부가 나타나고 있습니다.

가만히 있으면 실패할 일이 없지만 결과물도 없습니다.

당신도 저지르십시오. 일단 계약하고 나머지 돈을 만들면 됩니다. 나는 지금까지 그렇게 해서 내가 원하는 것을 다 했습니다. 백 번 중에 계약금을 잃은 적은 두 번밖에 없습니다. 98번은 성공하고 성취했다는 말입니다. 그 정도면 잘하고 있는 것이 아니겠습니까?

유대인들은 하나님과 계약(契約, covenant)을 맺은 '계약백성'입니다. 그들은 계약을 목숨보다 귀중하게 여깁니다. 세계 무역에서도 먼저 계약을 하고 그것을 완벽히 지키므로 신용을 얻은 민족입니다. 전능하신 하나님도 일단 계약부터 하고 나머지를 이루시는 분이십니다. 그분은 아브라함에게 후손에 대해 계약하셨고 인간의 힘으로는 도저히 불가능한 것을 기적적으로 이루어 주셨습니다.

베드로가 믿음으로 물위를 한 걸음 내딛자 계속 걷게 된 것처럼 내가 믿음으로 계약한 것들에 대해서도 전능하신 하나님이 끝까지 다 해내도록 도우셨습니다. 나는 크게 성공했습니다.

"그래도 두 번은 계약금을 잃었잖아요?"

그 정도는 괜찮다고 생각합니다. 별로 속상하지도 않습니다.

아무것도 시도하지 않는 사람은 아무것도 잃을 것이 없겠지만 또한 아무것도 얻을 것이 없습니다. 죽을 때까지 그 자리에 머물게 됩니다. '형편이 안 돼'라고 생각하며 미루다 보면 값은 계속 뜁니다. 일단 계약해서 가격을 잡아 놓고 나머지를 만들면 됩니다. 그럴 능력이 나와 당신에게 충분히 있습니다.

집과 땅을 살 때, 옷과 가구를 살 때, 자동차와 보석을 살 때, 여행을 갈 때, 고급 식당에 갈 때 일단 계약을 해야 합니다. 결혼할 때도 지금 형편이 안 된다고 미루지 말고 일단 약혼부터 해야 합니다. 책쓰기, 강연학교, 1인 출판사 설립도 일단 계약부터 하고 나머지를 만들면 쉽습니다. 내일로 미루지 말고 오늘 계약하십시오.

일단 계약을 하면 확정된 것이며 하나씩 일이 척척 진행됩니다.

당신은 지금 무엇을 원하고 있습니까? 책쓰기와 강연, 1인 출판사 설립학교에 등록하는 일을 내일로 미루지 말고 지금 당장 전화를 걸어 계약하고 잔금을 준비하십시오. 그러면 계약한 그것이 당신의 것이 됩니다. 이것이 원하는 것을 당신의 것으로 만드는 비결입니다. 내일로 미루지 말고 오늘 실천하십시오.

책쓰기와 강연, 1인 출판사로 인생 2막을 열라. 제 2 부

책쓰기와 강연, 1인 출판사 설립으로 당신의 인생 2막을 열어라

당신은 자신의 특정 분야에서 고수의 위치에 있습니까?

나는 럭셔리한 작가와 강연가, 사업가로 하루에 세 시간 정도만 재미있게 일하는데 원하는 저술과 강연, 출판사 설립과 운영, 억대 수입, 벤츠와 아파트 등을 다 얻었습니다. 어떻게 그것이 가능했을까요? 천재적인 방법을 알고 하기 때문입니다.

당신도 나처럼 천재적인 원리와 방법을 알면 하루에 세 시간만 일하고도 얼마든지 원하는 실력을 다 갖출 수 있고 특정 분야에 세계적인 인물이 될 수 있습니다.

세계적인 인물은 최고의 코치를 두었다. 천재코치 김열방을 만나라

　세계적인 작가와 강연가, 사업가와 예술가들은 모두 천재코치를 두고 그에게 천재적인 방법을 배웠습니다. 그랬기 때문에 잠을 푹 잔 후 최상의 컨디션으로 하루에 세 시간만 일해도 타의 추종을 불허하는 아티스트의 위치에 올랐고 억대 수입을 올리며 평생 부요하고 건강하고 행복한 삶을 살 수 있었던 것입니다.
　당신에게는 그런 천재코치가 있습니까?
　"코치가 왜 필요합니까? 그냥 혼자 열심히 하면 되지 않나요?"
　그렇지 않습니다. 공부든 운동이든 음악이든 책쓰기든 코치 없이 무작정 하루 세 시간만 자고 스물한 시간씩 죽도록 땀 흘리며 노력한다고 되는 것이 아닙니다. 세계적인 인물들은 최고의 코치를 두었습니다. 그 코치에게 몇 마디 조언을 듣고 연습했기 때문에 하루에 세 시간만 일하고 마음껏 놀아도 세계 최고의 자리에 오를 수 있었습니다. 당신도 천재코치인 김열방을 만나십시오.
　모차르트(Wolfgang Amadeus Mozart, 1756~1791)는 다섯 살에 작곡을 시작했고 여덟 살에 피아노와 바이올린을 능숙하게 연주했습니다. 그는 평생 수백 곡을 지었습니다. 그가 혼자만의 천재성으로 그렇게 된 것이 아닙니다. 그에게 최고의 코치가 있었는데 바로 그의 아버지 레오폴트 모차르트였습니다. 그는 작곡가이자 연주가였고 교육자로도 유럽에 명성이 자자했습니다. 그는 모차르트가 세 살 때부터 작곡과 연주를 매일 규칙적으로 하게 했고 그것이 혼자만의 습관으로 굳어질 때까지 철저하게 코치했습니다.

모차르트는 말했습니다.

"사람들은 내가 다른 이들에 비해 쉽게 작곡하고 연주한다고 함부로 말하는데 실제로는 그렇지 않다. 아마 나만큼 많은 시간과 생각을 작곡에 바치는 사람은 없을 것이다. 나는 유명한 작곡가의 음악을 수십 번에 걸쳐 꼼꼼하게 연구하고 집중적으로 연습했다. 아버지는 나를 혹독하게 코치했다. 어느 날부터는 아버지가 피아노 앞에 앉아 연습하라는 말을 하지 않아도 스스로 연습하게 되었다."

신은 재료만 줍니다. 그것으로 럭셔리한 작품을 만드는 것은 인간이 해야 할 일입니다. 코치는 정확한 방법과 기술을 가르치고 제자는 규칙적인 연습과 반복을 통해 친숙과 익숙을 넘어 능숙의 단계까지 가야 합니다. 이 두가지만 있으면 반드시 성공합니다.

"나에게는 그렇게 코치해 주는 천재 아버지가 없는데요."

없으면 어떻게든 찾아야 합니다. 그리고 찾아가 만나야 합니다.

유럽의 종교 개혁자이자 신학자였던 마틴 루터(Martin Luther, 1483~1546)는 자녀 교육에 대해 이런 말을 했습니다.

"아버지가 살아 있을 동안 자식에게 해 줄 수 있는 일은 몇 가지로 한정되어 있다. 그 중에 가장 긴급하고 중대한 일은 아이가 무엇이 되고 싶어 하는지를 빨리 파악하고 그에게 가장 적합한 교사를 찾아가 땅바닥에 무릎을 꿇고 엎드려 아이를 부탁하는 것이다."

천재적인 이 책을 읽고 천재코치 김열방을 만나 정식으로 코칭과정에 등록하십시오. 그동안 제자리걸음하며 머물렀던 수재와 영재의 위치와 영역을 넘어 천재의 위치와 영역에서 크게 성공하게 됩니다. 책쓰기와 강연, 1인 출판사 설립은 천재코치를 만나 천재적인 방법만 배우면 쉽고 재미있고 즐겁습니다. 그런 만남을 통해 당신을 막고 있는 거대한 장벽이 무너지고 큰 성공을 거두게 될 것입니다. 책쓰기든 강연이든 사업이든 예술이든 외국어를 습득하는 것이든 돈을 버는 것이든 방법만 알면 쉽고 재미있습니다.

인생의 모든 공부는 정신없이 푹 빠져드는 게임과 같습니다. 그러면 자동으로 그것을 즐기며 큰 성과를 올리게 됩니다. 수십 년 동안 해도 안 되는 것들이 한 달 만에 자동으로 다 열리고 다 됩니다. 모든 것을 심각하게 생각하지 말고 재미있게 즐겨야 합니다.

당신은 지금 어떤 길을 걷고 있습니까?

나는 바보와 범재와 수재와 영재의 길을 벗어나 천재의 길을 걷고 있습니다. "나는 천재다"라고 말하며 천재처럼 행동합니다.

천재로 인정받는 길은 아주 쉽습니다. 책을 쓰고 강연하며 억대 수입을 올리면 그것이 모든 사람이 인정하는 천재의 길입니다.

"나에게도 그것이 가능할까요?" 물론 그렇습니다. 결코 어렵지 않습니다. 그 길만 알면 아주 쉽고 누구나 가능합니다. 대중들이 걷는 길이 아닌 전혀 다른 수준의 천재적인 길이 있습니다.

세계적인 인물들은 대부분 작가와 강연가, 사업가의 길을 걸었다

세계적인 인물들은 대부분 작가와 강연가와 사업가의 길을 걸었습니다. 미국의 한 정치가는 은퇴 후에 책을 쓰고 강연을 하기 시작했습니다. 그는 고액의 강사비를 받았는데 자그마치 10년 만에

500억을 벌었습니다. 한 시간 강연에 1억을 받았던 것입니다. 그는 현재 해마다 수백만 명에게 연설을 하고 강사비를 받고 있습니다.

앤드류 카네기는 강철 사업을 했고 자서전을 집필했습니다.

어릴 때 그는 야간학교를 다녔지만 책을 읽는 것을 좋아했기 때문에 독서량이 엄청났으며 불어와 라틴어도 공부했습니다. 사업에 크게 성공한 그는 돈을 많이 벌어 1억 2천만 달러를 기부해 카네기 재단을 세워 많은 자선사업을 했습니다.

당신도 회사를 차려 큰돈을 벌어야 합니다. 회사를 차리십시오. 그래야 돈을 벌게 되고 구걸하는 위치에서 구제하는 위치로, 기부 받는 위치에서 기부하는 위치로 옮기게 됩니다. 돈 몇 푼 얻겠다고 돈 있는 사람들의 눈치를 보는 거지같은 삶을 살지 말고 원하는 것을 마음껏 하며 사는 대부호의 삶을 살아야 합니다.

당신은 당신의 이름과 얼굴이 박히고 당신의 스토리와 깨달음이 담긴 책을 써내 천재작가와 강연가, 그리고 1인 기업가로 퍼스널 브랜딩(Personal Branding)해야 합니다. 그러면 다른 것은 저절로 따라옵니다. 나는 그렇게 했고 원하는 것을 다 얻었습니다.

나의 둘째 아들 김추수는 나에게 책쓰기와 강연 코칭을 받았습니다. 그 후 3일 동안 컴퓨터 자판을 두드려 30쪽 분량의 원고를 썼고 그것으로 〈원하는 것을 얻으려면 지금 저질러라〉는 300쪽짜리 공동 저자 책을 17세에 출간하게 되었습니다. 그 다음 18세에 혼자 집에 앉아 한 달 동안 정신없이 책을 썼고 270쪽짜리 〈십대에 책을 써내라〉는 단독 저서를 출간해서 퍼스널 브랜딩을 했습니다. 그 결과 지금은 19세인데 원하는 수입을 다 올리고 있습니다.

똑똑하고 잘난 체하는 남편에게 평생 무시당했던 80세의 한 할머니가 나와 공동 저자로 책을 한 권 써냈습니다. 그 책을 읽은 수많은 사람들이 변화되고 있습니다. 그는 평범한 동네 할머니에서 작가 선생님의 위치로 옮겼습니다. 당신이 여자라면 무엇을 해야 할까요? 나는 당신에게 분명히 말합니다.

"여자라면 만사를 제쳐 두고 책부터 써내라. 작가와 강연가, 사업가의 길을 가라. 책을 써내면 평범한 동네 아줌마에서 작가 선생님으로 신분이 상승하게 된다. 남편이 당신의 내면 가치를 알아보고 존중할 것이며 자녀는 책을 써낸 엄마를 자랑할 것이다."

동네 아줌마들과 카페에 모여 수다 떠는 일은 이제 그만하십시오. 돈을 받고 군중들 앞에서 공인된 수다를 떠는 프로 강사의 길을 가십시오. 강사가 되기 위해서는 책을 써내야 합니다. 왜냐고요? 당신의 이름과 얼굴이 박힌 책을 써내는 것이 전문가로 인정받는 가장 빠르고 쉬운 최고의 길이기 때문입니다.

무엇보다 책을 써내는 것은 당신의 분신을 만드는 것입니다. 그 분신을 통해 당신의 삶과 깨달음을 수천수만 명의 사람들에게 전할 수 있습니다. 당신은 혼자 카페에 앉아 커피를 마시며 책을 읽고 남편과 공원을 산책하고 아이들과 집에서 뒹굴며 드라마를 보고 있더라도 당신의 분신인 책은 펄떡거리는 심장을 갖고 전국과 세계를 날아다니며 당신 대신 사람들을 만나 당신의 깨달음을 전달할 것입니다.

책을 내는데 시간이 필요하다면 잠을 자지 않고서라도 만들어야 하며 비용이 필요하다면 집과 땅, 차와 겉옷, 패물을 팔아서라도 만들어야 합니다. 나는 그렇게 했습니다. 한 달 동안 밤새워 가며 책을 썼고 가장 힘들 때 내가 가진 전부를 투자해 책을 써냈습니다. 나는 지금도 이 일이 막중하므로 하루 중 가장 먼저 책을 읽고 깨달음을 얻고 즉시 책을 쓰는 일부터 합니다. 매일 오전에 세 시간 정도 책을 씁니다. 컴퓨터를 켜면 자동으로 자판을 두드리며 책을 씁니다. 당신이 만사를 제쳐 두고 책을 써내야 하는 것은 하나님의 절대적인 명령입니다. "이제 가서 백성 앞에서 기록하며 책에 써서 후세에 영원히 있게 하라."(사 30:8)

책을 써내면 당신의 인생이 크게 성장하고 발전한다

당신은 한번뿐인 소중한 인생을 어떻게 살 것입니까?
"김열방 목사님은 인생 이야기를 많이 하시네요?"
그렇습니다. 나는 인생 이야기를 많이 합니다. 나는 내 인생에 대해서도 진지하게 생각하고 경영하며 나를 만난 모든 사람의 인생에 대해서도 소중하게 여기며 올바르게 경영하도록 돕습니다. 다시는 돌이킬 수 없는 인생, 하나님이 선물로 주신 단 한번뿐인 소중한 인생을 함부로 허비해서는 안 되기 때문입니다.

돈보다 소중한 것이 시간이요 사람에게 시간은 곧 그 사람의 인생과 같습니다. 어떤 사람에게는 인생이 황홀하지만 또 어떤 사람에게는 그 인생이 비참하기 그지없습니다.

당신은 지금 이 책을 읽으며 앞으로 왕족의 삶을 살 것인가 아니면 노예의 삶을 살 것인가를 선택해야 합니다. 인생은 선택한 대로 그 길을 쏜살같이 달려가게 됩니다.

오늘 아침에 나와 공동 저자로 책을 써낸 지방의 한 작가님과 전화 통화를 했습니다. 그분이 내게 밝은 목소리로 말했습니다.

"천재 목사님을 만나 제가 책을 써내게 되었습니다. 먼저 하나님께 모든 영광을 돌리고 김열방 목사님께도 감사의 말을 전합니다."

나는 그분에게 "내 평생에 가장 잘 한 일이 29세부터 지금까지 수많은 책을 써낸 것이며 작가님도 시간과 비용을 투자해 나와 함께 공동 저자로 책을 써낸 것이 가장 잘 한 일입니다. 정말 대단한 일을 해냈습니다"라고 칭찬과 격려의 말을 해주었습니다. 전화를 끊은 후 즉시 문자를 보내 책 출간의 유익에 대해 말했습니다.

"책을 한 권 써내는 것은 교회를 수천 개 세우고 선교사를 수천 명 파송하는 것과 같다. 책은 수천수만 나의 분신이 되어 내 대신 전국과 세계를 날아다니며 복음을 전한다. 천재멘토 김열방."

당신도 시간과 비용을 투자하여 만사를 제쳐 두고 김열방과의 공동 저자로 책부터 써내십시오. 그리고 단독으로 저서를 써내 퍼스널 브랜딩 하여 억대 수입을 올리십시오. 당신의 이름과 얼굴이 박힌 책이 나오면 당신의 인생이 완전히 달라집니다. 모든 사람이 존경하는 작가와 강연가의 길을 걷게 되며 1인 출판사를 세우면 사업의 문이 저절로 열리고 평생 현역으로 살게 됩니다.

인생은 단 한번뿐입니다. 실수와 실패를 반복하며 인생을 허비하지 말아야 합니다. 그리고 했던 일을 자꾸 반복하지 말아야 합니다. 나는 한번 했던 설교를 다시 하지 않습니다. 부흥회도 했던 말을 하고 또 해야 합니다. 그것은 내 인생을 허비하는 것입니다.

일주일에 한번씩 2박 3일의 부흥회를 나가면 1년 52주 동안 52개 교회에 가서 복음을 전하게 되고 일주일에 두 번씩 나가면 1년에 100개 교회에만 복음을 전하게 됩니다. 그래서는 끝도 없습니다. 이제 나는 개 교회 부흥회는 잘 나가지 않고 100개, 200개 교회를 대상으로 하는 연합 집회에 주 강사로 가서 1년치 부흥회를 한번에 끝냅니다. 외부 강연 스케줄은 1년에 한번만 잡습니다.

빽빽한 스케줄을 좋아하는 사람은 노예 마인드를 가진 사람입니다. 그렇게 밤낮 미친 듯이 뛰어다니는 것은 사람의 피를 말리는 힘든 일이고 에너지를 소진하여 빨리 죽게 만듭니다. 매일 몇 시간씩 운전해서 집회 장소에 도착하고 환기가 잘 되지 않는 모텔이나 호텔에서 잠을 자고 첨가물이 섞인 식당 음식으로 배를 채우면 빨리 죽습니다. 하루에 6~7시간씩 강연하여 입술 주변은 벌겋게 부르트고 잠을 제대로 못 자 과로가 순식간에 돌더미처럼 쌓입니다.

그렇게 해서 많은 사람들에게 복음을 전하고 고액의 강사비를 받아도 강사인 내가 과로로 빨리 죽게 되면 소용없습니다. 어제 하던 방식을 끝내고 새로운 방식을 시도해야 합니다. 어떻게 해야 할까요? 일을 최대한 줄이고 효과와 수입은 극대화해야 합니다.

당신 대신 당신의 분신이 사람들을 만나 영업하게 하라

나는 모든 것을 자동화시켰습니다. 자동화로 쉽게 일합니다.

나는 날마다 행복합니다. 왜 행복할까요? 자동으로 모든 것이 돌아가게 해 놓았기 때문입니다. 일주일에 한번만 설교하고 상담합니다. 어떻게 그것이 가능했을까요? 궁금하지 않나요?

첫째, 나는 책을 써내므로 나의 분신을 많이 만들었습니다.

내 대신 내가 쓴 책들이 나의 분신이 되어 전국과 세계를 날아다니며 사람들을 만나고 전도하고 선교하고 교육하고 훈련하고 상담합니다. 내가 경험하고 깨달은 것을 책에 고스란히 다 담았기 때문에 그 책들이 내 대신 사람들을 만나고 동기부여를 합니다.

수많은 독자들이 서점에서 내 책을 사서 읽습니다.

내 책을 산다는 것은 내 책을 만난다는 말이며, 내 책을 읽는다는 것은 저자인 나를 만난다는 말과 같습니다. 어떤 책을 만나 어떤 저자와 대화를 나누느냐에 따라 인생이 크게 달라집니다. 내 책을 만난 사람들은 그 책을 통해 나를 만나게 됩니다. 내 말과 글이 곧 나이기 때문입니다. 말과 글은 그 자체로 강력한 힘이 있습니다. 당신도 지금 내 책을 통해 나를 만나고 있습니다.

말씀이 육신이 되어 우리 가운데 거하신 분이 곧 예수 그리스도입니다. 그처럼 내 말이 책이 되어 독자들 가운데 거합니다. 독자들은 내 책을 통해 나 김열방을 알게 되고 내가 만난 예수 그리스도와 그가 십자가에 못 박히신 복음에 대해 명확히 깨닫게 됩니다. 내 책을 읽은 사람마다 커다란 변화를 경험했습니다.

내 책은 혁명을 일으킵니다.

나는 지금 책상에 앉아 책을 쓰고 있지만 내가 쓴 책들은 수십만의 분신이 되어 내 대신 사람들을 만나고 있습니다. 그들의 영혼을 만져 구원하고 그들의 몸을 치료하고 그들의 낙심한 인생을 회복시킵니다. 당신도 혼자 앉아 책을 써내므로 당신의 분신을 많이 만드십시오. 강연을 하되 1년에 몇 번만 하십시오. 빽빽한 스케줄을 좋아하지 마십시오. 겉으로 드러나는 유명세를 피하고 실속을 챙기십시오. 그래야 오래 살고 오래 일합니다.

나는 일주일에 한번만 강연하고 그 외에 모든 일은 자동화시켜 놓았습니다. 일주일에 한번만 몰아서 상담을 합니다. 상담도 대부분의 사람들에 대해서는 거절하고 꼭 만나겠다고 여러 번 요청한 사람에 대해 한두 명 정도만 특별히 선택해서 상담합니다. 그 외의 많은 사람들에 대한 상담은 내 책이 대신 합니다.

당신도 궁한 마음으로 아무나 마구 만나지 말아야 합니다. 쉽게 만날 수 있는 사람이 되면 그들에게는 일시적으로 착한 사람, 좋은 사람으로 보일지 몰라도 당신의 인생은 헐값에 다 날아갑니다.

나는 식사 대접도 함부로 받지 않습니다. 내가 먹고 싶은 것이 있으면 내 돈으로 사 먹으면 그만입니다. 식사 대접을 받으면 두세 시간이 금방 흘러가 버립니다. 밥 한 그릇 얻어먹으면서 굽실거려야 합니다. 대접 받으면 마음대로 자리에서 일어날 수 없습니다.

내가 가난할 때는 의식주에 대한 비용 때문에 사람들에게 많이 매였지만 지금은 내 스스로 모든 것을 해결할 정도로 부가 넘칩니다. 당신도 의식주 문제로 사람들에게 매이지 않으려면 돈이 있어야 합니다. 어떻게든 원하는 돈을 직접 벌어 생활하며 자립해야 합니다. 돈이 없어도 마음에서 자족해야 합니다.

의식주 문제를 자족하지 못하면 큰 사람이 될 수 없습니다. 먹는 것, 입는 것, 자는 것에 대해 초연하십시오. 누가 밥을 사주겠다, 옷을 사주겠다, 집을 사주겠다, 차를 사주겠고 해서 들뜬 마음으로 그를 좇아가지 말아야 합니다. 그런 것에서 완전히 자유를 얻어야 합니다. 하나님만 바라보면서 그분이 최고의 것으로 모든 것을 채워 주신다는 믿음으로 살아야 합니다.

아무나 범접하기 힘든 카리스마적인 인물이 되라

당신은 자동화 시스템에 대해 아십니까?

하나님은 태초에 천지 만물을 창조하실 때 자전과 공전 기능을 통해 모든 것이 자동으로 돌아가도록 자동화시켜 놓으셨습니다. 인간들의 삶에 대해서도 그들이 기도로 요청한 것에 대해서만 꼭 필요할 때 개입하십니다. 인간에게도 두뇌에 지혜와 총명을 주셔서 많은 것을 스스로 알아서 해결하게 하신 것입니다.

하나님은 범접하기 힘든 분입니다. 그분의 존재가 신비한 분위기에 둘러싸여 은밀히 감추어져 있기 때문에 변함없이 신으로서의 위엄과 존귀와 영광을 지키는 것입니다. 야고보서 1장 17절에 "온갖 좋은 은사와 온전한 선물이 다 위로부터 빛들의 아버지께로부터 내려오나니 그는 변함도 없으시고 회전하는 그림자도 없으시니라"고 했습니다.

하나님의 자녀인 우리도 하나님 아버지처럼 범접하기 힘든 신비한 카리스마적인 존재로 살아야 합니다. 그래야 몸값이 높아집니다. 당신은 자신의 존귀한 몸을 노예나 하녀처럼 천박하게 내돌리지 말아야 합니다. 아무나 범접할 수 없는 두렵고 까칠한 사람이 되어야 합니다.

당신도 하나님처럼 모든 일을 자동으로 돌아가게 하라

당신의 인생 목표는 무엇입니까? 많은 사람들이 일평생 땀 흘려 거대한 기업을 세우고 회장이 되어 그 기업의 꼭대기에 올라앉으면 행복할 거라고 생각합니다. 그것은 큰 착각입니다.
"내가 대기업 회장이 되면 행복할 거야."
그 꼭대기에 앉아 있으면 정말 행복할까요? 아닙니다. 정말 지혜로운 사람은 그 꼭대기에서 조용히 빠져나옵니다. 그리고 대표이사 곧 최고 경영자(CEO)를 세우고 그들이 모든 것을 대신 경영하게 만듭니다. 중대한 일만 보고를 받고 결정 내려 사인할 뿐입니다. 사소한 것들은 CEO가 대신 사인하게 합니다. CEO는 월급 사장입니다. 이사장은 월급 사장에게 사소한 일을 맡기고 그 기업체에서 밖으로 빠져 나와 자유를 만끽하며 마음껏 여가를 즐깁니다.
대학교 총장을 부러워하지 마십시오. 그는 대학교의 꼭대기에 앉아 있는 최고 경영자 곧 CEO입니다. 그는 단정한 자기 얼굴을 여기저기 내밀며 학교를 홍보합니다. 수많은 기업가들을 만나 자기 대학교에 기부해 달라고 요청합니다. 학생 회장단을 만나 어떤 심각한 요구에 대해 진지하게 설득하며 협상하기도 합니다. 대내

외적으로 강연도 합니다. 그들은 겉으로 보기에는 고급 승용차를 타고 다니며 멋있어 보이지만 결국 월급 사장에 불과합니다. 천재 이사장이 자기 말을 잘 듣는 수재들 중에 한 명을 세워 놓고 '골치 아픈 4D 일'을 맡긴 것입니다.

골치 아픈 4D 일은 단순히 육체적인 것만 아닌 정신적으로 힘들고(difficult) 더럽고(dirty) 위험하고(dangerous) 미래에 꿈이 없는(dreamless) 일을 통틀어 가리킵니다. 총장은 이사장 대신 더럽고 힘들고 위험하고 꿈이 없는 일을 도맡아 해야 합니다. 조그마한 실수에도 책임을 진다는 명분 아래 하루아침에 해고됩니다. 진짜 책임자는 이사장인데 이사장 대신 총장이 책임지고 해고됩니다.

대학교 총장, 대기업 사장단, 그리고 수많은 공무원이 그렇습니다. 이사장은 얼굴을 내밀지 않습니다. 졸업 앨범 맨 앞장에만 크게 얼굴이 실려 있습니다. 학생들이 이사장을 만날 일은 1년에 한 번 정도입니다. 그런 이사장이 무슨 일을 합니까? 자동으로 다 돌아가게 하고 거기에서 빠져나와 혼자만의 시간을 가집니다.

우리 인생의 목적은 꼭대기에 올라서는 것이 아닙니다. 그 꼭대기에 있는 사람들은 행복하지 못합니다. 수많은 사람들이 꼭대기에 올라서기 위해 피 터지게 경쟁하고 있습니다. 몇 년에 한번씩 총장 투표를 합니다. 총장이 되기 위해 서로 물고 뜯고 싸웁니다. 기업체 사장단도 마찬가지입니다. 정말 지혜로운 사람은 그곳에서 빠져나옵니다.

모든 것을 내가 없어도 자동으로 돌아가게 만듭니다. 자동화 시스템을 만들어야 합니다. 식당이건 카페건 학원이건 모두 자동화시켜야 합니다. 스타벅스는 카페에 주인이 없습니다. 지점장만 있습니다. 주인이 없어도 자동으로 돌아가게 만든 것입니다.

예전에 지방의 한 카페에 가니 여주인이 앉아 있었습니다. 그가 커피를 타지 않고 모두 직원이 합니다. 그런데도 자기가 출근하지 않으면 불안해서 못 견디는 것입니다. 매일 출근해서 직원들에게 잔소리하고 또 돌아다니면서 직접 청소하는 것을 보았습니다.

식당도 사장이 출근하지 않으면 안 돌아가는 곳이 있습니다.

노예 마인드와 하녀 마인드를 가진 사람이 회사에서 은퇴하면서 퇴직금으로 창업하여 주인이 된 것입니다. 꼴불견입니다. 마인드가 바뀌지 않으면 똑같습니다. "세상을 진동시키며 세상이 견딜 수 없게 하는 것 서넛이 있나니 곧 종이 임금 된 것과 미련한 자가 음식으로 배부른 것과 미움 받는 여자가 시집 간 것과 여종이 주모를 이은 것이니라."(잠 30:21~23)

노예 마인드를 가지고 조금 더 큰 자기만의 직장을 다시 만들었을 뿐입니다. 대기업, 공무원, 대학교, 수많은 곳에서 근무하다가 50대에 은퇴를 한 다음 퇴직금 받은 2, 3억에 은행 대출을 받아 5억 정도를 만들어 카페를 차리고 거기에 자기가 근무합니다.

자기의 돈을 투자해서 자기만의 직장을 만들었는데 거기에서 흑자를 보지 못하고 망하는 경우도 많고 또 매일 새벽부터 밤늦게까지 일하지만 천만 원 매출에 실제 거두는 순수입은 100만 원 정도밖에 안 되니 겨우 먹고 삽니다. 봉급자 마인드를 그대로 가지고 일하면 죽을 때까지 노예와 하녀의 수준을 못 벗어납니다.

하나님은 우리에게 그렇게 살라고 말씀하지 않았습니다. "모든 것을 자동으로 돌아가게 만들고 너희들은 그곳에서 빠져나와라. 왕과 왕비처럼 멋있고 우아하게 살며 인생을 즐겨라"고 하십니다.

나는 모든 것을 자동으로 돌아가게 만들어 놓았기 때문에 정말 행복합니다. 교회도 출판사도 내가 없어도 모두 자동으로 돌아갑니다. 나는 하나님이 정한 것 이외에는 모든 모임과 프로그램과 훈련을 없앴습니다. 하나님은 인간에게 굴레를 씌우지 않으십니다.

사람이 정한 잘못된 기준들이 굴레를 씌웁니다. 율법주의 프로그램이 멍에를 씌웁니다. 신앙생활은 훈련과 프로그램이 아닌 믿음입니다. 하나님은 "안식일을 기억하여 거룩히 지키라. 6일 동안은 네 모든 일을 힘써 하라"고 명하셨습니다.

그분은 다른 수많은 모임을 만들지 않으셨습니다. 간역자들이 노예를 부리기 위해 만든 수많은 규정과 조항들, 잘못된 기준들은 다 없애야 합니다. 성경으로 돌아가야 합니다. 주일을 성수하고 6일 동안은 자기 사업에 충실하고 가정을 돌봐야 합니다.

내가 섬기는 서울목자교회는 어떤 교회일까요? 첫째, 세상에서 가장 행복한 교회입니다. 둘째, 나 김열방이 다니고 싶은 교회입니다. 내가 정말로 다니고 싶은 교회는 이런 교회, 곧 내가 성령님과 함께 개척하여 세운 지금의 서울목자교회입니다.

베스트셀러는 한번 대박이고 럭셔리셀러는 매일 대박이다

지금까지 산 책 중에 가장 비싼 책은 어떤 책입니까?

작가가 써낸 책 중에는 몇 가지 종류가 있습니다.

첫째, 베스트셀러(Best Seller)가 있습니다. 베스트셀러는 급격히 판매량이 증가한 소비자들에게 인기 있는 책을 말합니다. 출판사에서 1만 원짜리 책을 수천 권 찍어서 팝니다.

지금은 할인을 많이 못하게 법으로 정했지만 예전에는 출간된 지 며칠 지나면 50퍼센트 할인해서 5000원에 팔곤 했습니다. 베스트셀러를 만들기 위해 출판사 직원들이 열심히 뛰어다닙니다. 엄청난 광고비를 쏟아 붓습니다.

하지만 저렴한 책들은 많이 팔릴수록 출판사는 더 큰 적자가 납니다. 실제로 얻는 것은 없습니다. 단지 출판사 이름만 날릴 뿐입니다. 그래서 출판사는 은행에서 운영 자금을 또 대출받습니다.

출판사들이 어떻게든 베스트셀러를 만들려고 혈안이 되어 있습니다. 그래서는 답이 없습니다. 베스트셀러 제조에 중독되지 말아야 합니다. 겉으로 볼 때는 성공한 것처럼 보이지만 신문 광고비와 출판사 운영비도 안 나옵니다.

그 다음에 스테디셀러(steady seller)가 있습니다. "참 좋은 책이야" 하고 서로에게 추천하기 때문에 꾸준히 팔립니다. 책꽂이에 꽂아 놓고 두 번 세 번 읽습니다. 그런 베스트셀러와 스테디셀러만 있어야 할까요? 나는 럭셔리셀러를 만들었습니다. '럭셔리셀러'란 단어는 내가 만든 것입니다. 전 세계에 아직 없습니다. 내가 하나님께로부터 천재적인 지혜를 받아서 만든 책이 럭셔리셀러입니다.

어디에서 아이디어를 얻었을까요? 야곱이 라반의 집에서 아롱진 양, 점 있는 양, 검은 양을 구별하여 우리에 넣는 것을 보면서 지혜를 얻어 "나도 희귀 종목을 만들어야 되겠다"고 결심했습니다.

어느 시대건 희귀한 것에는 값이 높아집니다. '양'이라고 하면 양고기, 양꼬치만 생각할 것입니다. 하지만 희귀한 양은 애완동물로 키워집니다. 털도 특별한 곳에 사용됩니다.

중국에 한 마리 25억 하는 양이 천 마리나 있습니다. 중국 신장 위구르자치구에서 거래되는 양인데 돌란양(刀郞, Dolan)'입니다. 흰 양이 아닌 검은 양입니다. 중국의 갑부들이 그 희귀 양을 갖고 싶어 하는데 그 이유는 그 양을 한 마리 소유하면 자기 기업이 크게 번성한다고 믿기 때문입니다.

야곱 이야기를 보면 두 가지 내용이 나오는데, 양과 염소입니다. 양 하면 무슨 색깔이 떠오릅니까? 흰 색입니다. 그리고 염소 하면 무슨 색깔이 떠오릅니까? 검은 색입니다. 과연 그것만 있을까요?

하루는 야곱이 라반에게 말했습니다.

"제가 14년간 일했지만 손에 가진 것이 없습니다. 하나님이 저 때문에 외삼촌에게 복을 주셨습니다. 이제는 하나님이 내게 고향으로 돌아가라고 지시하셨습니다. 이곳을 떠나야 되겠습니다."

그때가 언제였습니까? 요셉을 낳고 나서입니다. 요셉은 참으로 복된 아이입니다. 태어나자마자 머슴의 삶을 살던 아버지가 새로운 결단을 했기 때문입니다. 창세기 30장 22~26절을 보십시오.

"하나님이 라헬을 생각하신지라. 하나님이 그의 소원을 들으시고 그의 태를 여셨으므로 그가 임신하여 아들을 낳고 이르되 하나님이 내 부끄러움을 씻으셨다 하고 그 이름을 요셉이라 하니 여호와는 다시 다른 아들을 내게 더하시기를 원하노라 하였더라. 라헬이 요셉을 낳았을 때에 야곱이 라반에게 이르되 나를 보내어 내 고향 나의 땅으로 가게 하시되 내가 외삼촌에게서 일하고 얻은 처자를 내게 주시어 나로 가게 하소서. 내가 외삼촌에게 한 일은 외삼촌이 아시나이다."

야곱이 요셉을 낳았을 때 고향으로 가겠다고 말한 것입니다.

라헬이 "부끄러움을 면했다"고 말했습니다. 자신의 수치를 하나님이 씻어 주셨다고 한 것입니다. 이것이 무슨 말일까요?

아이가 없었는데 그것을 하나님이 아시고 긍휼을 베푸사 아이를 낳게 해 주셨다는 것입니다. 여인이 겪는 가장 큰 부끄러움은 아기를 가지지 못하는 것입니다.

당신은 무엇 때문에 큰 부끄러움을 당하고 있습니까? 아이가 없어서, 집이 없어서, 차가 없어서 부끄러움을 당하고 있습니까? 야곱처럼 회사가 없고 직원이 없어서, 억대 수입을 올리지 못해서 부끄러움을 당하고 있습니까? 무엇인가 당신에게 없는 것이 있을 것입니다. 방언을 받지 못해서, 병 고침을 받지 못해서, 다들 좋은 차를 타고 다니는데 차가 없어서 부끄러움을 당할 수 있습니다.

아들아, 너는 책쓰기와 강연, 1인 출판사를 통해 20대에 벤츠를 타라

야곱과 라헬이 아기를 가졌을 때 어떤 생각을 했습니까?

"나는 14년 동안 노예로 이렇게 라반의 집에서 추위와 더위를 무릅쓰고 밤낮 이리와 싸우며 양떼들을 지켰는데 내 아들은 이렇게 살게 하면 안 되겠다. 내가 끝난 지점부터 아들이 시작하게 하고 나보다 백배나 더 나은 아름답고 멋진 인생을 꾸리게 해야겠다."

나도 그렇습니다. 나는 부모님처럼 살지 않기로 결단했습니다. 나는 아버지와 어머니를 존경합니다. 두 분 다 하나님을 경외하며 성실하고 정직하게 살아오셨습니다. 정말 자녀인 우리 삼형제를 믿음으로 잘 키우셨습니다. 하지만 부모님은 많은 저축을 하거나 크게 사업을 경영하지는 못하셨습니다. 그분들은 믿음의 터만 닦으셨을 뿐입니다. 지금은 내가 그 터 위에 우리 동네에 있는 123층짜리 제2롯데월드처럼 거대한 제2의 인생 빌딩을 지어 올리고 있습니다. 나는 나의 네 명 아이들에게 이렇게 말합니다.

"아빠는 성공적인 삶을 살았다. 하지만 너희들은 이 아빠처럼 밑바닥에서부터 출발하여 모든 것을 개척하는 삶을 살지 마라. 아빠가 끝난 점부터 시작하고 아빠보다 백배나 더 크게 성장해야 한다. 아빠를 따라 하는데서 머물면 안 된다. 아빠가 20대에 책을 써냈다면 너희들은 10대에 책을 써내고 아빠보다 더 큰 인물이 되어야 한다. 아빠가 산을 뚫어 고속도로를 만들어 놓았으니 너희들은 쾌속, 고속, 초고속으로 그 길을 마음껏 달려라."

나는 다른 모든 것에 대해서도 그렇게 말해 줍니다.

"아빠가 40대에 집을 샀다면 너희들은 20대에 집을 사야 한다. 아빠가 40대에 벤츠를 몰았다면 너희들은 20대에 벤츠를 몰아야 한다. 아빠가 40대에 억대 수입을 올렸다면 너희들은 20대에 억대 수입을 올려야 한다. 모두 쉽고 얼마든지 가능하다."

실제로 아이들이 그렇게 살고 있습니다. 첫째 아들은 21세인데 책을 한 권 써냈고 사업 코칭을 하며 벤츠를 몰고 있습니다.

"이제 겨우 스무 살인데 벤츠를 몰면 되나요? 교만해지거나 겉멋만 들어 아이의 미래를 망치지는 않을까요?"

자기가 돈을 벌어 자기가 차를 사서 몰고 다니는데 무슨 상관입니까? 나는 얼마 전에 한 청년이 이렇게 말하는 것을 들었습니다.

"제가 아버지에게 벤츠 S클래스로 운전 교육을 받았는데 처음부터 그렇게 비싼 차를 모니까 점잖게 운전하는 습관이 들었어요. 그래서 오히려 거칠게 운전하여 큰 사고를 내는 경우가 없어요."

하나님의 자녀는 하나님의 영광이 덮고 있습니다. 영광은 '무겁다'는 의미입니다. 그러므로 사람은 처음부터 무게 있는 삶을 살아야 하고 어릴 때부터 밑바닥이 아닌 일류를 경험하며 커야 합니다. 그래야 나중에도 그런 삶을 살게 됩니다.

어릴 때 밑바닥을 경험하면 늙어서도 밑바닥을 기는 경우가 많습니다. 대부분의 사람들은 어떻게든 어릴 때의 경험으로 다시 돌아가려는 본능이 있기 때문입니다. "젊어서는 사서 고생을 해야 한다"는 말에 속지 마십시오. 젊을 때부터 일류를 경험해야 합니다.

둘째 아들은 20세인데 책을 네 권이나 썼고 책쓰기 코칭을 하며 한 달에 천만 원 이상의 수입을 올리고 있습니다. 그 아이는 더 이상 내가 용돈을 주지 않아도 자기 스스로 많은 수입을 올리고 있습니다. 자기가 갖고 싶은 물건은 자기가 번 돈으로 사면 그만입니다. 그래서 한없이 행복해 합니다. 얼마 전에도 아이가 거실에서 덩실덩실 춤을 추고 함박웃음을 지으며 내게 달려와 말했습니다.

"아빠, 난 너무 행복해. 내 꿈과 소원이 다 이루어지고 있어. 내가 갖고 싶은 것은 내가 돈을 벌어서 사면되니까. 정말 좋아."

그 아이는 자신이 원하는 최고급 사양 컴퓨터를 170만 원 주고 샀습니다. 의자도 키보드와 헤드셋도 모두 자기가 번 돈으로 샀습니다. 나에게 향수와 꽃다발을 선물로 사 들고 와서 말했습니다.

"아빠, 감사합니다. 저를 이렇게 훌륭한 인물로 키워 주셔서요."
"그래, 잘 하고 있다. 너는 아빠보다 백배나 더 멋지게 살 거야."

내가 고속도로를 뚫어 놓았고 아이들은 그 길로 달리기만 하면 됩니다. 이미 길이 있는 곳에는 다시 길을 뚫어야 할 필요가 없습니다. 돈을 버는 것은 방법만 알면 쉽습니다. 책을 쓰고 강연하는 것도 쉽습니다. 세상 모든 것은 방법만 알면 운전면허를 따는 것만큼 간단하고 쉽습니다. 아무리 좋은 차가 있어도 운전하는 방법과 목적지까지 가는 길을 모르면 제자리에 머물러 고생만 합니다.

다들 미쳤다고 말했지만 황당한 꿈이 황홀한 현실이 되었다

양은 흰색이고 염소는 검은 색입니다. 야곱이 말했습니다.
"외삼촌, 양들 중에서 아롱지고 점 있는 것, 검은 것을 제 삯으로 골라내겠습니다. 그리고 염소는 다 검은데 그 중에서 알록달록한 것들, 흰점 있는 것을 제 삯으로 골라내겠습니다."

라반은 그렇게 하라고 해 놓고 막상 그런 양을 야곱에게 삯으로 주려니 아까워서 자기 아들들에게 "그런 희귀한 양들을 모두 사흘 길쯤 떨어뜨려 놓아라"고 단호하게 지시했습니다. 야곱은 희귀한 양들을 통해 거부가 되어 고향으로 돌아가겠다는 꿈을 가졌지만 그 꿈이 이루어질 길이 막혔습니다. 우리는 모두 꿈이 있습니다.

"나도 책을 쓰고 강연하고 싶어."
"나도 하루에 10억씩 벌고 싶어."
"나도 메르세데스 벤츠를 타고 싶어."
"나도 복층으로 된 고급 단독 주택을 사고 싶어."
"나도 크루즈 여행도 하고 세계 일주를 하고 싶어."
"나도 한 번에 백만 명씩 모아 놓고 대형전도집회를 열고 싶어."
"나도 신문사와 방송국도 인수하고 싶어."
"나도 빨리 결혼해서 아이를 네 명 낳고 싶어."
"나도 매일 여유롭게 산책하고 혼자 커피 마시며 책을 읽고 싶어."
"나도 세계적인 대기업 회장들을 만나 큰 거래를 하고 싶어."

사람들은 각자 나름대로 크고 작은 꿈들을 가집니다. 그렇게 꿈을 꿀 때 갑자기 방해물이 생기고 그 꿈이 멀리 떨어지게 됩니다.

"와, 이번에 내가 직장에 취직했어. 한 달에 200만 원 받을 거야"라고 했는데 그 200만 원이란 봉급이 멀리 떨어집니다.

"와, 이번에 이사하게 되었어. 내가 집을 사게 될 거야"라고 했는데 집을 살 수 있는 기회가 사라지고 한번 더 월세로 이사를 가야 할 때가 있습니다. 내가 그랬습니다. 40평짜리 집을 사려고 꾸준히 저축했는데 그때 갑자기 교회를 옮기게 되었고 마음에 헌금하라는 감동이 왔습니다. 집을 살 기회가 사라진 것입니다. 하나님은 우리로 하여금 저축한 돈을 헌금한 후 한번 더 이사해서 월세로 살게 하셨고 우리는 집 사는 것을 거절당했습니다. 그렇게 거절당한 것처럼 보였는데 지나고 나서 보니 하나님이 옳았습니다.

"그 집은 너에게 어울리는 집이 아니야. 더 좋은 집을 줄게."

우리는 집 사는 것을 포기하고 서로에게 이렇게 말했었습니다.

"이제 집 사는 것을 마음에서 내려놓자. 3년 후에나 사자."

그런데 어느 날 전능하신 하나님이 다시 말씀하셨습니다.

"아들아, 일어나 다시 집을 사러 가라."

우리는 식구가 여섯 명이어서 방 다섯 개짜리 집을 사야 했는데 아무리 알아봐도 그런 넓은 집이 없었습니다. 하루는 부동산에서 금방 그런 집이 나왔다고 연락이 왔고 우리는 62평짜리 집을 샀습니다. 기적이 일어난 것입니다. 지금은 그런 집이 세 채나 됩니다.

하나님이 때로 우리에게 어떤 것을 거절하실 때가 있습니다. 사실 하나님이 거절하신 것이 아닙니다. 하나님은 지금도 우리를 인도하고 계십니다. 그분은 우리에게 더 좋은 것을 주고 싶었던 것입니다. 거절은 더 좋은 것을 주기 위해 일어난 과정일 뿐입니다.

"먼저 그 나라와 그 의를 구하면 모든 것을 너희에게 더하겠다."

10년 전에 아내에게 어떤 소원이 있어 돈을 꼬박꼬박 저축하고 있었는데 한 선교사님이 찾아왔습니다. 주님께서 말씀하셨습니다.

"너는 그 돈을 선교사님에게 주어라."

"주님, 그러면 제 소원은요?"

"괜찮다. 그래도 줘라."

그 돈을 주었습니다. 그런데 놀랍게도 하나님이 도저히 인간적으로는 불가능한 그 소원을 직접 이루어 주셨습니다.

15년 전에 교회 운영에 목돈이 필요한 적이 있었습니다. 하나님이 아내에게 또 헌금하라는 감동을 주셨고 아내는 기꺼이 다 드렸습니다. 아내는 가정을 위해 생활비를 한 달에 몇 십만 원밖에 안 씁니다. 하나님이 직접 냉장고를 풍성히 채워 주시기 때문입니다.

5000원이나 만 원만 들고 시장에 가도 푸짐하게 사옵니다. 몇 천 원 주고 부추 한 단만 사도 세 번 정도 맛있게 부침개를 구워 먹습니다. 내 아내는 세계에서 가장 맛있게 부침개를 굽습니다.

실제로 여섯 명 식구가 한 달 동안 먹고 사는데 드는 돈은 3, 40만 원 밖에 안 됩니다. 그런데도 하나님은 우리 가정에 최고의 것들을 넘치도록 공급하십니다. 어떤 사람은 이렇게 말합니다.

"김열방 목사님은 매일 고기를 구워 먹지 않나요?"

그렇지 않습니다. 대부분의 억만장자들이 그러하듯 우리도 소박한 음식을 먹습니다. 고기는 일주일에 한번 정도나 한 달에 두 번 정도만 먹습니다. 그것도 조금만 먹습니다. 우리는 과식하지 않고 소식합니다. 나는 하루에 두 끼만 먹고 양도 조금 먹는 편입니다.

우리는 저축을 많이 합니다. 그런데 하나님께서 그것을 종종 헌금하라고 말씀하십니다. 그럴 때 가슴이 뜨끔한 적이 있습니다. 누구나 그럴 것입니다. 우리는 성령님의 음성을 듣고 순종합니다. 그런데 그때마다 놀라운 일이 생기곤 했습니다. 어떤 경우는 하나님께서 한 달 만에 백배로 복을 주셨습니다.

그렇다고 우리가 백배로 복을 받기 위해 하나님께 무엇을 드린 적은 없습니다. 누가 주께 먼저 드려 갚음을 받겠습니까? 모든 것이 하나님께로부터 온 것입니다. 단지 우리는 주인이신 성령님이 말씀하시면 순종할 뿐입니다. 하나님이 우리를 인도하실 때 더 크고 좋은 길로 안내하십니다.

야곱의 꿈은 멀리 떨어져 나갔습니다. 그 꿈이 사흘 길쯤 멀리 안보일 정도로 사라져 버렸습니다. 하지만 하나님은 야곱에게 초자연적인 기적을 베풀어주기로 계획하셨고 그가 잠잘 때 꿈을 꾸게 하셨습니다. 꿈속에서 나무껍질을 벗겨 개울가에 세워 두고 양들이 거기에 와서 새끼를 배게끔 했습니다. 튼튼한 양들이 아롱진 양, 점 있는 양, 검은 양으로 태어났습니다. 그걸 본 야곱이 잠을 깬 후 똑같이 실천했고 그런 럭셔리 양들을 가지고 무역하여 6년 만에 거부가 되었습니다. 나도 6년만에 거부가 되었습니다.

우리가 잠을 잘 때 꼭 신기한 꿈을 꾸어야 하는 것은 아닙니다. 눈을 뜨고 깨어 있을 때 꿈을 꾸는 것이 더 중요합니다. 하나님이 이 책을 통해 당신에게 뭔가를 말씀하실 때 그것을 새겨듣고 그대로 실천하십시오. 눈을 뜨고 위대한 꿈을 꾸십시오. 희귀 종목으로 사업을 하십시오. 그러면 당신의 인생에 큰 전환이 올 것입니다.

당신 대신 껍질이 벗겨지므로 가난하게 되신 예수님을 믿으라

당신도 화려한 꿈을 꾸기 시작하고 럭셔리셀러를 만드십시오. 그러면 야곱처럼 6년 만에 억대 수입을 올리는 거부가 됩니다. "야곱이 버드나무와 살구나무와 신풍나무의 푸른 가지를 가져다

가 그것들의 껍질을 벗겨 흰 무늬를 내고……."(창 30:37)

야곱은 나뭇가지 껍질을 벗겨서 개울가에 세워 놓았습니다.

버드나무와 살구나무와 신풍나무 등 껍질이 벗겨진 나무는 껍질이 벗겨지신 예수 그리스도를 상징합니다. 예수님께서 우리 대신 껍질이 벗겨지셨습니다. 고린도후서 8장 9절에 "우리 주 예수 그리스도의 은혜를 너희가 알거니와 부요하신 이로서 너희를 위하여 가난하게 되심은 그의 가난함으로 말미암아 너희를 부요하게 하려 하심이라"고 했습니다.

예수님은 우리의 가난을 다 짊어지셨습니다. 우리 가정의 가난을 다 짊어지셨고 자손 천대까지의 가난을 다 짊어지셨습니다. 그분은 우리 동네의 가난을, 우리 도시의 가난을, 우리나라의 가난을, 세계의 가난을 다 짊어지신 분입니다. 이렇게 말해 보십시오.

"예수님이 나의 가난을 다 짊어지셨다. 영원히 짊어지셨다. 그러므로 내가 이 땅에서 가난하게 살아야 할 이유가 전혀 없다. 나는 누가 뭐래도 자동으로 억대 수입을 올리며 아브라함, 이삭, 야곱 같은 대부호의 삶을 살 것이다. 나는 평생 돈 걱정 없이 산다."

그러므로 예수를 구주로 믿는 사람은 부요함에 대해 말해야 합니다. 나를 따라서 이렇게 세 번 말해 보십시오.

"나는 부요하다. 나는 부요하다. 나는 부요하다."

부자에 대한 안 좋은 선입견을 모두 버려야 합니다. 우리는 아브라함, 이삭, 야곱처럼 믿음으로 의롭다 함을 얻은 행복한 부자로 살아야 합니다. "부자는 다 나쁜 거야"라고 말하지 말아야 합니다. 그렇게 부에 대해 부정적이고 소극적인 생각을 가진 사람은 평생 부와 상관없이 가난에 허덕이며 살게 될 것입니다. 자신이 싫어하고 저주하는 것이 자신의 품에 안길 리 없지 않겠습니까? 그것이 와도 자리 잡지 못하고 금방 떠날 것입니다. 인생은 좋아하고 축복하는 것을 얻게 됩니다.

많은 그리스도인들이 부자와 나사로 이야기를 잘못 배워 부자에 대한 오해를 하고 있습니다. 하나님이 부자를 무작정 싫어하십니까? 그렇지 않습니다. 하나님은 우주 만물을 창조하신 우주의 대부호이십니다. 만물이 다 주께로 말미암았습니다. 그분은 물질을 좋아하십니다. 모든 물질은 그분의 것입니다.

성경에는 부자와 나사로만 나오는 것이 아니라 아브라함이 등장합니다. 사실 부자도 나사로도 우리의 모델이 아닙니다.

부자는 이 땅에서 돈을 펑펑 쓰면서 매일 잔치했지만 아브라함의 믿음이 없었기 때문에 죽어서 지옥에 간 어리석은 인생입니다.

나사로는 이 땅에서 부자의 대문 앞에 엎드려 부자의 상에서 떨어지는 부스러기 음식으로 배를 채우려고 했지만 개가 와서 헌데를 핥았던 비참한 인생입니다. 나는 부자와 같은 어리석은 인생도 싫고 나사로와 같은 비참한 인생도 싫습니다. 그러면 어떻게 살아야 하냐고요? 다른 인물이 있는데 누굴까요?

믿음의 조상이자 복의 근원인 아브라함입니다. 나는 아브라함처럼 살기로 선택했습니다. 아브라함은 믿음으로 말미암아 의롭다 함을 얻은 행복한 사람이었고 또 이 땅에서 은금과 육축과 노비가 많았습니다. 그는 억만장자의 부를 마음껏 누린 '행복한 부자'였습니다. 그의 아들 이삭은 농사를 지어 백배나 거두었고 야곱은 소떼와 양떼와 나귀와 노비가 많았던 대부호였습니다. 요셉은 말할 것도 없습니다. 우리는 아브라함과 이삭과 야곱과 요셉처럼 대부호의 삶을 살아야 합니다. 다윗과 솔로몬도 대부호였습니다.

예수님은 우주의 대부호이십니다. 우리 대신 가난을 담당하신 예수님을 바라봐야 합니다. 그분은 믿음의 주요 또 온전케 하시는 분입니다. 부요하신 예수님을 바라보며 살면 당신도 부요해집니다.

양들이 껍질이 벗겨진 나무 앞에서 새끼를 낳을 때마다 튼튼한 양이 태어났습니다. 야곱은 곳간을 만들었습니다. 아롱진 양, 점 있는 양, 검은 양을 구별하여 집어넣었습니다. 새끼를 낳을 때마다 계속 곳간에 집어넣었습니다. 그리고 그는 껍질 벗겨진 나무를 바라보았습니다. 우리는 내 대신 가난을 짊어지신 예수 그리스도, 부요하신 예수 그리스도를 계속 바라보며 살아야 합니다.

이렇게 말하십시오.

"나는 부요하다. 나는 행복하다. 나는 의인이다."

새끼를 낳을 때 자동으로 곳간에 집어넣어야 합니다. 아롱진 양이 태어났습니다. 자동으로 딸깍 집어넣었습니다. 점 있는 양이 태어났습니다. 자동으로 딸깍 집어넣었습니다. 검은 양이 태어났습니다. 자동으로 딸깍 집어넣었습니다. 그리고 6년 동안 일했는데 야곱의 양들은 어떤 양들이었습니까? 흰 양이 한 마리도 없었습니다. 흰 양이 한 마리라도 곳간에 있었다면 그것은 누구의 것입니까? 야곱의 것이 아닌 라반의 것이며 도둑질한 것이 됩니다. 양을 낳으면 다 흰색이고 염소를 낳으면 다 검은 것인데, 그들이 수만 마리나 되었을 것입니다. 그 중에서 아롱진 양, 점 있는 양, 검은 양들은 수백 마리 밖에 안 되었던 것입니다. 그 양들만 다 가지고 나왔습니다.

나는 라반의 집에서 나올 때 야곱의 모습을 마음에 그려봤습니다. 대부분 "음, 야곱의 재산이 꽤 많았겠구먼" 정도로만 생각하는데 야곱이 양들을 몰고 나오는데 전부다 아롱진 양, 점 있는 양, 검은 양이었습니다. 야곱은 별종의 길 곧 희귀한 길을 걸었습니다.

"아, 내게 단색은 안 어울리는가 봐."

단색이 무엇일까요? 똑같지라는 것입니다.

학교와 기업체와 군대에서 그렇게 말합니다.

"너희들은 똑같이 100점을 맞아라."

"똑같이 일류 대학을 진학하고 거기서 열심히 공부하여 수석으로 졸업해라. 똑같이 기계 부속품처럼 완벽하게 돌아가며 마모되어 버려질 때까지 일해라. 고급 군인과 대기업 직원, 공무원이 되어야 한다. 그것이 안정된 길이요 네 평생을 책임질 직장이다."

그렇지 않습니다. 하나님은 다르게 말씀하십니다.

"너희들은 아롱지고 점 있고 검은 것을 선택해라."

아롱진 색깔, 점 있는 색깔, 검은 색깔을 모아 놓으면 어떤 색깔이 나올까요? 그걸 다 섞으면 회색이 나올 거라고 생각합니까?

"잡색? 미색? 회색? 흑백색? 얼룩색? 검정색?"

섞으면 그런 색이 나올 수 있습니다. 하지만 그 세 가지를 모아 놓으면 전혀 다른 단어가 나오는데 성경에 그 단어가 나옵니다. 바로 '채색'입니다. 야곱의 마음속에 한 가지 색이 떠올랐습니다.

"채색."

그래서 야곱이 요셉에게 어릴 때 채색 옷을 입혔던 것입니다.

"요셉아, 아빠는 이렇게 채색 길을 걸어서 성공했단다. 너도 내가 지어 주는 채색 옷을 입고 마음껏 채색 꿈을 꾸고 성공적인 채색 삶을 살아라. 단색의 길을 걷지 마라. 그 길은 경쟁하는 길이다. 누가 더 희냐? 누가 더 검으냐? 그것으로 따지며 1등부터 100등까지 줄을 세운다. 그 세계에서 나와서 너는 채색 인간으로 희귀한 삶을 살아라. 그것이 성공의 비결이다."

야곱은 채색 곳간을 만들고 채색 양들을 자동으로 그곳에 집어넣었습니다. 야곱이 채색 양들을 몰고 라반의 집에서 빠져나올 때 태양이 떠올랐습니다. 햇살을 받은 양떼들의 등을 보니까 아롱진 양, 점 있는 양, 검은 양들이 채색으로 어우러져 매우 아름답게 보였습니다. 야곱은 감격하며 생각했습니다.

'내 꿈이 이루어졌구나. 단색이었던 내 인생이 찬란한 무지개 빛깔로 바뀌었구나. 6년 만에 이렇게 거부가 되다니……'

야곱은 처음에 채색 양떼를 가졌습니다. 그것을 낙타와 바꾸고 소와 나귀와 노비와 바꾸었습니다. 무역을 한 것입니다. 희귀한 양들을 가지고 자신이 원하는 다른 것과 바꾸었습니다.

사람마다 희귀한 재능이 있습니다. 그걸 '가치 없는 거야'라고 생각하면서 가격을 매기지 않고 그냥 퍼 주는 사람이 많습니다. 거기에 높은 가치를 부여하고 높은 가격을 매겨 무역해야 합니다.

당신에게 있는 희귀한 지식과 재능, 제품을 높은 값에 팔아라

당신은 어떤 남다른 희귀한 재능이 있습니까?

나는 책을 쓰는 희귀한 재능이 있습니다. 나는 일주일이나 한 달 만에 250쪽짜리 책을 한 권 뚝딱 써냅니다. 그것도 짜깁기 책이 아닌 천재적인 삶과 깨달음이 담긴 책입니다. 그리고 나는 책을 쓰고 싶다는 사람들이 찾아오면 그 방법을 코치해 주고 있습니다. 그들에게 한 시간 정도만 책쓰기 원리를 전수하면 250쪽 짜리 책을 한 달 만에 다 쓰고 출판사와 계약해서 멋진 책으로 출간해 냅니다. 그렇게 내가 코치한 사람들의 책이 나오자 작가의 존재가 알려지면서 그들도 나처럼 전국과 세계를 다니며 강연하게 되었습니다.

내가 왜 이런 책쓰기 코칭을 할까요? 하나님의 명령이기 때문입니다. 하루는 주님께서 내게 놀라운 말씀을 하셨습니다.

"내 사랑하는 종 김열방아, 네게 있는 채색 재능을 발견해라. 그러면 너도 야곱처럼 6년 만에 거부가 된다."

"그게 뭔데요? 알려주세요."

"네가 옛날부터 잘 했던 것, 저절로 잘 했던 것, 너만 갖고 있는 것, 다들 부러워하는 것, 모든 사람들이 하려고 덤벼들어도 안 되지만 너만 쉽게 하는 것, 바로 책쓰기다. 코칭 과정을 만들어라."

그래서 나는 책쓰기 코치를 하기로 했습니다. 그리고 또 주님께서 내게 책의 가치와 가격에 대해 구체적으로 말씀하셨습니다.

"네가 쓴 책 중에 특별한 책을 몇 권 골라내어 그것에 높은 가격을 매겨 팔아라. 그러면 큰돈을 벌게 된다. 흰 색과 검은 색의 책만 내지 말고 아롱진 것, 점 있는 것, 검은 것 등 희귀한 책을 내라."

기독교계에서 〈내 인생을 바꾼 억만장자 마인드〉란 제목의 책은 아주 희귀한 것입니다. 그동안 성도들이 "나는 바보, 미련한 놈, 어리석은 사람이야, 나는 부족하고 아무것도 할 줄 아는 게 없어"라고 믿고 살며 세상 사람들에게 휘둘렸는데 〈김열방의 두뇌개발비법〉이란 책을 써내니 그것은 아주 희귀한 책이 되었습니다.

그 책에서 이렇게 말합니다.

"예수 이름으로 명령하여 150억 개의 뇌세포를 가동시켜라."

지난주에도 〈김열방의 두뇌개발비법〉이란 책을 사서 읽은 분이 내게 찾아와 놀라운 간증을 했습니다.

"김열방 목사님, 아들이 잠잘 때 조용히 이마에 손을 얹고 예수 이름으로 명령을 내렸는데 그 아이의 두뇌가 가동되고 있습니다."

그분이 '김열방과의 공동 저자'에 등록하고 '김열방의 대표 저서 30권 읽기 플랜'을 신청하여 묶음으로 다 구입했습니다.

어떻게 하면 한 달에 1억, 10억, 나아가 하루에 1억, 10억을 벌 수 있을까요? 나는 〈김열방의 억대수입비결〉이란 책에 그 비법을 모두 담았습니다. 그 책은 아주 희귀한 책입니다. 그 희귀한 책을 만들었고 높은 값을 매겼는데 잘 팔리고 있습니다.

희귀한 것이 잘 팔립니다. 남들이 다 갖고 있는 것은 언제든지 살 수 있고 특별하지 않습니다. 아롱진 것, 점 있는 것, 검은 것은 희귀한 것입니다. 당신도 그런 희귀한 종목을 만들고 높은 값에 팔기 시작하십시오. 그러면 억대 수입을 올리게 됩니다.

다들 아무 생각 없이 서점에 가서 만 원짜리 책을 돈 주고 사서 많이 읽습니다. 여기저기 강연장에 가서 강연을 듣고 강사와 사진을 찍고 사인을 받습니다. 최대한 빨리 그런 낮은 위치에서 벗어나야 합니다. 바보, 범재, 수재, 영재가 쓴 책 3천 권을 일주일에 한 권씩 57년간 읽는 것보다 천재가 쓴 책 30권을 1년 만에 다 읽는 것이 백배 낫습니다.

나는 천재들이 쓴 책만 골라서 읽으며 깨달음을 얻습니다.

천재멘토인 내가 쓴 책 한 권에도 수백 가지의 깨달음이 담겨 있습니다. 당신이 바보, 범재, 수재, 영재의 위치에서 벗어나 천재의 위치와 영역에서 최고의 삶을 살기 원한다면 내가 쓴 700권의 책 중에 대표 저서 30권을 구입해서 읽으면 됩니다. 하나의 깨달음이 10년을 벌게 해 줍니다. 나는 많은 깨달음을 통해 수백 명의 인생을 덤으로 삽니다. 한 가지를 깨달으면 천 년을 더 산 것 같습니다.

500만 원씩 월세 내는 위치에서 500만 원씩 월세 받는 위치가 되라

당신은 최근에 어떤 것을 쇼핑했습니까? 한 달 월급을 다 털어서라도 럭셔리한 물건을 하나라도 갖는 것이 꿈인 사람이 있습니다. 위치를 바꾸어 책을 쓰고 강연하고 럭셔리 제품을 만들어 파는 희귀한 길을 가면 안 될까요? 당신이 그런 길을 갈 때 억대 수입을 올리게 됩니다. 오늘 결단하고 새로운 길을 가십시오.

책을 사는 위치에서 책을 파는 위치로 옮기십시오.
강연을 듣는 위치에서 강연하는 위치로 옮기십시오.
상담을 받는 위치에서 상담하는 위치로 옮기십시오.

월세를 내는 위치에서 월세를 받는 위치로 옮기십시오.
월급을 받는 위치에서 월급을 주는 위치로 옮기십시오.
집을 사는 위치에서 집을 파는 위치로 옮기십시오.
벤츠를 사는 위치에서 벤츠를 파는 위치로 옮기십시오.
샤넬을 사는 위치에서 샤넬을 파는 위치로 옮기십시오.
식사 대접하는 위치에서 식사 대접 받는 위치로 옮기십시오.
푼돈을 구걸하는 위치에서 구제하는 위치로 옮기십시오.
돈을 빌리는 위치에서 돈을 빌려주는 위치로 옮기십시오.

당신은 지금 어떤 위치에 있습니까? 위치가 인생을 결정합니다.

신명기 28장 13절에 "여호와께서 너를 머리가 되고 꼬리가 되지 않게 하시며 위에만 있고 아래에 있지 않게 하시리니"라고 했습니다. 하나님의 뜻이 그렇다면 당신도 꼬리의 위치에서 머리의 위치로 옮기는 선택을 해야 합니다. 지금 당신 옆에 막대기로 선을 하나 그어 놓고 왼쪽에서 오른쪽으로 발을 옮기십시오.

그리고 이렇게 말하십시오.

"나는 이제 도움을 받는 위치가 아닌 도움을 주는 위치로 옮겼어. 월세 내는 위치에서 월세 받는 위치로 옮겼어. 완전히 새로운 위치로 옮겼어. 지금 내가 선택한 대로 얼마 안가 그렇게 될 거야."

위치를 바꾸어야 성공합니다. 책을 사기만 하는 사람은 평생 책을 사다 끝나고 강연을 듣기만 하는 사람은 평생 강연을 듣다 끝납니다. 월세를 내는 사람은 평생 월세를 내기만 하다 끝나고 월급을 받는 사람은 평생 월급을 받기만 하다 끝납니다. 그래서야 되겠습니까? 마음에서 위치를 바꾸어야 합니다. 그러면 현실도 바뀝니다.

내가 스무 살 때 어머니가 내게 이런 말씀을 하셨습니다.

"너는 어째서 용돈을 주면 책만 사 보니? 네가 산 책들이 책장에 가득 꽂혔다. 참 대단하다. 그런데 언제까지 책을 사볼 거니?"

나는 어머니에게 미소를 지으며 대답했습니다.

"어머니, 걱정하지 마세요. 제가 언제까지나 남의 책만 사보겠어요? 저도 제 이름과 제 얼굴이 박힌 근사한 책을 써낼 거예요."

실제로 나는 29세 때부터 책을 쓰기 시작해서 지금까지 많은 책을 써냈습니다. 쓰고 쓰고 또 쓰고 계속 썼습니다. 왜 책을 썼냐고요? 그것 외에는 할 일이 없었기 때문입니다. 다른 모든 스케줄을 최소한으로 잡고 나는 혼자 골방에 앉아 책을 썼습니다.

한 달에 한 권씩 계속 책이 쏟아져 나왔고 그것을 시골에 계신 부모님께 보내드렸습니다. 부모님은 나처럼 책 읽는 것을 좋아하시는 편이어서 내가 보내 드린 책을 한 권도 빠짐없이 다 읽으셨습니다. 그러던 어느 날 어머니께서는 내게 이상한 말씀을 하셨습니다. 하루는 또 나를 놀라게 하는 말씀을 하셨습니다.

"언제까지 책만 쓸 거냐? 뭔가 다른 일도 해야 하지 않겠느냐?"

내 책이 수많은 교회를 살리고 목회자들과 영혼을 변화시키고 있었지만 월세 지하 방에 들어앉아 아이를 네 명 키우며 돈도 몇 푼 안 되는 책을 계속 쓰고 있는 것이 안쓰러웠던 것입니다. 나도 내가 왜 그렇게 미친 듯이 책을 썼는지, 또 지금도 왜 이렇게 정신 나간 사람처럼 자판을 두드리며 책을 쓰고 있는지 알 길이 없습니다. 내 안에 있는 천재성이 나를 그냥 두지 않고 계속 몰아갑니다.

"책을 써야 한다. 책만 수천 년 동안 남는다. 책이 수많은 영혼들을 변화시킨다. 책 전도와 책 선교가 가장 중대한 일이다."

그런데 하나님께서는 얼마의 시간이 지나자 내 인생에 큰 문제가 생기게 하셨고 그로 인해 억대 수입을 올릴 수 있는 길을 여셨는데 곧 야곱처럼 '아점검의 럭셔리셀러'를 만드는 것이었습니다.

나는 돈 많은 사람들에게 구걸하는 위치에서 직접 억대 수입을 올리는 사업가의 위치로 옮겼습니다. 솔직히 말해 목회의 길을 걸으면서 "무명의 독지가가 내게 와서 거액의 전도 자금을 기부하지 않나?" 하는 마음이 늘 있었는데 하나님께서는 그런 거지같은 마음을 버리라고 하셨습니다. 그러면 어떻게 해야 할까요?

하나님이 내게 말씀하셨습니다.

"네가 그렇게 거액을 기부하는 독지가가 되면 된다."

"어떻게 하면 제가 그런 큰돈을 벌 수 있습니까?"

"사업을 해야 한다. 럭셔리 제품을 만드는 사업을 하라."

단순히 금이나 은, 다이아몬드나 루비 등으로 보석 장사를 하라는 것이 아닙니다. 은금보다 지혜가 더 귀합니다. 그래서 나는 두 개의 출판사를 차렸습니다. 하나는 대중을 상대로 저렴한 책을 만드는 출판사요 또 하나는 희귀한 책을 만들어 높은 값에 파는 럭셔리 출판사였습니다. 둘 다 성공했습니다.

나는 매달 수백만 원의 헌금을 하고 또 62평의 넓은 집을 사고 메르세데스 벤츠를 두 대 샀습니다. 천재작가와 강연가, 사업가의 길을 걷게 된 결과였습니다.

어떤 위치에서 시작할 것인지 고민하고 처음부터 잘 결정하라

당신의 위치는 어디입니까? 왜 항상 그 자리에만 있습니까?

동네 축구만 하는 아마추어의 위치에서 프로의 위치로 옮겨야 실제적인 수입이 생깁니다. 아마추어는 일주일에 세 시간 정도만 그것도 동네 아이들과 공을 차지만 프로는 하루에 세 시간씩 실적을 올리기 위한 맹훈련을 합니다.

당신이 어떤 일을 하든지 프로의 위치에서 하루에 세 시간 정도 꾸준히 하면 특정 분야에 전문가가 될 수 있습니다. 그렇다고 하루에 세 시간씩 10년 이상 해서 1만 시간을 채워야 한다는 말이 아닙니다. 만약 어떤 일에 푹 빠져 즐거운 마음으로 그렇게 매일 한다면 어떤 분야든지 세계적인 실력을 갖추게 될 것입니다. 하지만 방법을 모르면 100년 동안 노력해도 성과물이 없습니다.

방법을 모르면 100년 동안 해도 성과물이 하나도 없다

내가 총신대학교 신학대학원에 입학해서 헬라어 수업을 들을 때 교수님에게 내가 29세에 쓴 책 〈천재멘토 김열방의 성령님과 교제법〉이란 책을 선물로 한 권 드린 적이 있습니다. 그 책을 받은 교수님이 내게 이상한 말을 했습니다.

"김열방 전도사님은 언어에 천재입니다. 언어 능력에 탁월한 사람이 책을 써낼 수 있는 것입니다. 저도 책을 못 써냈는데……."

그분은 서울대학교를 졸업하고 헬라어에 능통하고 언어연구소까지 운영하고 있는 분이었습니다. 그런 분이 내게 그런 말을 한 것입니다. 나는 믿어지지 않았습니다. 내가 그렇게 뭔가에 홀린 듯이 한 달 만에 책을 써내긴 했지만 언어에 탁월한 능력을 가졌다고는 생각해보지 않았기 때문입니다. 그 당시 히브리어, 헬라어 수업을 들으면서도 그것을 배우는 것이 너무 힘들어 고전을 면치 못하고 있었습니다. 왜 그랬을까요? 말을 배우지 않고 독해를 위한 시험공부를 했기 때문입니다. 거꾸로 한 것입니다.

내가 다닌 총신대학원은 설립한 지 105년이 되었습니다. 그동안 수만 명이 거기서 히브리어를 배우고 졸업했지만 겨우 성경책을 원어로 몇 줄 읽기만 할 뿐 실제로 유태인과 대화할 줄 아는 사람은 거의 없습니다. 이스라엘에 가서도 간판이나 읽을 정도입니다.

나는 그런 단어와 문법만 달달 외우는 언어 교육이 잘못되었다고 생각합니다. 10일 정도의 학습 시간이면 얼마든지 히브리어로 대화할 수 있을 정도의 실력을 소유할 수 있습니다. 회화 능력이 진짜 언어 능력입니다.

회화부터 능통해야 합니다. 어린 아이가 글자와 문법을 배우기 전에 말부터 습득하는 것처럼 우리도 말부터 습득해야 합니다. 회화만 가능하면 독해와 작문은 조금만 노력하면 저절로 다 됩니다.

지금까지 우리는 오뚝이를 거꾸로 세우려는 것처럼 수십 년간 엉뚱한 노력을 하며 고생했습니다. 모든 것을 거꾸로 시도했던 것입니다. 외국어는 회화부터 배우고 학문도 교재와 참고서 암기가 아닌 독서와 저술과 강연부터 해야 합니다.

돈을 버는 것도 직장 생활부터 하지 말고 사업부터 해야 합니다. 다들 거꾸로 하고 있습니다. 거꾸로 하면 100년을 해도 안 됩니다.

학교에서는 "10년 해도 안 되면 노력이 부족한 것이니 90년을 더 노력해 100년 채우면 뚫린다"고 말합니다. 다 거짓말입니다.

10년 해도 안 되는 것은 100년 해도 안 됩니다. 방법이 잘못되었기 때문입니다. 천재코치인 나를 만나 코치를 받으면 저절로 쉽게 다 됩니다. 쉽게 저절로 되는 것이 진짜고 어렵게 해도 안 되는 것이 가짜입니다. 나는 모든 것을 쉽게 하도록 길을 열어 줍니다.

이 책을 쓰는 지금도 73세가 된 독자에게 전화가 걸려 왔습니다. "김열방 목사님, 정말 감사드립니다. 제가 목사님을 만나 책을 읽고 코치를 받아 인생이 완전히 변화되었습니다. 70년간 교회를 다녀도 캄캄하던 제 인생에 빛이 비취었습니다. 제 마음이 환하게 밝아졌고 행복합니다. 그동안 저를 무시하던 남편을 비롯한 모든 가족이 지금은 저를 무척 존경하고 따릅니다. 제 안에 있는 150억 개의 뇌세포가 예수 이름으로 가동되어 지혜의 문이 열렸고 단기간에 200쪽이 넘는 책을 썼습니다. 제가 이런 일을 할 줄 누가 알았겠습니까? 아무리 큰 돈 보따리를 싸 들고 가서 드려도 이 은혜를 다 갚을 수 없을 것입니다. 모든 영광을 하나님께 돌리고 김열방 목사님께도 감사드립니다."

나도 그랬습니다. 나는 예전에 공부를 못해서 꼴지를 겨우 면할 정도의 성적표를 받았습니다. 그것은 내 머리가 나빠서가 아닌 공부하는 방법을 몰랐기 때문이었습니다. 공부하는 방법을 알게 되자 10년 해야 할 것을 10일 만에 다 끝내고 내가 원하는 시험에 다

합격하게 되었고 700권의 책을 쓰게 되었습니다.

돈을 벌려면 처음부터 프로의 위치에서 돈을 받고 시작하라

나는 처음부터 프로의 위치에 있었습니다.

20세 때부터 전국을 다니며 강사로 활약했고 29세 때는 책을 써 냈습니다. 당신도 위치를 바꾸어야 성공합니다. 예언 받는 위치에서 예언하는 위치로 옮기십시오. 말씀을 듣는 위치에서 말씀을 전하는 위치로 옮기십시오. 치료받는 위치에서 치료하는 위치로 옮기십시오. 안수 받는 위치에서 안수하는 위치로 옮기십시오. 언제까지 안수 받으러 돌아다니겠습니까?

나는 20세 이전까지만 부흥회에서 목사님들에게 안수를 받았습니다. 그 이후로는 안수하는 위치에 있었습니다. 나는 20세 때부터 사람들에게 말씀을 전하고 안수했는데 그렇게 내가 믿음으로 안수하면 다들 방언이 터지고 병 고침을 받았습니다.

며칠 전에도 한 사람이 지방에서 〈성령님과 교제법〉 책을 읽고 찾아왔습니다. 그분은 내게 안수를 받고 싶다고 했습니다.

"저도 김열방 목사님처럼 성령님의 음성을 잘 듣고 싶어요. 성령님과 친밀한 교제를 나누며 그분의 인도를 따라 살고 싶어요. 그리고 방언을 받고 싶은데 저를 위해 한번만 안수해 주세요."

내가 그분에게 안수하자 즉시로 성령님이 강하게 임하셨고 그분의 입에서 크고 아름답고 유창한 방언이 흘러나왔습니다.

"하라라랄라, 에스케로 노벌리티 알라이스텔로니."

10년, 50년 동안 기도해도 안 되는 것이 내가 한번 안수하면 열려 버립니다. 참으로 신기한 일입니다. 이것이 영적인 세계입니다.

빛의 속도는 1초에 지구를 일곱 바퀴 반 돈다고 합니다. 하지만 영적인 세계는 그보다 훨씬 더 빠릅니다. 예수 믿는 우리가 죽으면 그 영혼이 빛보다 더 빠른 속도로 천사들의 보호를 받으며 천국까지 날아갑니다. 우리는 빛의 속도로 일해야 합니다.

당신도 위치를 바꾸어 사람들을 도와주어야 합니다. 방언이나 병 고침, 예언해 주고 귀신을 쫓는 것 등의 성령의 은사는 거저 받았으니 거저 나눠 주어야 합니다. 나는 지금까지 성령의 은사를 모두 거저 나눠주었고 돈을 받은 적이 없습니다. 하지만 다른 것은 당당하게 돈을 받고 팔아야 합니다. 처음부터 프로의 위치에서 시작해야 합니다.

무명의 독지가가 기부해 주길 바라지 말고 당신이 그 사람이 되라

당신도 옛날의 나처럼 무명의 독지가가 나타나서 당신의 인생에 큰 도움을 줄 거라고 기대하지 않습니까? 왜 당신이 그런 위치에 있으면 안 됩니까? 거지같은 마음을 당장 버리십시오. 그러면 어떻게 해야 거액을 만지는 독지가가 될 수 있을까요? 사업성이 있는 사업을 해야 합니다. 성경에 보면 예수님이 달란트와 므나의 비유를 통해 "장사하라"고 명령하셨습니다. 종들은 장사했고 두 배로 남겼고 칭찬받았습니다. 당신도 장사해서 남겨야 칭찬받습니다.

"그 종 열을 불러 은화 열 므나를 주며 이르되 내가 돌아올 때까지 장사하라 하니라."(눅 19:13) "다섯 달란트 받은 자는 바로 가서 그것으로 장사하여 또 다섯 달란트를 남기고……"(마 25:16)

장사해야 합니다. 사업성이 없는 일을 하면 평생 고생만 하고 비참하게 살다 죽습니다. 철없이 놀이터에서 노는 어린아이처럼 밑 빠진 독에 물 붓기 식으로 일하면 절대로 안 됩니다. 사업성이 없는 일을 하는 사람은 계속 일을 저지르고 주위 사람들이 모두 뒤치다꺼리를 해야 합니다. 실제로 수입을 올리는 사업을 해야 합니다.

아브라함은 양을 치는 목자였지만 집에서 318명의 군사를 길러운 족장으로 왕과 같은 존재였습니다. 그에게 은금과 육축과 노비가 많았습니다. 그는 목자이면서도 전쟁도 하고 무역도 하는 사업가였습니다. 그의 아들 이삭은 양을 치는 목자였지만 동시에 농사를 지어 백배를 거두었습니다. 생각의 지경을 넓혀야 합니다.

나는 목회를 하면서 동시에 내가 없어도 자동으로 돌아가는 출판 사업과 임대 사업 등을 겸하고 있습니다. 당신도 한 가지만 고집하지 말고 두 가지 이상의 일을 해야 합니다. 그것을 따로 시간이 들지 않도록 자동화해야 합니다.

발명왕 에디슨(Thomas Alva Edison)은 사업적으로 성공할 만한 것만 발명했습니다. 초창기에 그는 아무 일에나 매달려 10년이란 긴 세월 동안 온갖 소송에 시달렸고 수백만 달러를 공중에 날렸습니다. 1869년에 전자식 투표 기록기를 발명했고 특허를 취득했지만 의회에 팔지 못하고 거절당하고 말았습니다. 그때부터 그는 상업적 가치가 없는 것은 더 이상 발명하지 않겠다고 결심했습니다. 에디슨은 회사를 차려 사업을 했고 억대 수입을 올리는 대부호의 길을 걸었습니다. 우리도 그렇게 해야 합니다.

인생은 선택입니다. 잘못된 선택, 미련한 선택, 밑바닥 선택을 하면 평생 가난하게 살다 끝납니다. 당신은 나와 함께 최고의 선택을 해야 합니다. 바보, 범재, 수재, 영재의 길을 선택하지 말고 천재의 길을 선택해야 합니다. 천재작가와 강연가, 1인 출판사로 사업가의 길을 달려야 합니다.

코치가 없으면 아무리 많은 연습을 해도 실력이 늘지 않는다

나는 천재적인 의사 전달의 일곱 가지 원리를 전수하고 있습니다. 당신이 천재멘토인 나를 만나 천재적인 책쓰기와 강연의 비결을 코치 받으면 한 시간 만에 그것을 터득하게 됩니다. 그 이후로 평생 100권 이상의 책을 써내게 됩니다. 정말입니다. 천재적인 기름 부음이 나타나게 되고 천재적인 작가와 강연가, 사업가의 길을 걷게 됩니다. 당신도 천재멘토를 만나 코치를 받으십시오. 그동안 막고 있던 인생의 벽이 무너지고 대로가 활짝 열리게 됩니다.

인생은 길만 알면 쉽고 재미있습니다.

최고의 천재인 아인슈타인(Albert Einstein)은 스스로 천재가 된 것이 아니었습니다. 막스 탈무드라는 멘토가 있었는데 그는 어린 아인슈타인과 함께 종종 식사를 하며 수학과 기하학, 철학의 기본 개념을 가르쳐 주었고 그에게 꼭 필요한 책을 골라 주었습니다.

인생은 어떤 멘토를 만나 5분, 10분 대화를 나누느냐에 따라 크게 달라집니다. 바보, 범재, 수재, 영재멘토가 아닌 천재멘토를 만나야 합니다. 천재멘토를 만나 일대일로 코치를 받는 것은 학교나 학원에 다니는 것, 세미나 특강을 듣는 것과는 차원이 다릅니다.

천재멘토의 인격과 재능, 지혜와 믿음이 순식간에 전염되기 때문에 그에게 거대한 화학적 변화가 생기게 됩니다. 천재멘토에게 코치를 받으며 하루에 세 시간씩 한 달만 몰입하면 어떤 분야든지 뻥하고 시원하게 길이 뚫립니다. 그 다음엔 신나게 달리면 됩니다.

보통 사람들은 천재들이 먹지도 않고 싸지도 않고 잠도 안자고 놀지도 않고 하루 종일 노력만 할 거라고 생각합니다. 하지만 천재들은 산책, 여행, 독서, 깊은 잠, 연애 등 자기가 하고 싶은 것을 다하며 인생을 마음껏 즐깁니다. 그들은 하루에 3~4시간 정도만 꾸준히 습관적으로 자기 일에 몰입합니다. 그런데도 그들이 70억 인구 중에 열 손가락 안에 들 정도로 자기 분야에서 큰 성과를 올리는 것은 천재코치가 있기 때문입니다. 코치가 무슨 일을 합니까?

구체적인 원리와 방법을 알려줍니다.

방법을 알고 하루에 세 시간 노력하는 것과 방법을 모르고 하루에 세 시간만 자고 스물한 시간 노력하는 것과는 결과가 완전히 다릅니다. 방법을 모르면 죽도록 고생만 하다 성과가 없이 어느 정도 수준에서 포기하고 맙니다. 방법을 모르고 무작정 덤벼들면 정신적으로 온갖 스트레스를 받고 시달리다가 빨리 죽습니다. 외국어를 배우는 것도 방법을 모르면 100년의 세월을 투자해도 안 됩니다. 방법을 알면 한 달만 투자해도 말이 터지는 성과를 얻게 됩니다. 그래서 코치가 필요한 것입니다. 나는 천재적인 코치의 위치에서 사람들을 돕고 있습니다.

천재는 범재나 수재가 천 년 동안 할 일을 하루 만에 끝낸다

당신은 어떤 방식으로 일하고 있습니까?
천재들은 수재나 영재와 다른 방식으로 일을 합니다.
수재가 100년 해야 할 것을 영재는 10년 만에 하고 천재는 하루 만에 합니다. 돈을 버는 방식도 수재는 직장 생활하면서 한 달에 200만 원을 벌어 50퍼센트인 100만 원을 천 년 동안 저축해야 할 돈을 천재는 하루 만에 벌어들입니다. 수재나 영재들이 도무지 이해할 수 없는 세계입니다.
실제로 미국의 기업가 워런 버핏(Warren Buffett)은 단순한 주식이 아닌 자기가 경영할 수 있는 기업을 사들였습니다. 그는 2013년에 하루 평균 391억 원을 벌었습니다. 수재가 천 년 동안 꼬박꼬박 저축해도 안 될 돈을 매일 벌었던 것입니다. 그의 재산은 63조 원이며 빌게이츠는 80조 원이 넘습니다. 놀라운 일입니다.
오늘날 그리스도인들은 너무 순진합니다. 막연히 자원 봉사하듯이 사업하고 직장 생활을 합니다. 노예와 하녀처럼 무식하게 남이 시킨 일만 열심히 하면 언젠가는 하나님이 보상해 주실 것이라고 믿습니다. 그렇지 않습니다. 야곱을 보십시오.

그는 우상을 숭배하며 점치는 외삼촌 라반 밑에서 머슴으로 14년간 죽어라 일했지만 손에 가진 것이 하나도 없었습니다. 그는 생각을 바꾸어 철저하게 수익성 있는 사업을 하겠다고 결심했고 6년간 희귀 종목에 성패를 걸었습니다. 하나님이 야곱에게 그렇게 해야 돈을 번다고 지혜를 주신 것입니다. 나도 분명히 말합니다.

"천재작가와 천재 강연가의 길을 가라. 그리고 희귀 종목을 높은 값에 파는 럭셔리 사업가 곧 천재사업가의 길을 가라."

천재작가가 무슨 말이냐고요? 범재는 신문이나 잡지, 텔레비전 앞에서 대중문화에 빠져듭니다. 이들은 아무 정보나 무차별적으로 받아들이며 그것의 통제를 받는 노예가 됩니다. 수재는 학교 도서관에서 밤늦게까지 불을 밝히며 공부하여 교과서 편찬 위원회가 써 놓은 책을 달달 외워 100점을 맞고 장학생과 수석이 되려고 애씁니다. 학위 논문을 쓰고 교사나 교수가 되고 대기업에 취직합니다. 영재는 성공한 사람들의 좋은 것을 뽑아 짜깁기 식의 책을 써 냅니다. 자기 내용은 거의 없고 모두 위인들의 성공 스토리를 끌어 모아 책을 냅니다. 사실 그런 책은 그 사람이 쓰긴 했지만 진짜 자신의 책이 아닙니다.

이에 비해 천재는 자신의 삶과 깨달음, 자신이 터득한 특정 분야의 원리와 비법을 소중히 여기며 그것을 과감히 책에 담아냅니다. 그리고 높은 가격을 매겨 팔아 큰 수입을 올립니다. 서점에 깔려 있는 수많은 책들이 짜깁기 식의 영재 수준의 책입니다. 당신은 제발 그런 짜깁기 책을 써내는 영재 작가가 되지 마십시오. 세상에서 가장 가치 있고 소중한 것은 당신의 스토리와 깨달음입니다. 그걸 써내는 사람이 천재작가입니다. 나는 책쓰기와 강연 코치를 할 때 천재적인 의사 전달의 일곱 가지 비법을 알려줍니다. 그래서 내게 배운 사람들은 천재적인 위치에서 책을 쓰고 강연을 하게 되고 억대 수입을 올리게 됩니다.

당신도 럭셔리 제품을 만들어 파는 천재사업가가 되라

당신은 무엇을 통해 수입을 올리고 있습니까?

나는 700권의 책을 썼는데 그 중에 대부분은 2만 원 정도의 저렴한 책입니다. 그 책들은 거의 수익을 못 냅니다. 나는 베스트셀러와 스테디셀러가 아닌 럭셔리셀러로 실제적인 수입을 올리고 있습니다. 진짜 돈을 버는 길은 럭셔리 세계에 있습니다. 사업에 성공하려면 상품 가격을 낮춰 이익을 적게 보고 많이 팔기인 '박리다매'(薄利多賣, small profit and quick return)하면 안 됩니다.

역사상 아주 뛰어난 천재들의 생애를 살펴보십시오. 그들 중 사업적인 재능을 잘 발휘한 사람은 평생 부요하고 건강하게 안정된 가정을 꾸리며 살았지만 그렇지 못한 사람은 평생 가난하고 병들고 빚더미에 눌려 고생하다가 일찍 죽고 가정도 파탄했습니다.

에디슨은 무려 1093개의 특허를 취득했는데 그 중에서 제대로 돈을 번 것은 몇 개 밖에 되지 않았습니다.

모차르트는 625곡을 썼지만 사람들에게 알려진 것은 6곡 밖에 안 되며 술과 도박에 빠지고 재정 관리를 엉망으로 하여 30대 중반에 비참한 죽음을 맞이했고 공동묘지에 버려졌습니다. 피카소는 그림을 잘 팔아 부요했지만 고흐는 못 팔아 가난했습니다.

고흐는 평생 2천 점의 작품을 남겼는데 그 중에 제 값에 팔린 것은 20점 밖에 안 됩니다. 그림을 잘 그리는 것도 중요하지만 잘 파는 것도 중요합니다. 고상한 척 하지 말고 당신의 책과 그림을 높은 값에 팔아야 합니다. 나는 내 책과 그림을 높은 값에 팔기 때문에 큰돈을 법니다. 고상한 척하는 사람에게 말하고 싶습니다.

"이 멍청한 사람아, 중요한 건 네 물건을 파는 거야."

한번뿐인 소중한 인생을 어떻게 살 것입니까?

하나님을 경외하지 않은 어리석은 부자인 라반처럼 방탕한 삶을 살 것입니까? 아니면 하나님을 경외했지만 14년 동안 머슴살이만 한 가난한 야곱처럼 살 것입니까? 아니면 인생 후반에 성령님의 인도하심을 따라 라반으로부터의 독립을 꿈꾸고 희귀 종목으로 사업을 하여 큰 성공을 거둔 야곱의 지혜를 본받을 것입니까? 아브라함, 이삭, 야곱은 모두 하나님을 경외한 지혜로운 대부호였습니다.

우리도 그렇게 살아야 합니다. 나는 누가 뭐라 하든 그렇게 살 겁니다. 나는 부자도 싫고 나사로도 싫고 아브라함이 좋습니다. 나아가 아브라함이 나기 전에 있었던 예수 그리스도가 좋습니다.

예수님은 부요하신 자입니다. 부요하신 자로서 우리를 위하여 십자가에서 벌거벗겨지므로 가난케 되셨습니다. 우리로 부요케 하기 위해서입니다. 예수님은 우리의 큰 형님이시고 하나님은 우리의 아버지가 되십니다. 나는 부자 아빠와 부자 형님을 두었습니다.

하나님은 우주의 재벌 총수이시며 예수님은 대부호 중에 대부호이십니다. 만물이 그로 말미암아 지은 바 되었으며 하나도 그가 없이는 된 것이 없습니다. "그가 태초에 하나님과 함께 계셨고 만물이 그로 말미암아 지은 바 되었으니 지은 것이 하나도 그가 없이는 된 것이 없느니라"(요 1:2~3)고 했습니다. 예수님은 하나님의 맏아들이시고 나와 당신은 그리스도 안에서 예수님의 동생입니다.

천사들은 아들이 아니고 종에 불과합니다.

"또 그가 맏아들을 이끌어 세상에 다시 들어오게 하실 때에 하나님의 모든 천사들은 그에게 경배할지어다 말씀하시며……"(히 1:6)

천재작가와 강연가가 되려면 천재멘토 김열방을 만나 코치 받아라

당신은 어떤 사람을 만나 영향을 받고 있습니까?

나는 10년 전에 한 시대를 이끌어 가는 천재적인 지도자를 만나 40분 동안 대화를 나눈 적이 있습니다. 그는 책을 300권이나 써냈고 세계를 다니며 영어로 강연하며 큰 사업을 경영하고 있었습니다. 그분이 내게 핵심을 찌르는 귀한 말을 해주었습니다.

"현실은 꿈의 옷을 입고 나타납니다. 꿈이 없이 죽도록 열심히 일만 한다고 성공하는 것이 아닙니다. 세상을 움직일 큰 꿈을 가슴에 품으면 그 꿈대로 이루어지게 됩니다. 큰 꿈을 가지세요."

나는 그분과의 한 시간 정도의 만남을 통해 인생이 바뀌었고 세계적인 큰 꿈을 품기 시작했습니다. 내 작은 꿈들은 대부분 이뤄졌고 큰 꿈은 계속 이루어지고 있습니다.

나는 지금 천재적인 위치에서 나를 찾아오는 독자들을 코치하면서 그들의 의식 수준을 높여 주고 생각의 크기를 키워 줍니다. 세상을 향한 원대한 꿈을 마음껏 품게 하고 그들 속에 있는 천재성을 최대한 발휘할 수 있도록 도와주고 있습니다. 그들의 인생이 극적으로 바뀌고 있습니다. 내 책을 읽는 사람마다, 또 나를 만나는 사람마다 실제로 그렇게 큰 영향을 받고 있습니다.

내 책에 천재적인 기름 부음이 철철 흐르고 있기 때문에 내 책을 읽으면 생각의 지경이 넓어집니다. 또한 나를 만나서 몇 분만 대화를 나눠도 천재적인 기름 부음이 전염됩니다. 내 주위에 있는 사람들은 다들 천재적인 기름 부음을 나타내며 책을 쓰고 강연을 하고 사업을 하고 있습니다.

나의 첫째 아들은 벌써 한 권의 책을 써냈고 출판 사업과 코치를 하고 있고 둘째 아들도 벌써 네 권의 책을 써냈고 책쓰기와 강연, 출판사와 코치 일을 하며 억대 수입을 올리고 있습니다. 당신과 당신의 자녀도 바보, 범재, 수재, 영재의 길이 아닌 천재의 길을 가야 합니다. 그래야 행복하고 건강한 억만장자의 삶을 살게 됩니다.

돈을 버는 것은 방법만 알면 아주 쉽습니다. 세상에서 가장 쉬운 것이 돈을 버는 것이라고 해도 과언이 아닙니다. 누군가가 만들었으면 좋겠다고 생각되는 희귀 제품을 당신이 직접 만들어 높은 값에 팔면 억대 수입을 올리게 됩니다. 나는 지금까지 그렇게 해 왔습니다. 20세에 길을 걷던 중 나는 심각한 고민을 했습니다.

"왜 성령님과 교제를 나누는 방법에 대한 책이 없는 걸까? 누군가가 그런 책을 써낸다면 당장 사서 읽을 텐데."

아무리 기다려도 그런 책은 나오지 않았습니다. 결국 29세가 되었을 때 성령님께서 내게 감동을 주셨습니다.

"그런 책이 나오기만을 기다리지 말고 네가 직접 써내라."

그래서 내가 직접 그런 책을 써내기로 결심하고 책상에 앉아 공책을 꺼내 놓고 볼펜으로 긁적거렸습니다. 몇 장 쓰다가 잘 안되어 중단했습니다. 종이에 글을 써서는 편집하는 것이 너무 힘들었습니다. 그러던 중 컴퓨터를 한 대 사게 되었고 다시 책을 쓰기 시작했습니다. 한 달 동안 밤을 새워 가며 자판을 두드린 결과 〈성령님과 교제법〉이란 세상을 뒤바꿀 엄청난 책이 나왔습니다.

당신도 뭔가 있었으면 하는 것을 당신이 직접 시도하십시오.

독일의 '포르쉐' 스포츠카를 최초로 만든 자동차 설계의 천재 페르디난트 포르쉐(Ferdinand Porsche, 1875~1951)는 말했습니다.

"왜 사람들은 내가 꿈꾸는 그런 멋진 자동차를 만들지 않는 걸까? 아무리 내 주위를 둘러보아도 그런 차가 나올 기미가 보이지 않았다. 그래서 결국 자동차를 전공하지 않은 내가 직접 그런 차를 만들기로 결심했다. 그리고 나는 단순히 최고의 스포츠카를 파는 회사가 아닌 꿈을 파는 회사를 세우겠다. 나는 전 세계 모든 대륙의 70억 인구를 위한 자동차를 만들겠다. 70억 인구가 모두 내가 만든 최고의 매혹적인 차 포르쉐를 몰고 다니는 꿈을 꾼다. 나는 내가 기대했던 대로 모든 일이 잘 진행되고 있어 무척 행복하다."

누군가 했으면 좋겠다고 생각되는 것을 당신이 하십시오. 그리고 그것을 높은 값에 팔기 시작하십시오. 한 영어 강사가 책을 써냈습니다. 그는 "이 책이 너무 귀하기 때문에 한 달 학원 수강료인

8만 원을 받으면 좋겠다"고 대형 출판사에 제안했지만 단방에 거절당했고 겨우 8500원에 출간되었습니다. 그 사람은 지금도 가난합니다. 왜일까요? 책쓰기와 강연만 하기 때문입니다. 한 가지를 더 해야 하는데 바로 1인 출판사입니다. 나는 내 출판사를 차렸기 때문에 내가 원하는 가격을 다 붙여 팔 수 있게 되었습니다.

1인 출판사를 차려야 책 표지와 내용, 가격과 홍보 등 마케팅의 모든 주도권을 당신이 잡게 됩니다. 그래야 억대 수입을 올리고 계속 더 좋은 책을 써낼 수 있습니다. "작가는 출판사를 차리면 안 돼. 책만 써야 돼"라고 누가 말합니까? 그런 말을 듣지 마십시오. 작가가 출판사를 차려야 합니다. 1인 출판사 코칭을 받으십시오.

내가 처음 쓴 〈성령님과 교제법〉은 2만 원 밖에 안 되지만 〈내 인생을 바꾼 억만장자 마인드〉부터는 럭셔리셀러 쪽으로 방향을 틀었습니다. 그 책은 기독교 신문이 아닌 경제 신문과 일간지에 광고를 냈고 35000원인데도 꽤 많이 팔렸습니다. 5만 원짜리 지폐가 처음 나올 때 〈신유를 사모하라〉는 책을 출간하게 되었는데 나는 5만 원짜리 지폐를 받고 책을 팔겠다는 믿음으로 책값을 한 권에 5만 원으로 정했습니다. 그 책도 술술 잘 팔립니다.

〈6000년 명문가의 믿음의 비결〉이란 책은 지금까지 나오지 않은 새로운 책 37권을 묶어 냈는데 34만 원에 정해서 출간했습니다. 그 책이 나올 때 다들 난리였습니다. 출판사에서는 "그런 높은 가격에 책이 팔리겠느냐?"고 했고 유통 회사에서는 "우리가 30년간 책을 유통했지만 그런 비싼 책은 처음이다. 안 된다"며 사장님이 달려왔습니다. 인쇄소에서는 "그런 두꺼운 책은 제본할 수 있는 기계가 한국에 두 대 밖에 없다"고 말하며 거절했고 서점에서도 꽤 부담스러워 했습니다. 다 안 된다고 할 때 나는 된다고 했습니다.

왜 사람들은 안 된다고만 말할까요? 하면 됩니다. 누군가가 했으면 하는 것을 당신이 하십시오. 부정적인 사람들의 말을 듣지 마십시오. 사람들은 자기가 못하는 것을 누군가가 하면 비난합니다.

처음엔 다들 나를 보고 미쳤다고 비난했습니다. 원래 천재는 그 정도의 비난을 듣는 법입니다. 하지만 지금은 내가 그런 것을 시도하여 새로운 길을 뚫어 놓았기 때문에 다른 출판사들이 하나씩 따라 하고 있습니다. 천재의 길을 가려면 내 말을 기억하십시오.

"처음에는 사람들이 미쳤다고 비난한다. 하지만 조금 지나면 그들도 부러워하며 하나씩 따라 한다. 나중에는 모두들 따라 한다."

3년 전에 나를 찾아온 한 사람에게 함께 식사하며 내가 깨달은 예수 그리스도 온전한 복음에 대해 가르쳐주었습니다. 그분이 며칠 전에 다시 나를 찾아왔습니다. 그분이 식당에 앉아서 종이 한 장 꺼내 놓고 '죄목병가어징죽, 의성건부지평생'을 적고 그 중간에 십자가 그림을 그렸습니다. 그리고 내게 감사의 말을 전했습니다.

"김열방 목사님, 3년 전에 목사님을 만나 배운 예수 그리스도 온전한 복음을 저는 만나는 모든 사람에게, 그리고 강연하는 곳마다 전했습니다. 정말로 수천 번을 전했습니다. 목사님들을 만나도, 장로님들을 만나도 그들에게 복음을 전했습니다. 저는 회사를 대표하는 강연가인데 강연하는 장소에서도 주저 없이 일곱 가지를 설명하며 예수 그리스도 온전한 복음을 담대히 전했습니다. 얼마 전에도 한 목사님을 만나 물었습니다. '목사님은 죄인인가요? 의인인가요?' 그분이 대답했습니다. '저는 죄인입니다' 제가 대답했습니다. '아닙니다. 목사님은 예수 믿기 전에 죄인이었지만 지금은 그리스도 안에서 의인이 되었습니다' 저는 또 물었습니다. '목사님, 성령 충만하십니까?' '아니요. 제가 무슨 성령 충만합니까? 말도 안돼요' 제가 대답했습니다. '그렇지 않습니다. 예수를 믿기 전에는 목이 말랐지만 지금은 생수의 강이 흘러나오고 있음을 믿어야 합니다. 목사님은 성령 충만하십니다' 당뇨병과 암으로 죽어 가는 사람들에게도 '건강합니다'라고 선포해 주었습니다. 그러자 그분들이 '제가 어떻게 건강하단 말입니까? 암 수술을 받고 죽기 직전인데요?' '아닙니다. 예수 믿기 전에는 병들었지만 예수를 믿고 난 이후에는 나았습니다. 예수님이 채찍에 맞음으로 나음을 얻었습니다'라고 대답했습니다. 이러한 복음을 그동안 수천 번이나 외쳤습니다."

내가 그분을 3년 전에 만나서 한 시간 동안 전해 준 것을 그분은 상담하고 강연하면서 수천 번 전한 것입니다. 이것이 천재적인 기름 부음의 결과입니다. 천재는 모든 것을 원리화 합니다.

지금까지 내가 섬기는 서울목자교회에 왔다가 내가 전하는 복음을 듣고 간 분들이 많습니다. 그들 중에는 시골 교회를 담임하기도 하고 교회를 개척하기도 했습니다. 해외 선교사로 파송된 분도 있습니다. 그들 모두 가는 곳마다 만나는 사람마다 '의성건부지평생'의 온전한 복음을 외치고 있습니다. 다음과 같습니다.

주 예수를 믿으면 지옥 같은 삶이 천국 같은 삶으로 완전히 바뀌어 집니다. 예수를 믿음으로 7중 불행인 죄, 목마름, 병, 가난, 어리석음, 징계,

죽음 등의 '죄목병가어징죽'이 사라지고 7중 행복인 의, 성령 충만, 건강, 부요함, 지혜, 평화, 생명 등의 '의성건부지평생'이 넘치게 되었다는 것이 천국 복음입니다. 예수님이 십자가에서 "다 이루었다"(요 19:30)는 온전한 복음을 믿기만 하면 천국의 행복이 당신의 삶에 나타납니다. 당신 안에 가득히 계신 예수 그리스도가 당신의 의와 성령 충만과 건강과 부요와 지혜와 평화와 생명이 되신다는 사실을 누리며 천국같이 행복한 삶을 살다가 천국으로 가야 합니다. 이렇게 천국 복음만 믿고 말하며 생활합시다.

"나는 의인이다."(롬 1:17)
"나는 성령 충만하다."(요 7:38)
"나는 건강하다."(마 8:17)
"나는 부요하다."(고후 8:9)
"나는 지혜롭다."(엡 1:8)
"나는 평화를 가졌다."(사 53:5)
"나는 생명을 가졌다."(요 6:47)

나는 날마다 천국같이 행복한 삶을 살고 있습니다. 그래서 만나는 모든 사람에게 "천국같이 살다가 천국으로 갑시다"라고 말합니다. 나는 내 안에 천국이 있다는 사실을 깨닫고 크게 변화되었습니다. 예수를 구주로 믿고 성령으로 거듭나면 당신 안에도 천국이 임합니다.

나를 만난 모든 사람들이 이러한 온전한 복음을 접하게 되었고 지금 그들은 중국, 인도, 필리핀, 미국, 캐나다 등에서 천국 복음을 전하고 있습니다. 시골과 도시에서 만나는 사람마다 그것만 외치고 있습니다. 이것이 천재의 방식입니다. 한 시간만 전수했는데 끝난 것입니다. 이러한 복음은 거저 받았으니 거저 줍니다. 돈을 내지 않고도 배울 수 있습니다. 내가 섬기는 서울목자교회 주일 예배에 참석하면 됩니다. 주일마다 꼭 와서 예배하십시오.

하지만 전문적인 지식에 해당되는 책을 쓰고 강연하는 것은 등록비를 내고 코치를 받아야 합니다. 한 시간 만에 천재적인 의사전달의 일곱 가지 원리를 전수받을 수 있습니다. 지금 당장 등록하여 배우십시오. 당신도 나처럼 마음껏 책을 쓰고 강연하게 될 것입니다. 1인 출판사 설립학교도 등록하십시오.

천재를 만나면 인생이 바뀝니다. 바보와 범재, 수재와 영재를 수천 명 만나도 그 수준에서 맴돌지만 천재를 만나면 날개를 단 것처럼 높고 멀리 세상을 바라볼 있게 됩니다. 눈이 확 뜨입니다. 원하는 것을 얻으려면 주위 사람과 의논하지 않고 저질러야 합니다.

거저 주고받는 것과 장사하는 것, 둘 다 잘해야 성공한다

미국 유력 일간지인 워싱턴포스트지에서 하나의 실험을 했습니다. 세계적인 천재 바이올리니스트인 조슈아 벨(Joshua Bell)로 하여금 청바지 차림에 야구 모자를 쓰고 바이올린을 연주하게 했던 것입니다. 그는 35억짜리 바이올린을 들고 워싱턴 D.C.의 직장인들이 통근하는 지하철역 앞에서 45분 동안 바흐 작품을 여섯 곡이나 연주했습니다. 수천 명이 그 앞을 지나갔지만 그를 알아보지 못하였고 겨우 몇 명이 불쌍하다는 듯 동전을 던졌습니다.

그는 거대한 콘서트홀에서 100달러짜리 표를 매진시키는 인기 있는 사람이었는데 길거리에서 소박한 모습으로 공짜 공연을 하니 그런 무시를 당했던 것입니다. 그가 매일 그렇게 공연한다면 그의 인생과 재능은 어떻게 될까요? 그런 무료 공연은 1년이나 10년에 한번이면 족할 것입니다. 프로의 세계에서 돈을 받고 정식으로 공연해야 가치를 인정받습니다.

당신은 모든 것을 거저 주고만 있지 않습니까? 성경에는 "거저 주라"(마 10:8)는 말씀과 "장사하라"(눅 19:13)는 말씀이 함께 나옵니다. 우리는 거저 주는 것과 장사하는 것 둘 다 해야 합니다. 많은 그리스도인들이 한 가지만 하기 때문에 무시당하고 짓밟히고 평생 가난을 면치 못하는 것입니다. 복음 전도와 구제는 공짜로 나눠주는 것이며 사업은 돈을 받고 팔아 수익을 내야 하는 것입니다.

나는 예수 그리스도 온전한 복음을 전할 때 그것은 값으로 계산할 수 없을 만큼 귀한 것이고 또한 하나님이 그의 외아들 예수님을 통해 값을 모두 지불했기 때문에 거저 알려 줍니다. 성령의 은사도 하나님의 선물이기 때문에 안수하므로 거저 나눠줍니다.

하지만 인생에 꼭 필요한 지혜에 대해서는 솔로몬 왕이 그러했던 것처럼 은금을 받고 알려줍니다. 주변 국가에서 왕과 여왕들이 솔로몬 왕의 지혜를 듣기 위해 엄청난 예물을 들고 왔고 또 정기적으로 조공을 갖다 바쳤습니다.

당신도 한 가지만 아닌 둘 다 해야 합니다. 거저 줄 것은 거저 주고 돈을 받고 팔아야 할 것은 돈을 받고 팔아야 합니다. 그래야 지속적으로 세상에 강력한 영향을 끼칠 수 있습니다. 당신에게 전액 후원 받은 것이 있다면 그것은 거저 나눠 주십시오.

하지만 투자를 받거나 은행에서 사업 자금을 대출받아 회사를 차려 직원을 고용했다면, 공장을 세우고 재료를 사와서 제품을 만든 것은 반드시 높은 값에 팔고 남기십시오. 그래야 재투자하여 더 좋은 제품을 지속적으로 공급할 수 있습니다. 성경에도 그런 사람을 착하고 충성된 종이라고 칭찬했습니다.

"이르시되 어떤 귀인이 왕위를 받아 가지고 오려고 먼 나라로 갈 때에 그 종 열을 불러 은화 열 므나를 주며 이르되 내가 돌아올 때까지 장사하라 하니라. 그런데 그 백성이 그를 미워하여 사자를 뒤로 보내어 이르되 우리는 이 사람이 우리의 왕 됨을 원하지 아니하나이다 하였더라. 귀인이 왕위를 받아 가지고 돌아와서 은화를 준 종들이 각각 어떻게 장사하였는지를 알고자 하여 그들을 부르니 그 첫째가 나아와 이르되 주인이여 당신의 한 므나로 열 므나를 남겼나이다. 주인이 이르되 잘하였다 착한 종이여 네가 지극히 작은 것에 충성하였으니 열 고을 권세를 차지하라 하고……"(눅 19:12~16)

부정적인 사람은 모두 차단하고 전화를 받거나 만나지 마라

당신은 부정적인 사람과 악성 댓글 때문에 시달린 적이 있습니까? 나는 그런 일을 연예인이나 정치가들처럼 엄청 많이 겪지는 않지만 가끔 겪습니다. 한두 명이 나를 비난하고 악성 댓글을 답니다. 그것도 없으면 인기 작가라고 할 수 없겠죠. 그럴 때 나도 꽤 신경이 쓰입니다.

하나님은 내게 "부정적인 사람은 차단하라. 악성 댓글은 절대로 보지 마라"고 하셨습니다. 그래서 나는 완전히 신경 끄고 삽니다.

당신이 책쓰기와 강연, 1인 출판사를 설립하고 억대 수입을 올리고 세상에 영향을 미치며 점점 유명해질 때 두 가지 문제가 생깁니다. 내면의 저항과 외부의 반대입니다.

첫째, 당신 안에서 일어나는 내면의 저항을 이겨내야 합니다. "과연 이렇게 해도 될까? 이런 책을 쓰고 이런 강연을 하고 이런 높은 값에 팔아도 될까?" 하는 내면의 저항을 뛰어넘어야 성공합니다. 그러려면 당신보다 앞서 그렇게 한 사람이 있는지 찾아야 합니다. 그렇게 하고 있는 나에게 코칭을 받으면 가장 좋습니다.

내면의 저항에 있어 가장 큰 세력은 경험인데 "과거에 내가 이런 걸 해본 적이 없었잖아"라고 자신이 혼자 힘들어 합니다. 그래서 과거에 그런 일을 한 사례가 있는지 책과 신문, 잡지 등을 통해 자료를 찾아야 합니다. 먼저 그 일을 하여 성공한 사람을 발견하게 되면 당신이 그 일을 하는 것이 한결 쉬워집니다. 만약 없다면요? 정주영 회장의 "이봐, 그거 해봤어?"라는 말을 기억하고 당신이 먼저 저질러 보면 됩니다. 해보면 괜찮다는 걸 알게 됩니다.

일단 저질러서 해보면 두려움이 사라지고 새 길이 열리게 된다

일단 저질러서 해보면 두려움이 사라지고 새 길이 열리게 됩니다. 나는 무작정 일을 시도하지 않습니다. 사전에 조사를 하여 "내가 하려고 하는 것을 이미 한 사람이 있는가?" 하고 구체적인 정보를 찾습니다. 성경이건 고전이건 찾으면 나옵니다. 전 세계에서 강연을 하거나 코치를 하거나 하는 예를 다 찾아봅니다. 그들이 어떻게 억대 강사비를 받고 있는지 최대한 많은 자료를 찾습니다.

"이 사람은 3일 동안 강연하는데 한 사람당 3500만 원의 강사비를 받았구나. 5천 명이나 등록을 했네. 나도 그렇게 해야 되겠다. 그런데 이게 과연 우리나라에서도 가능할까?"

처음엔 생소합니다. "나는 도저히 그렇게 못하겠어. 꿈으로만 갖고 있어야지"라고 하는데 조금 시간이 지나면 내 안에서 가능성이 꿈틀거립니다. "그 사람보다 내가 가르치는 내용이 더 뛰어나. 왜 하면 안 돼? 나도 하면 돼. 그 사람이 3일 동안 강연했다면 나는 한 시간 만에 끝내고 그런 돈을 받아야지"라고 마음먹게 됩니다.

"돈이 없는 사람들이 많지 않나요?"

돈 없는 사람들도 많지만 돈 있는 사람들도 많습니다.

"돈 없는 사람들은 저 고급 아파트에 못 살잖아요?"

당연합니다. 돈 없는 사람들은 옛날의 나처럼 보증금 300만 원에 월세 30만 원을 내며 살아야 합니다. 나는 몇 년 동안 그렇게 살았습니다. 나는 그때 마음으로 울며 기도했습니다.

"하나님, 불공평합니다. 모든 사람이 저렇게 좋은 10억, 20억짜리 아파트에 살아야 하지 않나요?"

"그 사람들은 너와 마인드가 완전히 다르다. 그걸 경영하고 관리하고 책임질 수 있는 능력이 있다. 너는 아직까지 그럴 능력이 안 된다. 너는 돈 관리에 대해 더 많이 배워야 한다. 다른 능력은 네게 많지만 돈에 대해서는 아직 어린 아이와 같다. 그러기 때문에 너는 보증금 300만 원에 월세 30만 원을 내며 지하에서 살아야 한다."

나는 그런 곳에서 지내며 마음은 행복하게 살았습니다. 그것이 불공평한 것일까요? 아닙니다. 공평한 것입니다. 그러다가 성경을 읽고 돈에 대한 깨달음을 얻었고 지금은 넓은 집에서 살고 있습니다. 깨달으면 사람의 의식 수준이 높아지고 생각이 커집니다. 깨달으면 그 수준에서의 큰 사업을 하며 많은 수입을 올리게 됩니다.

내가 쓴 책이나 교육 과정에 대해서도 나는 이렇게 말합니다.

"돈 없는 사람들은 서점에 가서 2만 원짜리 책 사보라고 해. 3퍼센트 할인 받고. 돈 있는 사람들은 120만 원짜리 책을 사보라고 해. 없는 자는 관리와 경영을 제대로 못하기 때문에 있는 것도 빼앗기게 되고 있는 자는 관리와 경영을 잘하기 때문에 지금보다 더 많이 가지게 되는 거야. 그게 하나님의 경영 법칙이야. 소유가 아닌 경영이지. 하나님은 냉정하신 분이야. 청지기는 잘 경영해서 두 배로 남겨야 해."

내면의 저항을 이기기 위해서는 책을 읽고 또 그런 멘토를 만나야 합니다. 천재멘토인 나 김열방을 만난 사람들의 인생이 완전히 바뀌고 있습니다. 〈김열방의 억대수입비결〉이란 책에는 '천재적인 마케팅의 비결 열두 가지'를 적었습니다. 나는 30대의 한 청년에게 그 중 세 가지를 알려주었습니다. 그가 백만 원대 수입을 올리다가 지금은 한 달에 1억 이상의 수입을 올리고 있습니다. 십대인 내 아들에게도 그것을 가르쳤더니 억대 수입을 올리고 있습니다.

그들이 간곡히 부탁하며 말합니다.

"김열방 목사님, 한 가지만 더 알려주세요."

"안 됩니다. 내가 쓴 〈김열방의 억대수입비결〉이란 책을 사 보세요. 거기에 열두 가지 비결이 모두 나옵니다."

배움에는 대가를 지불해야 합니다. 50권의 책을 써낸 지방의 한 작가에게 내가 알고 있는 천재적인 책쓰기 비법 일곱 가지 중에서 한 가지만 가르쳐 주었는데 그동안 써낸 50권의 책이 아무것도 아닌 것처럼 되어 버렸습니다. 자신이 영재의 수준에서 짜깁기를 했다는 것을 알게 되었고 전혀 다른 방식으로 책을 다시 쓰기 시작했습니다. 그는 내가 가르쳐 준 천재적인 책쓰기 비법 한 가지를 통해 자신을 퍼스널 브랜딩 했고 그렇게 1인 기업가로 자신을 홍보하니 단숨에 많은 마니아들이 생기게 되었습니다.

당신이 책을 50권 써낸다고 해서 마니아들이 생기는 것이 아닙니다. 차원이 다른 천재적인 책쓰기를 해야 마니아들이 생깁니다. 나의 둘째 아들 김추수 작가도 천재적인 책쓰기로 두 권의 책을 써냈는데 많은 마니아들이 생겼고 억대 수입을 올리고 있습니다.

외부의 반대 세력에 안 부딪히려면 조용히 일을 시작하고 끝나라

둘째, 외부의 반대 세력입니다. "미쳤구먼. 말도 안 돼"라고 말하는 사람들이 있습니다. 외부의 반대 세력 중 첫 번째 사람은 누구일까요? 부모와 자녀, 남편과 아내 등입니다. 그들에게 모략을 펼쳐야 합니다. 그렇다면 외부의 반대 세력은 무엇일까요? 혈육사 곧 혈통과 육정과 사람의 뜻입니다. 그들을 경계해야 합니다.

혈통은 부모와 자녀입니다. 당신이 성령의 인도를 따라 새로운 일을 하려고 하면 그들이 나서서 "안 돼"라며 극구 말립니다. "돼. 해봐"라고 말하는 부모님은 정말 좋은 부모님입니다.

그런데 조금만 크게 생각하거나 그분들의 경험과 다른 것을 말하면 "안 돼"라고 단방에 잘라 버립니다. 그런 반대에 부딪히면서 극복하려고 하면 정말 힘듭니다. 나는 그런 반대에 부딪히지 않고 많은 일을 해냈는데 그 비결이 무엇일까요? 그분들에게 절대로 말하지 않는 것입니다. 비밀리에 일을 진행한 후 그 일을 다 끝내고 결과물을 내미는 것입니다.

이것이 모략입니다. 그렇게 하지 않고 중간에 마음이 들떠서 주위 사람들에게 말하면 다 망칩니다. 동방박사들이 그랬습니다. 그들은 끝까지 별을 보고 아기 예수님에게 가야 했는데 중간에 마음이 들떠서 헤롯 왕궁에 들어가 아기 예수의 탄생을 떠벌이고 말았습니다. 그 결과 수십 명의 무고한 아이들이 죽었습니다. 그들이 고향으로 돌아오는 길에 가슴을 치며 후회했겠지만 이미 끝난 일입니다.(마 2:1~18)

당신도 이 사실을 꼭 기억하고 성령을 따라 어떤 새로운 일을 시도할 때 주위 사람들에게 말하지 않도록 입술을 굳게 지키십시오.

나는 아이들에게 무엇이든 과감히 시도하라고 말합니다.

"십계명을 어기는 것만 아니면 무엇이든지 해도 된다. 묻지 말고 알아서 시작해라. 너희가 회사를 차리든지 세계 여행을 가든지 스포츠카를 타고 다니든지 나는 말리지 않는다. 마음껏 시도해라."

육정은 인간적인 정으로 사귄 친구들을 말합니다. 큰일을 할 때는 그들을 멀리해야 합니다. 친구들도 유효기간이 있습니다. 중학교 친구들은 중학교를 졸업하는 동시에 끊어야 합니다. 중학교 3년 동안 사귀었으면 그걸로 충분합니다. 고등학교 친구는 고등학교를 졸업하는 동시에 끊어야 합니다. 고등학교 3년 동안 사귀었으면 그걸로 충분합니다. 대학교 친구는 대학교를 졸업하는 동시에 끊어야 합니다. 대학교 4년 동안 사귀었으면 그걸로 충분합니다.

친구 모임이나 동창회는 1년에 한번만 가면 됩니다. 그들과 어울려 돌아다니지 말아야 합니다. 그러면 앞으로 나아가지 못하게 됩니다. 큰 꿈을 가지고 앞으로 나아가려는데 그런 학교 친구들은 걸림돌이 되고 당신은 발목 잡힌 인생이 되기 십상입니다. 육정으로 친구를 그리워하지 마십시오.

한 계단 올라가면 거기에 걸맞은 친구가 당신을 기다리고 있다

당신은 옛 친구에게 매여 있지 않습니까?

옛 친구를 다 졸업하십시오. 유치원, 초등학교, 중학교, 고등학교, 대학교, 사회로 발을 한 걸음씩 내디디면 그때 사귀었던 옛 친구들은 졸업과 동시에 헤어지고 현재의 위치와 신분에 걸맞은 새로운 친구를 만나게 됩니다.

친구가 무엇입니까? 모든 조건을 배제하고 동등한 위치에서 만난다는 것입니다. 그래서 좋은 점도 있겠지만 당신의 내면이 엄청난 변화와 성장을 경험하고 있는데 그런 옛 친구들을 만나 동등한 위치에서 대화를 나누다 보면 당신의 인생은 제자리걸음만 하게 됩니다. 당신이 성공했다고 그들을 만나 봤자 소용없습니다.

친구의 성공에 대해 진정으로 축하해 주는 학교 친구는 진짜 드뭅니다. 대부분 "저놈은 학교에 다닐 때 나와 똑같은 교실에 앉아 있었는데 왜 저렇게 잘 나가는 거야? 그렇게 잘 나가면 내게 한 푼이라도 도움을 줄 것이지 좀 성공했다고 잘난 체 하는 거야 뭐야?"라고 말할 뿐입니다. 다들 자기 힘든 것만 말하며 손을 내밉니다.

학교 동창들은 서로 비교하고 경쟁하며 시기, 질투, 비난합니다. 학교라는 공동체가 수재들의 세계로 1등에서 100등까지 등수를 매기며 경쟁하는 시스템이기 때문에 어쩔 수 없습니다. 천재들의 세계는 겸손히 서로의 특정 분야를 인정하고 존중하며 협력합니다. 당신이 학교를 졸업하는 순간부터 수재들이 아닌 천재들을 만나 그들을 친구로 사귀고 동업할 계획을 세워야 크게 성공합니다.

인간적인 정에 발목 잡히지 않도록 그들을 멀리 두십시오.

그들에 대해 '거차함가말' 하십시오. 거차함가말이 뭐냐고요?

거절, 차단, 함께 있지 않음, 가만히 둠, 말을 걸지 않기 입니다.

나는 고등학교를 다닐 때 천재의 세계에서 혼자 지내는 것이 힘들어 하나님께 친구 열 명을 달라고 구했습니다. 하나님은 한 달도 채 안되어 열 명의 친구를 보내 주셨고 그들을 10년간 사귀었습니다. 그런데 내가 그들에게 인정받으려고 하고 그들과 비교하며 성공했다는 착각 속에 빠지게 되었습니다. 육정에 매여 앞으로 나아가지 못했습니다. 그들은 나의 천재성을 인정하지 않았고 단지 내게 돈 몇 푼만 구걸했습니다.

하루는 한 친구가 나를 찾아와 말했습니다.

"내가 사업에 실패했는데 좀 도와줘."

나는 그 친구에게 도움을 주면서 "내가 성공한 비결이 이 책에 담겨 있으니 이 책을 꼭 읽어봐. 나는 너보다 더 힘든 세월을 거쳤어"라고 말했습니다. 그리고 내가 쓴 책을 한 권 선물로 주었습니다. 그 이후로도 여러 번 찾아와 도움을 구했는데 나는 그때마다 돈과 함께 내가 새로 쓴 책을 선물로 주었습니다. 그런데 그는 내가 준 돈은 받아 챙기고 내가 쓴 책은 읽지 않고 버렸습니다.

나는 그를 끊고 차단했습니다.

"실패한 자리에서 어떻게든 일어나려고 지혜를 구하지 않고 돈 몇 푼만 받으려고 오는 친구는 더 이상 사귀지 않겠다."

그런데 세월이 지나면서 그 친구만 그런 것이 아니라 수많은 신학생들, 목회자들, 선교사님들이 그런 구걸 마인드에 절어 있다는 것을 발견하게 되었습니다. 그들은 지혜를 구하지 않고 은금만 구했습니다. 그래서 평생 거지처럼 구걸만 하며 삽니다.

나에게 은금이 있지만 그것은 지혜를 구했기 때문에 덤으로 얻은 복입니다. 지혜를 구하면 은금이 따라오지만 은금만 구하면 지혜도 은금도 다 얻지 못하고 평생 가난을 면치 못하게 됩니다.

은금보다 지혜를 더 크게 여기십시오.

"지혜가 제일이니 지혜를 얻으라. 네가 얻은 모든 것을 가지고 명철을 얻을지니라. 그를 높이라. 그리하면 그가 너를 높이 들리라. 만일 그를 품으면 그가 너를 영화롭게 하리라. 그가 아름다운 관을 네 머리에 두겠고 영화로운 면류관을 네게 주리라 하셨느니라. 지혜를 얻는 것이 금을 얻는 것보다 얼마나 나은고? 명철을 얻는 것이 은을 얻는 것보다 더욱 나으니라."(잠 4:7~9, 16:16)

옛날 친구들을 그리워하지 말고 새로운 친구들을 사귀십시오.

각 분야의 대통령과 대기업 회장 같은 사람들을 사귀십시오.

억대 수입을 올리는 1인 기업가들을 많이 만나야 합니다. 또한 수재 교사가 아닌 천재코치를 만나야 합니다.

당신이 학교를 졸업한 순간 프로의 세계에 들어서게 됩니다. 그런 프로의 세계에서는 새롭게 결단하고 친구의 수준을 완전히 달리해야 더 큰 성장을 맛보게 됩니다.

셋째, 사람의 뜻을 끊어야 합니다. 사람의 뜻은 율법주의 교사와 그 가르침을 말합니다. "하루에 세 시간만 자며 미친 듯이 노력해야만 성공하는 거야"라고 말하는 사람을 끊어야 합니다. 그런 모임에서 탈퇴하십시오. 그런 사람들을 끊고 만나지 마십시오.

정말 안 만나도 될까요? 네, 안 만나도 됩니다. 그리고 실력은 없는데 겉치장만 추구하는 친구들을 끊어야 합니다. 만날 때마다 껍데기만 자랑하며 그런 것 위주로만 나가는 친구들은 멀리해야 합니다. 나는 친구들에게 항상 믿음과 복음을 이야기합니다. 다른 것들은 자연스럽게 누리는 것입니다.

당신이 직접 억대 수입을 올리는 위치와 환경을 만들어라

당신은 지금 어떤 환경에 거하고 있습니까?

인간은 환경의 영향을 받습니다. 당신이 억대 수입을 올리려면 그런 환경을 의도적으로 만들어야 합니다. 몸값을 높이고 아무나 범접하지 못하게 해야 합니다. 억대 수입을 올리는 거래를 할 수 있도록 자신의 환경을 럭셔리하게 만들고 자신의 몸값과 위치를 높여야 합니다.

성령님의 인도를 따라 살려면 '혈육사' 곧 혈통과 육정과 사람의 뜻에서 빠져나오고 그런 환경과 사람을 멀리 두어야 합니다. 하나님은 아브라함에게 혈육사 환경인 "본토 친척 아비 집을 떠나라"고 지시하셨고 그가 순종했기 때문에 믿음의 조상과 복의 근원이 되었습니다.

아브라함과 같은 믿음을 가진 사람이 조카 롯이었습니다. 성경에는 '의인 롯'이라고 되어 있습니다. 소돔성이 악하여 하나님이 유황불로 멸망시킬 때 의인 롯의 가족만 구원 받았는데 그의 아내는 재물을 돌아보다가 소금 기둥이 되었습니다.

롯이 왜 힘들어했습니까? 소돔과 고모라라는 나쁜 환경에 들어가 머물렀기 때문입니다. 소돔과 고모라 땅과 같은 나쁜 환경에 들어가면 죄인과 그들이 죄짓는 것을 자꾸 보게 됩니다. 얼마 안가 그것에 대해 익숙해지고 결국 자신도 죄를 짓게 됩니다.

많은 사람들이 간단한 방법을 몰라 실천하지 못하고 그 자리에 계속 앉아 있으면서 힘들어하고 땅이 꺼져라 크게 한숨을 쉽니다.

"어휴, 습관적인 죄 때문에 고통스러워. 어떻게 이걸 끊지?"

주님은 "그런 말을 하지 말고 네가 있는 환경에 변화를 주어라. 그런 환경에서 빠져나와라. 그런 환경을 정리하라. 그런 환경에 다시 들어가지 마라"고 말씀하십니다. 지금 당장 그런 거룩한 환경을 만드십시오. 쉽고 간단합니다.

"죄 짓는 환경에서 빠져나오고 그런 환경을 불태워 버려라."

성냥으로 건물에 불을 지르라는 말이 아닙니다. 그런 환경에서 빠져나와야 합니다. 혈통과 육정과 사람의 뜻을 따라 분위기가 이상해지는 곳에서 빠져나와야 합니다. 사람은 환경이 중요합니다. 우리는 죄를 안 짓습니다. 하지만 환경이 죄를 짓게 만듭니다. 한 청년이 내게 와서 상담을 요청했습니다.

"김열방 목사님, 저는 컴퓨터 앞에만 앉으면 음란한 것을 보게 됩니다. 괴로워서 미칠 지경입니다. 도대체 어떻게 하면 될까요?"

"나쁜 환경 때문입니다. 그런 환경을 깨끗하게 정리하고 다시는 만들지 마세요. 음란한 책을 보지 마세요. 음란한 곳에 가지 마세요. 음란한 친구를 사귀지 마세요. 환경이 영혼을 망칩니다."

자동으로 죄를 짓는 환경 속에 거하면서 괴롭다는 말을 하지 말아야 합니다. 자동으로 죄를 짓는 환경 속에 들어가면 자동으로 죄를 짓게 되어 있습니다. 자동으로 죄를 안 짓는 환경으로 빠져나와야 합니다. 그리고 자동으로 죄를 안 짓는 환경을 만들어 놓으면 죄를 안 짓게 됩니다. 지금 당장 실천하십시오. 내가 그 청년에게 물었습니다.

"자동으로 그런 음란한 것을 보게 되지요?"

"네, 그렇습니다."

"그렇다면 자동으로 죄를 안 짓는 좋은 환경을 만드십시오."

어떤 사람은 자동으로 거짓말을 합니다. 그런 친구를 만나고 그런 일을 하고 그런 환경에 거하기 때문입니다. 자동으로 거짓말을 안 하는 환경에 가야 합니다. 주일을 어길 수밖에 없는 직장에 취직해 놓고 주일 성수 때문에 고민하는 것은 어리석은 일입니다.

처음에 당신이 원하는 최고 조건으로 계약해야 후회하지 않는다

내 아들 성은이는 직장을 다니지만 주일 성수 때문에 고민하지 않습니다. 처음부터 그런 직장을 선택했기 때문입니다. 당신도 처음부터 그런 직장을 선택하고 그런 조건으로 계약해야 합니다.

"그런 조건의 계약을 하는 건 제게 큰 장애물인데요?"

그런 장애물을 하나씩 뛰어넘지 못하면 성공할 수 없습니다.

하나님께서 당신에게 꿈을 주시고 그 꿈이 이루어지도록 당신을 인도하실 때 아무런 장애가 없을 거라고 생각하지만 실제로는 그렇지 않습니다. 가장 가까운 사람들이 반대하며 방해를 놓습니다.

야곱이 꿈을 꾸었는데 라반이 장애물을 놓았습니다.

야곱의 삯으로 새로 계약했던 그 희귀한 양들을 주지 않으려고 아들을 시켜 사흘 길쯤 떨어뜨려 놓았습니다. 야곱은 그 장애물을 뛰어넘어야 했습니다.

인생은 장애물 경주와 같습니다. 꿈을 가진 사람은 수많은 크고 작은 장애물들을 뛰어넘어야 합니다. 그 장애물의 대표적인 것은 '혈육사'입니다. 그들이 들고 일어나 막습니다. 그러므로 부모님이나 형제들에게 당신의 꿈을 함부로 이야기하면 안 됩니다.

나는 집을 살 때 형제들에게 말하지 않았습니다. 집을 산지 1년이 지나도록 형제들은 몰랐습니다. 책을 쓸 때 부모님한테 말하지 않았습니다. 내가 서울로 이사할 때 친구들에게 말하지 않았습니다. 교회를 개척할 때 아는 사람들에게 말하지 않았습니다.

당신이 책을 내고 땅을 사고 빌딩을 살 때 그 일이 완결될 때까지는 아무한테도 이야기하지 말아야 합니다. 나는 진행되는 일, 성취된 일의 백분의 일 정도만 주위 사람과 모인 군중들에게 말합니다. 그것도 자랑하기 위해서가 아닌 강력한 동기부여로 그들의 인생에 조금이라도 유익을 주기 위해서입니다.

아무한테나 이야기하면 계획을 망치게 됩니다. 혈통, 육정, 사람의 뜻을 가진 사람들은 계속 부정적인 말만 합니다. 막아 버립니다. 책을 내려고 하면 막고 출판사를 차리려고 하면 막습니다.

"국문학과를 전공하지도 않았고 사업 경험도 없는 네가 무슨 출판사를 차린다는 거야? 말도 안 돼."

그런 부정적인 사람을 다 끊어야 합니다. 가까이 오지 못하도록 차단해야 합니다. 내가 산 넓은 집에 지인들을 초청하려고 하자 성령님께서 내게 그렇게 하지 말라고 한두 번이 아닌 일곱 번이나 반복해서 말씀하셨습니다. 완고한 명령이었습니다.

"너의 집에 사람들을 절대로 초청하지 마라."

나는 사람들을 초청하려는 머릿속의 모든 계획을 지웠습니다.

부정적인 사람은 차갑게 대하고 멀리 두고 완전히 차단하라

부정적인 사람은 다 끊고 차단하십시오.

인생은 부정적인 사람들과 실랑이를 벌일 만큼 한가하지 않습니다. 부정적인 사람은 당신 곁에 두지 말고 아예 만나지 말아야 합니다. 아내가 전화로 부정적인 말을 하면 나는 나중에 다시 통화하자며 즉시 끊어 버립니다. 아내가 산책할 때 부정적인 말을 하면 "그만 하고 집에 가자"고 하며 산책을 즉시 멈추고 집으로 돌아옵니다. 아내도 내게 그렇게 합니다. 나나 아내나 서로 부정적인 말은 하지 않습니다. 늘 깨어 있습니다. 요즘은 서로가 부정적인 말을 하지 않기 때문에 산책을 멈추고 집에 돌아오는 일은 없습니다.

부정적인 말을 할 바에는 아예 대화를 하지 말자는 것입니다. 조금만 크게 생각하고 큰일을 진행하면 부정적인 생각과 말부터 하는 사람이 있습니다. 그들은 왜 그렇게 항상 부정적이기만 할까요? 죄를 짓는 일이 아니라면 모든 일을 긍정적으로 받아들여야 합니다. 큰일을 저질러야 큰 성공을 거두게 됩니다.

"겁나. 그렇게 큰일을 시도하면 과연 성공할까?"

겁나면 하지 말아야 합니다. 집에 가만히 앉아 텔레비전만 보든지 침대에 누워 잠만 자야 합니다. 남편이 어떤 큰일을 하겠다고 말하면 아내는 믿음으로 마음을 화합해야 합니다.

하루는 산책하면서 내가 아내에게 말했습니다.

"나는 한 권에 120만 원하는 럭셔리셀러를 만들 거야."

아내가 흔쾌히 내 아이디어에 찬성하는 대답을 했습니다.

"아, 좋아요. 그런 책을 만드세요."

그러면 일이 순적하게 진행됩니다. 당신이 세상을 깜짝 놀라게 할 책을 100권 써 내겠다고 할 때 아내는 "잘 하고 있어요. 대단해요"라고 말해 주어야 용기를 내어 신나게 일을 할 수 있는 것입니다. "그렇게 해보세요. 내가 밀어 줄게요"라고 칭찬과 격려의 말 한 마디만 해주면 기분이 좋아집니다.

부모님이건 친척이건 형제건 긍정적인 사람과 대화를 나누어야 합니다. 내가 책을 700권 썼지만 어떤 친구도 내게 "축하한다"고 말해 주지 않았습니다. 나의 형이 처음 〈성령님과 교제법〉이란 책을 써냈을 때 축하한다며 레스토랑에 가서 파티를 열어 주었습니다. 지금 생각해도 그런 형이 고맙습니다.

당신이 어떤 일을 해냈을 때 진정으로 축하한다고 말해 주는 사람이 몇 명이나 있습니까? 대부분 뭐 하나 얻어먹을 게 없을까 하고 눈치만 보지 축하한다는 말을 하지 않습니다. 그 말이 그리 어려운 걸까요? 대부분 비관적이고 비판적인 태도를 취합니다.

"지금 좀 성공했지만 얼마 안 가 망할 거야."

그렇게 저주하지 말아야 합니다. 기쁜 마음으로 축하해 주는 사람이 잔치에 참여할 자격이 있습니다. 나는 내가 어떤 일을 성취했을 때 축하하지 않는 사람은 다 멀리 둡니다. 나의 소중한 인생을 그런 사람과 함께 허비할 수 없기 때문입니다.

그러면 나는 어떨까요? 나는 친구들이 조금이라도 성공했다는 말을 들으면 진심으로 축하해 줍니다. "와, 정말 큰일을 해냈다. 대단해. 축하해"라고 말해 줍니다. 그런 나를 친구들이 좋아합니다.

남이 잘 되는 것을 축하해 주고 칭찬해 주면 당신도 얼마 있지 않아 그것을 얻을 수 있게 됩니다.

부정적인 사람은 절대로 만나지 마라. 전화나 문자도 하지 마라

당신은 어떤 배우자를 곁에 두고 있습니까?

아내나 남편이 긍정적인 사람이라면 축복받은 사람입니다. 아내가 "당신 참 잘하고 있어요. 나는 당신을 믿어요"라고 말해 준다면 남편이 얼마나 힘나겠습니까? 남편이 "잘 이해되지는 않지만 그래도 나는 당신을 믿어요"라고 말한다면 아내가 얼마나 고마울까요?

이해가 안 되기 때문에 믿는 것입니다. 믿으면 일이 진행됩니다. 내 아내가 나를 믿어 주기 때문에 나는 수입의 오분의 일을 아내에게 줍니다. 나는 수입의 오분의 일을 헌금하고 오분의 일을 아내에게 생활비로 줍니다. 또 아내가 나를 잘 코치해 주기 때문에 코칭비로 수입의 오분의 일을 줍니다. 실제로 내게 들어오는 수입의 절반 정도가 아내에게로 갑니다. 나도 하나님을 믿었기 때문에 상을 받습니다. 믿으면 상을 받습니다. 믿지 않으면 다 잃게 됩니다.

하나님과의 관계에서, 부부 관계에서, 부모와 자녀의 관계에서 모두 그렇습니다. 자녀는 부모를 믿어야 하고 부모는 자녀를 믿어야 합니다. 형제들끼리도 서로 믿어 주어야 합니다. 믿지 않으면 관계가 끊어집니다. 믿지 않으면 은혜에서 끊어집니다.

믿지 않는 사람들은 어떻게 될까요? 관계에서 모두 끊어지고 더 이상의 공급이 없게 됩니다. 믿지 않는다는 것은 이미 그의 마음에 1퍼센트의 의심이 들어온 것입니다. 믿지 않으면 중간에 포기하게 됩니다. 사도 바울과 함께했던 데마가 그랬습니다.

"데마는 이 세상을 사랑하여 나를 버리고 데살로니가로 갔고 그레스게는 갈라디아로 디도는 달마디아로 갔고 누가만 나와 함께 있느니라. 네가 올 때에 마가를 데리고 오라. 그가 나의 일에 유익하니라. 두기고는 에베소로 보내었노라."(딤후 4:10~12)

첫째, 떠나간 사람이 있고 둘째, 남아 있는 사람이 있고 셋째, 보낸 사람이 있습니다. 당신은 어떤 사람입니까?

어떤 사람이 버스나 전차에서 내려도 그 차는 종착점까지 계속 달립니다. 비행기는 한번 타면 끝까지 날아갑니다. 이 책을 읽는 당신은 나와 함께 믿음의 비행기를 탔습니다. 그러면 끝까지 가야 합니다. 나는 어떤 일이든 끝까지 가기 때문에 다 얻습니다.

에녹이 하나님을 믿었기 때문에 365세까지 끝까지 달려가다가 하늘로 쑥 올라갔습니다. 엘리야가 하나님을 믿었기 때문에 불 말과 불 병거가 내려와 그를 태워 하늘로 올라갔습니다. 아브라함이 하나님을 믿었기 때문에 장수하고 부귀를 누렸고 믿음의 조상과 복의 근원으로 인정받았습니다. 나는 이 책을 읽는 당신이 나와 함께 200세까지 의롭고 건강하고 부요하게 살게 되기를 바랍니다.

믿음이 정말로 중요합니다. 제발 모든 것을 믿으십시오.

믿음이 썩지 않으려면 믿음의 말씀을 듣고, 믿음의 책을 읽고, 믿음의 교제를 나누어야 합니다. 모든 일에 성령님을 의지해야 합니다. 완전히 믿고 완전히 의지하십시오. 그러면 성공합니다.

중간에 의심하지 말고 끝까지 가야 큰돈을 벌고 성과물을 얻는다

당신은 지금 어디에 있습니까?

하나님은 죄를 지은 아담에게 "네가 어디에 있느냐?"고 물으셨습니다. 아담은 믿음의 자리를 떠났습니다. 세상에서 가장 큰 죄는 믿지 않는 죄입니다. 믿지 않으면 말씀에 불순종하고 떠나게 됩니다. 믿지 않으면 모든 것이 썩어 들어갑니다. 마음으로 믿고 입으로 시인하며 믿음의 자리를 지켜야 합니다.

당신은 심은 무화과나무 곁에서 그 나무를 지키고 있습니까? 무화과나무를 심었으면 그 나무 곁에서 끝까지 지켜야 열매를 따먹습니다. 이것은 내가 처음 서울 잠실로 와서 교회를 개척할 때 하나님이 내게 주신 말씀입니다. 잠언 27장 18절에 "무화과나무를 지키는 자는 그 과실을 먹고 자기 주인에게 시중드는 자는 영화를 얻느니라"고 했습니다. 나는 그 말씀대로 무화과나무를 심었고 지금까지 무화과나무를 지키고 있습니다. 그래서 그 과실을 따 먹게 되었습니다. 당신도 끝까지 자리를 지켜야 성공합니다.

안타깝게도 많은 사람들이 무화과나무를 심기만 하고 얼마 있지 않아 떠났습니다. 그들은 또 다른 곳에 가서 무화과나무를 심습니다. 하지만 그곳에서도 꿋꿋이 지키지 못하고 시련이 오면 또 떠납니다. 그걸 계속 반복하니까 성공하지 못하는 것입니다.

내가 책을 써낼 때도 많은 시련이 왔습니다. 그러나 나는 시작할 때 "이 책이 잘 나왔음, 감사합니다"라고 완성된 모습을 마음에 그리며 하나님께 감사의 기도를 드린 후에 첫 글자인 "나는"을 두드립니다. 그래서 어떤 경우에도 포기하지 않고 끝까지 갑니다. 끝까지 가는 사람만 열매를 따 먹습니다. 중간에 포기하지 마십시오.

자기 주인을 한번 시종 들었으면 끝까지 시종 들어야 합니다.

나는 나의 주인님이신 성령님을 처음부터 지금까지 한번도 변함없이 시종 들고 있습니다. 내 마음은 변함이 없습니다. 나는 성령님만 두려워하며 그분의 음성에만 귀를 기울입니다. 그래서 상을 받는 것입니다. 믿음에는 반드시 상이 있습니다.

목회자가 십계명을 어기는 가르침을 한다면 그것은 절대로 믿거나 받아들이면 안 됩니다. "간음해도 된다." 그런 가르침은 믿지 말아야 합니다. "우상 숭배해도 된다." 그런 가르침은 믿지 말아야 합니다. "안식일을 어겨도 된다." 그런 가르침은 믿지 말아야 합니다.

그러나 십계명을 어기는 것 이외에는 무엇을 말하든지 믿어야 합니다. "하루에 1억, 10억을 벌 수 있습니다"라고 말하면 믿어야 합니다. 왜 그리스도인들이 포장마차를 끌어야 경건한 모습입니까? 언제까지 건강에도 좋지 않은 붕어빵과 오징어 튀김만 길거리에서 만들어 팔겠습니까? 성경에서 말하는 신선한 곡식, 채소, 과일, 소고기, 양고기, 가금류, 생선 등을 가지고 최고의 요리를 하는 고급 레스토랑을 차리면 안 됩니까?

하루에 꼭 10만 원만 벌어야 합니까? 하루에 10억을 벌면 안 됩니까? 생각을 백배나 크게 해야 합니다. 그리스도인들이 조금만 크게 생각하면 사단은 가까이 와서 속삭입니다. "그것은 탐욕이야, 죄야, 잘못된 거야. 큰일 나"라고 하며 아예 겁을 먹고 그런 일을 못하게 합니다. "지하 단칸방에 사는 것이 마음 편하지 네까짓 게 뭔데 50평 아파트를 10억에 산다는 거야"라고 말하며 괜히 죄짓는 것처럼 불안감을 일으킵니다. 속지 말아야 합니다.

당신도 그런 좋은 아파트에 살 자격이 있습니다.

이미 수십만 명의 사람들이 그런 아파트에서 살고 있습니다.

하나님은 당신에게 머리가 되고 꼬리가 되지 않게 하신다고 약속하셨습니다. 위에만 있고 아래에 있지 않게 하신다고 약속하셨습니다. 제발 땅 밑 습기 차고 냄새나고 어두운 지하에서 탈출하십시오. 출애굽 하듯이 빠져나오십시오. 밝고 환한 대저택에 사는 꿈을 가지십시오. 나는 그렇게 꿈꾸었고 다 얻었습니다.

꿈이 멀어진 것 같아도 어떻게든 하나님이 그 꿈을 이루어 주신다

라반의 아들들이 아롱진 양, 점 있는 양, 검은 양을 다 데리고 사흘 길쯤 떨어진 곳으로 갔습니다. 야곱이 원망했습니까?

"왜 이렇게 내 인생이 꼬이는 거야?"

아닙니다. 야곱은 하나님을 의지하며 감사했습니다. 당신에게서 사흘 길 쯤 떨어진 사람이 있습니까? 울지 말고 감사하십시오.

"잘된 거야. 그런 부정적인 사람들, 세상적인 사람들, 우상 숭배하는 사람들, 의심하는 사람들, 율법주의자들, 멀리 잘 떨어졌어."

당신에게서 떨어져 나간 사람이 있습니까? 이렇게 말하십시오.

"잘 떨어졌어. 앞으로 더 잘되고 더 크게 성공할 거야. 하나님이 기적을 베푸실 거야. 인간적인 손길보다 하나님의 손길이 더 커."

하나님은 그런 야곱에게 백배의 복을 주셨습니다. 혈육사를 정리하면 망할 것처럼 보이지만 그 반대로 백배의 복을 주십니다. 마가복음 10장 29~30절에 "예수께서 이르시되 내가 진실로 너희에게 이르노니 나와 복음을 위하여 집이나 형제나 자매나 어머니나 아버지나 자식이나 전토를 버린 자는 현세에 있어 집과 형제와 자매와 어머니와 자식과 전토를 백배나 받되 박해를 겸하여 받고 내세에 영생을 받지 못할 자가 없느니라"고 했기 때문입니다.

예수를 따르기 위해, 복음을 전파하기 위해 아비나 어미나 형제나 자매를 미워하고 전토를 버리면 이 땅에서 백배로 주신다고 했습니다. 나를 보십시오. 내가 백배로 다 받고 있지 않습니까? 이 책을 읽는 당신도 나처럼 믿음으로 살면 백배의 복을 받습니다.

당신도 야곱처럼 럭셔리 제품을 만들어 억대 수입을 올려라

야곱은 6년 만에 거부가 되었습니다. 당신도 6년 만에 거부가 되기 바랍니다. 일반적으로 양은 털을 깎고 고기를 먹습니다. 하지만 희귀 양은 그 자체로 애완동물이 될 수 있습니다. 보통 흰색 양 한 마리에 10만 원 정도 한다면 희귀 양은 10억 할 수도 있습니다.

"김열방 목사님, 지나칩니다. 양은 다 똑같은 양이 아닌가요?"

실제로 희귀 양 한 마리에 25억짜리가 있습니다. 내가 쓴 이 책 한 권에 2만 원이지만 희귀한 책은 10억, 20억이 될 수 있습니다.

오늘 아침에도 카페에 앉아 책을 읽고 많은 깨달음을 얻었습니다. 내가 가져간 책을 다 읽은 후에 시간이 좀 남아서 그곳에 비치된 〈럭셔리〉란 잡지책을 보았는데 클러치 백 하나에 450만 원 한다는 내용이 나왔습니다. 작지만 희귀한 백이기 때문입니다.

가격이 비싸다고 꼭 덩치가 커야 하는 것이 아닙니다. 구두 한 켤레에 2300만 원짜리도 있었습니다. 그걸 사려고 줄 서 있는 사람들이 있습니다. 롤렉스시계도 한 개 1500에서 3000만 원입니다.

우리가 가난한 삶을 살면 가난한 사람들 밖에 안 보이게 됩니다. 당신이 다니는 교회의 한 성도가 그런 비싼 구두를 신고 다니면 욕할지 모르겠습니다. 그러나 그 성도가 그런 비싼 구두를 파는 회사를 차려 운영하며 백화점에 물건을 납품한다고 하면 어떨까요? 그분이 당신과 모든 교인에게 그런 구두를 선물로 준다면 어떨까요?

제발 잘 나가는 사람들, 부요한 사람들을 비난하지 말아야 합니다. 그들을 보면서 열 받지 말고 본받아야 합니다. 그러면 당신도 그런 것을 가지게 됩니다. 무엇이든지 저주하지 말고 하나님께 구하십시오.

나는 옛날에 형이 타는 소형차 티코를 물려받아 탔습니다. 그렇게 20대에 티코를 타고 다닐 때는 세상에 티코를 탄 사람밖에 안 보였습니다. 도로에 나서니까 티코가 왜 그렇게 많은지요. 그러다가 중고차 엑셀을 250만 원에 샀습니다. 그 차를 타니까 티코는 안 보이고 온 세상에 엑셀밖에 안 보였습니다.

그러다가 쏘나타를 샀습니다. 그때까지만 해도 쏘나타가 도로에 몇 대 밖에 없는 줄 알았습니다. 그런데 내가 쏘나타를 몰고 다니니까 세상에, 도로 위에 쏘나타가 왜 그렇게 많은지요. 3년 전에

3300만 원을 주고 그랜저 새 차를 샀습니다. 도로에 그랜저가 왜 그렇게 많은지 다시 한 번 크게 놀랐습니다.

오늘 아침에는 예쁜 삼각별이 달린 하얀 벤츠를 몰고 내 집무실에 왔습니다. 내가 사는 잠실에는 벤츠, 아우디, 에쿠스가 아주 많습니다. 카페에 앉아 책을 읽다가 창밖을 내다보면 종종 노란색 람보르기니와 빨간색 페라리, 금색 포르쉐가 "바앙" 하고 기분 좋은 소리를 내며 달리는 것을 보게 됩니다. 당신도 그런 차를 모는 것을 꿈꾸십시오. 인생은 꿈대로 다 됩니다.

우리가 어떤 위치에 올라가면 그 위치에 있는 수많은 사람들이 눈에 들어오게 됩니다. 산 밑에서 등산을 시작할 때는 저 꼭대기에 누가 있을까 하지만 막상 올라가 보면 수많은 사람들이 벌써 그곳에 도착해서 휴식을 즐기는 모습을 발견하게 되는 것과 같습니다.

꿈을 꾸고 가졌다고 믿으면 어제까지 없던 새로운 길이 생긴다

당신은 언제까지 지금의 그 수준에서 머물겠습니까?

당신도 야곱처럼 항상 흰색 양과 검은 색 염소만 생각하지 말고 채색 양을 꿈꾸십시오. "한번뿐인 소중한 내 인생, 채색 옷을 입고 살 거야"라고 마음먹으십시오. 채색 옷을 입고 희귀 종목으로 럭셔리 사업을 하겠다고 선택하면 그런 길이 초자연적으로 열립니다.

"라반이 그에게 이르되 여호와께서 너로 말미암아 내게 복 주신 줄을 내가 깨달았노니 네가 나를 사랑스럽게 여기거든 그대로 있으라. 또 이르되 네 품삯을 정하라. 내가 그것을 주리라. 야곱이 그에게 이르되 내가 어떻게 외삼촌을 섬겼는지, 어떻게 외삼촌의 가축을 쳤는지 외삼촌이 아시나이다. 내가 오기 전에는 외삼촌의 소유가 적더니 번성하여 떼를 이루었으니 내 발이 이르는 곳마다 여호와께서 외삼촌에게 복을 주셨나이다. 그러나 나는 언제나 내 집을 세우리이까? 라반이 이르되 내가 무엇으로 네게 주랴? 야곱이 이르되 외삼촌께서 내게 아무것도 주시지 않아도 나를 위하여 이 일을 행하시면 내가 다시 외삼촌의 양 떼를 먹이고 지키리이다. 오늘 내가 외삼촌의 양 떼에 두루 다니며 그 양 중에 아롱진 것과 점 있는 것과 검은 것을 가려내며 또 염소 중에 점 있는 것과 아롱진 것을 가려내리니 이같은 것이 내 품삯이 되리이다. 후일에 외삼촌께서 오셔서 내 품삯을 조사하실 때에 나의 의가 내 대답이 되리이다. 내게 혹시 염소 중 아롱지지 아니한 것이나 점이 없는 것이나 양 중에 검지 아니한 것이 있거든 다 도둑질한 것으로 인정하소서. 라반이 이르되 내가 네 말대로 하리라 하고 그 날에 그가 숫염소 중 얼룩무늬 있는 것과 점 있는 것을 가리고 암염소 중 흰 바탕에 아롱진 것과 점 있는 것을 가리고 양 중의 검은 것들을 가려 자기 아들들의 손에 맡기고 자기와 야곱의 사이를 사흘 길이 뜨게 하였고 야곱은 라반의 남은 양 떼를 치니라. 야곱이 버드나무와 살구나무와 신풍나무의 푸른 가지를 가져다가 그것들의 껍질을 벗겨 흰 무늬를 내고 그 껍질 벗긴 가지를 양 떼가 와서 먹는 개천의 물구유에 세워 양 떼를 향하게 하매 그 떼가 물을 먹으러 올 때에 새끼를 배니 가지 앞에서 새끼를 배므로 얼룩얼룩한 것과 점이 있고 아롱진 것을 낳은지라. 야곱이 새끼 양을 구분하고 그 얼룩무늬와 검은 빛 있는 것을 라반의 양과 서로 마주보게 하며 자기 양을 따로 두어 라반의 양과 섞이지 않게 하며 튼튼한 양이 새끼 밸 때에는 야곱이 개천에다가 양 떼의 눈앞에 그 가지를 두어 양이 그 가지 곁에서 새끼를 배게 하고 약한 양이면 그 가지를 두지 아니하니 그렇게 함으로 약한 것은 라반의 것이 되고 튼튼한 것은 야곱의 것이 된지라. 이에 그 사람이 매우 번창하여 양 떼와 노비와 낙타와 나귀가 많았더라."(창 30:22~43)

인간적인 힘으로 안 되는 것에는 하나님이 직접 개입하십니다. 당신이 성령 안에서 위대한 꿈을 품고 어떠한 장애물이 있더라도 그 꿈을 포기하지 않고 하나님을 바라보면 하나님은 반드시 길을 열어 주십니다. "이젠 어떻게 해야 할지 도무지 모르겠어"라고 할 때 뻥 하고 당신이 알지 못하는 새롭고 크고 놀라운 길이 뚫립니다. 그럴 때 "와우, 바로 이거였어. 정말 하나님은 놀라운 분이야. 하나님, 감사합니다"라고 고백하며 덩실덩실 춤을 추게 됩니다. 인생은 극적인 상황과 초자연적인 기적의 연속입니다.

무슨 일을 시도하든지 두 배의 예산을 잡고 진행하면 쉽다

당신은 돈 관리를 어떻게 하고 있습니까?
야곱은 아롱진 양, 점 있는 양, 검은 양, 세 개의 곳간을 만들고 자동으로 저장하기 시작했습니다. 자동저장습관을 가져야 합니다. 이것이 내가 쓴 〈내 인생을 바꾼 억만장자 마인드〉란 책에 나오는 억만장자 마인드의 기본적인 생활 습관입니다.
나는 돈이 들어오면 자동으로 곳간에 저장합니다. 그 돈이 모이면 자산을 마련하는데 굴립니다. 백만장자는 십분의 일을 저축합니다. 아브라함, 이삭, 야곱은 백만장자였습니다. 아브라함이 십분의 일을 드렸습니다. 이삭은 백배의 축복을 받았습니다. 야곱은 두 떼의 축복을 받았습니다. 야곱은 하나님께 십일조를 드리겠다고 서원했습니다. 십분의 일은 믿음의 조상 아브라함 때부터 시작되었고 야곱의 때까지 이어졌습니다.

당신도 그들처럼 백만장자의 삶을 살고 싶으면 십분의 일을 하나님께 드리고 또 다른 십분의 일을 떼어 당신의 곳간에 저장하십시오. 하나님께 드리는 십분의 일은 영원 곳간에 저장하는 것이고 또 다른 십분의 일을 떼어 저축하는 것은 당신을 위해 미래 곳간에 저장하는 것입니다. 나머지 십분의 팔을 생활비로 쓰면 됩니다.

십일조 드리는 분은 십일조를 드리는 만큼 반드시 또 다른 십분의 일을 떼어 자신의 미래를 위해 저축해야 합니다. 십의 팔만 써도 충분합니다. 많은 사람들이 십일조를 드리긴 하지만 자신의 미래를 위해 십분의 일을 따로 저축하지 않고 다 써 버립니다.

"김열방 목사님, 제게 한 달에 천만 원이 들어오면 그때부터 하겠습니다. 지금은 제가 한 달에 백만 원밖에 못 벌기 때문에 그것을 다 쓰기에도 모자랍니다. 지금은 저축할 때가 아닙니다."

그렇지 않습니다. 1000원짜리부터 시작해야 합니다. 1000원의 수입이 생기면 십분의 일인 100원은 하나님께 드리고 또 다른 십분의 일인 100원은 자신의 미래를 위해 곳간에 저장해서 그 돈이 모이면 굴려야 합니다. 이것이 백만장자의 습관입니다.

억만장자는 오분의 일 법칙으로 들어갑니다. 억만장자는 "오리를 가자면 십리를 가라"는 말씀에 근거해 두 배의 법칙을 따라 삽니다. 그래서 십분의 일의 두 배인 오분의 일을 하나님께 드리고 또 다른 오분의 일을 떼어 자신의 미래를 위해 곳간에 저장합니다.

성경에서 말하는 기본은 '십일조와 헌물'이지만 우리는 성경 전체에서 말하는 두 배의 법칙까지 접근해야 합니다. 오분의 일을 드리고 오분의 일을 저축한 후에 남는 오분의 삼으로 생활하십시오.

당신이 백만장자의 방식을 취하든, 억만장자의 방식을 취하든 둘 다 잘하는 것입니다. 나는 억만장자의 방식인 두 배의 법칙을 따라 오분의 일을 드리고 또 오분의 일을 저축하며 살고 있습니다. 인생은 선택이니까 각자가 선택하면 됩니다. 당신이 선택하십시오.

두 배의 법칙에는 '채주받 누베기 고전' 여덟 가지가 있습니다.

첫째, 두 배로 채우신다는 것을 믿기, 하나님이 당신에게 모든 것에 모든 것이 넉넉하여 모든 착한 일을 넘치게 하도록 두 배로 채워 주신다는 것을 믿으십시오. 하나님은 부요하신 분입니다.

둘째, 두 배로 주기, 기왕 사람들에게 줄 바에는 두 배로 주십시오.

셋째, 두 배로 받기, 사람들에게 받을 때 두 배로 받아야 합니다.

넷째, 두 배로 누리기, 누리기 위해 어떤 것을 살 때 두 배로 예산을 잡고 두 배로 좋은 물건을 사야 후회하지 않고 두고두고 좋습니다.

다섯째, 두 배로 베풀기, 베풀 때 인색한 마음이 아닌 두 배로 예산을 잡고 베푸십시오. 그러면 베푸는 사람도 받는 사람도 기분이 좋습니다.

여섯째, 두 배로 기부하기, 쩨쩨하게 기부하지 말고 두 배로 하십시오.

일곱째, 두 배로 고급화하기, 시설할 때 두 배로 고급화하십시오.

여덟째, 두 배로 전문화하기, 기술적인 것을 두 배로 전문화하십시오.

코칭 과정에 등록할 때도 한 가지만 하지 말고 두 가지 이상 하겠다고 마음먹고 등록비를 두 배로 준비해야 합니다. 그러면 마음에 부담이 안 되고 등록하는 것이 쉽습니다. '책쓰기학교'만 하려고 하지 말고 '강연학교'와 '1인 출판사 설립학교'까지 등록비를 다 준비하십시오. 공동 저자도 등록하십시오. 다 하십시오.

한번은 용인에 부흥회를 인도하러 가서 그 교회 담임목사님과 함께 식사하는데 그분이 재미있는 말을 하는 것을 들었습니다.

"김열방 목사님, 어떤 성도들은 쩨쩨귀신에 잡혀 모든 것에 쩨쩨하게 행동합니다. 쩨쩨하게 헌금하고 쩨쩨하게 쓰고 누립니다."

나는 그런 말을 처음 들어보았기 때문에 웃었지만 그리스도인들 중에 정말 쩨쩨하게 사는 사람들이 많은 것은 사실입니다.

끝까지 버티다가 억지로 하지 말고 즐거운 마음으로 오늘 실천하라

성경에서 하나님의 마음에 합한 자라고 칭찬을 들었던 다윗은 두 배의 법칙을 따라 행동했습니다. 사울 왕은 다윗을 자기 딸 미갈과 결혼시키려고 했습니다. 사울이 가난한 다윗에게 말했습니다.

"다윗아, 너는 결혼 지참금을 준비해라."

"저는 아버지가 목동이어서 미약한 집안입니다. 재산이 별로 없습니다. 그러니 힘이 없어 결혼할 수 없습니다."

"음, 나도 왕의 체면이 있다. 백성들이 다 지켜보고 있다. 돈이 없다면 대신 그에 상당한 다른 결혼 지참금을 준비하면 된다. 내가 네게 방법을 알려주겠다. 전쟁터에 나가서 블레셋 군인 100명을 죽이고 그 성기 껍데기를 잘라 와라. 그러면 내 딸 미갈을 네게 주고 너를 내 사위로 맞이하겠다."

그러자 다윗이 "알겠습니다. 제가 그것을 준비하겠습니다"라고 대답했습니다. 사실 그 결혼 계획은 사울 왕이 다윗을 미워하여 그를 전쟁터에 내보내 죽이기 위해 악한 모략을 짠 것이었습니다.

"사울은 천천이요 다윗은 만만이라."

백성들이 다윗을 칭송하는 말을 들은 사울 왕은 잠을 못 자고 어떻게든 다윗을 죽이려고 했습니다. 그런데 진짜 다윗이 나가서 싸웠습니다. 전쟁 때가 안 되었는데 다윗이 적극적인 태도를 취했던 것입니다. 그 블레셋 군대를 마구 쳤는데 그들은 모두 거인이었습니다. 그들을 쳐 죽이고 남자의 성기 껍데기 100개의 두 배인 200개를 잘라 왔습니다. 피가 흠뻑 젖은 자루를 가져와서 사울 왕 앞에 "탁!" 던져 놓으면서 말했습니다. "왕이시여, 됐나이까? 원하는 것을 가져왔습니다."

사울은 소름이 끼쳤습니다. 다윗은 두 배의 법칙을 따라 행동했습니다. 억지로 한 것이 없습니다. 그는 자원하는 마음, 즐거운 마음으로 순종했습니다. 억지로 오리를 가자면 십리를 간 사람이었습니다. 그래서 하나님은 다윗을 보고 "내 마음에 합한 자다"라고 기뻐하셨습니다. 당신도 지금부터 두 배의 법칙을 따라 하십시오.

"김열방 목사님, 지금은 때가 아닙니다. 제가 한 달에 천만 원, 1억을 벌면 그때는 십의 오조라도 하겠습니다."

그게 아닙니다. 나는 만 원, 10만 원부터 했습니다. 그런데 하나님은 내게 필요한 것을 다 채우셨습니다. 내 아이들도 실제로 그렇게 하고 있습니다. 한 아이는 한 달에 천만 원이 들어오면 200만 원을 드리고 200만 원을 저축하고 나머지 600만 원으로 자기 하고 싶은 것을 다 하며 생활합니다. 그 아이가 처음에는 1000원부터 시작했습니다.

셋째와 넷째 아이는 아직 고등학생, 중학생이기 때문에 한 달에 10만 원 정도의 용돈을 주는데 그 아이들도 똑같이 합니다. 오분의 일인 2만 원을 하나님께 드리고 또 오분의 일인 2만 원은 미래를 위해 저축하고 나머지 오분의 삼인 6만 원만 갖고 생활합니다. 그래도 풍족합니다. 하나님은 어떻게 해서든 기적을 베풀어 용돈의 두 배 이상을 공급해 주십니다. 내가 준 용돈은 10만 원인데 아이들은 오분의 일을 5만 원 이상 드릴 때도 있습니다.

두 배를 헌금으로 드리면 모자랄 것 같은데 그렇지 않습니다. 하나님께서 어떤 방식으로든 전체 수입의 두 배 이상을 채워 주시기 때문입니다. 나는 날마다 그런 기적을 경험합니다. 당신도 곳간을 다섯 개 만드십시오. '영미현꿈결'입니다.

첫째, 영원 곳간은 하나님께 수입의 오분의 일을 드리는 것입니다.

둘째, 미래 곳간은 당신의 미래를 위해 오분의 일을 저축하는 것입니다. 미래를 위해 저축하지 않으면 당신의 미래는 없습니다. 노아처럼 양식을 저축하고 다윗처럼 금 십만 달란트를 저축하십시오.

셋째, 현재 곳간은 생활비를 위해 오분의 일을 넣어 놓고 쓰면 됩니다.

넷째, 꿈의 곳간은 자신의 크고 작은 꿈과 소원을 위해 수입의 오분의 일 정도를 따로 떼어 넣어 놓고 그 돈으로 하고 싶은 일을 하면 됩니다.

다섯째, 결제 곳간에도 오분의 일을 넣어 놓고 공과금과 관리비 같은 것이 자동으로 이체되게 하면 됩니다. 오늘 당장 다섯 개의 통장을 만드십시오. 내일로 미루지 말고 오늘 실천하십시오.

돈 관리는 작은 것부터 실천해야 합니다. 나와 아이들은 1000원짜리부터 그렇게 해 왔습니다. 처음에는 좀 생소했지만 믿음으로 꾸준히 실천하자 하나님께서 많은 복을 주셨습니다. 헌금을 많이 하고 저축도 많이 하는데 하나님은 62평짜리 집을 사게 하셨고 벤츠를 사게 하셨습니다. 매달 저술과 강연, 코치와 출판 사업을 통해 억대 수입을 올리게 하셨습니다. 땅값과 집값도 올라 큰 수익을 올렸고 사업상 꼭 필요하지 않는 비용에 대해서는 절반 이하로 절감하게 되었습니다.

당신도 하루에 1억, 10억씩 벌 수 있다는 믿음을 가지라

그렇게 많이 헌금하고 저축하면 돈이 부족하다고요?

하나님은 모든 것에 모든 것이 넉넉하여 모든 착한 일을 넘치게 하도록 채우는 분이십니다. 나는 전능하신 하나님의 풍성한 공급하심을 믿습니다.

당신도 하나님께 지금보다 두 배, 열 배 이상의 수입을 올리게 해 달라고 도움을 구하십시오. 돈을 많이 벌어야 합니다. 모든 사람은 한 달에 천만 원, 1억, 10억을 벌 수 있는 재능이 있습니다.

당신에게 재물 얻을 능력이 있음을 믿고 어떻게 하면 한 달에 10억을 벌 수 있는지 궁리하십시오. 싸구려가 아닌 럭셔리 고가의 제품을 만들어 팔기 시작하십시오. 크게 생각하십시오. 남들이 하지 않는 일을 하십시오. 천재들은 실제로 하루에 1억, 10억을 법니다.

"저는 그런 돈을 못 벌어 봤는데요. 한 달에 겨우 백만 원밖에 못 버는데요. 그러면 저는 천재가 아니네요?"

그렇게 말하지 마십시오. 과거에 못 벌었다고 해서 앞으로도 못 벌라는 법이 어디 있습니까? "나는 앞으로 한 달에 1억, 10억의 돈을 번다"고 믿고 말하십시오. 그런 꿈과 소원을 가지십시오. 그러면 반드시 그렇게 될 것입니다. 하나님이 그런 지혜와 모략을 주십니다. 나는 내가 그린 서양화 한 점에 1000억을 매겼습니다.

어떻게든 수입을 키워야 합니다. 하나님의 자녀들은 노예와 하녀처럼 밑바닥 일만 하지 말고 왕과 왕비처럼 럭셔리한 일을 해야 합니다. 하루에 1억, 10억을 벌어야 합니다. 지금 당장 그런 수입이 없더라도 꿈을 가져야 합니다. 꿈조차 가지지 않는다면 어떻게 길이 열리겠습니까? 일단 꿈을 가지면 그것을 얻을 수 있는 길이 열립니다. 큰 꿈을 가지고 많은 꿈을 가지십시오.

"벤츠를 사겠다"는 것은 꿈입니다. 꿈대로 다 됩니다.
"세계 일주를 하겠다"는 것은 꿈입니다. 꿈대로 다 됩니다.
"대저택을 사겠다"는 것은 꿈입니다. 꿈대로 다 됩니다.
"고급 외투를 열 벌 사겠다"는 것은 꿈입니다. 꿈대로 다 됩니다.

"좋은 구두와 시계를 사겠다"는 것은 꿈입니다. 꿈대로 다 됩니다.
"아이들과 놀이 공원에 가겠다"는 것은 꿈입니다. 꿈대로 다 됩니다.
"대형 전도 집회를 열겠다"는 것은 꿈입니다. 꿈대로 다 됩니다.

이런 꿈을 위해 수입의 오분의 일을 저축하기 시작해야 합니다. 그러면 돈이 조금 모였을 때도 그것을 얻을 수 있는 길이 열립니다. 나는 그렇게 저축해서 내 꿈과 소원을 하나씩 이루었습니다.

인생은 꿈대로 다 됩니다. 나는 지금까지 꿈대로 다 되었습니다.

당신도 겁먹지 말고 제한 없이 꿈을 가지십시오. 꿈이 없는 사람에게 하나님의 기적도 응답도 없습니다. 성령님은 당신의 꿈을 이루어 주시는 분입니다. "그런 개인적인 욕구를 위한 꿈도 이루어 주시나요?" 네, 그렇습니다. 작게 생각하면 모든 것이 개인의 욕구처럼 보입니다. 아예 백배로 크게 생각하면 어떨까요?

"벤츠 회사를 인수하겠다. 페라리나 람보르기니 대리점을 차리겠다. 아파트를 단지로 사겠다. 고급 외투와 보석 회사를 차리겠다. 일간 신문사와 방송국을 세우겠다"는 식의 큰 꿈을 가지면 많은 것이 달라질 것입니다. 무엇이든 안 된다고만 말하는 소인배들의 말을 듣지 말고 하나님과 함께 세상을 정복하겠다는 큰 꿈을 가지십시오. 제발······.

모든 일을 자동화시켜 놓고 자유롭게 움직이며 인생을 즐겨라

과학이 발달할수록 모든 것이 자동으로 바뀌고 있습니다.

내가 모는 벤츠도 정한 속도에 따라 자동으로 달립니다. 자동으로 헤드라이트가 켜지고 상황에 따라 자동으로 밝기를 조정하며 빛의 방향도 자동으로 이리저리 움직입니다. 빗방울이 떨어지면 와이퍼도 자동으로 쓱쓱 하고 움직입니다. 주유구도 내가 차 안에서 손가락을 까닥하지 않아도 바깥에서 누르면 자동으로 열립니다.

자동화는 하나님의 속성입니다. 당신도 하나님처럼 모든 것을 자동화하십시오. 하나님은 자동화를 좋아하십니다. 의로워지는 것은 자동입니다. 성령 충만해지는 것도 자동입니다. 믿음으로 의로워졌는데 성령 충만으로 들어가면 수동화한 사람들이 많습니다.

성령 충만은 하루에 일곱 시간씩 기도해서 얻는 것이 아닙니다. 금식과 철야를 많이 해서 그 보상으로 얻는 것이 아닙니다. 성령 충만은 선물이며 자동으로 얻는 것입니다. 성령 충만의 자동화를 믿으십시오. 수도 파이프가 연결되어 있으면 자동으로 물이 가득하고 항상 철철 흐르는 것과 같습니다. 당신 안에 성령의 기름 부음이 가득합니다.

천지 만물을 경영하는 것도 자동화입니다. 하나님은 천지 만물을 창조하신 후에 밤낮 그것을 경영하기 위해 땀 흘리며 일하시는 분이 아닙니다. "천지 만물은 자동으로 돌아가라"고 명령을 내려놓으셨습니다. 사시사철과 연한이 자동으로 돌아갑니다. 해와 달과 별이 자동으로 돌아갑니다. 하나님은 자전과 공전을 통해 모든 것이 자동으로 돌아가게 하셨습니다. 지구가 하나의 축을 중심으로 24시간 자동으로 돌아가는 것이 자전이고 태양을 중심으로 365일 자동으로 도는 것이 공전입니다. 하나님은 자전과 공전 시스템을 만들어 놓고 쉬십니다.

의로워지는 것은 자동입니다. 예수를 구주로 믿으면 의로워집니다. 자동으로 죄를 안 짓는 환경에 들어가 있으면 자동으로 죄를 안 짓게 됩니다. 또한 믿음으로 성령 충만해집니다. 성령 충만은 자동입니다. 건강도 자동입니다. 성경에서 창조주 하나님이 말씀하신 '곡채과 소양가생'의 깨끗한 음식을 먹고 푹 자면 병이 안 생기게 됩니다. 창조주가 먹지 말라고 한 것에다 사람들이 화학 첨가물을 잔뜩 집어넣어 감칠 맛 나게 만들어 입에 갖다 퍼 넣으니 병이 생길 수밖에 없는 것입니다. 돼지고기와 장어구이, 낙지와 오징어 같은 더러운 것은 먹지 말아야 합니다. 징그러운 것, 혐오스러운 것, 부정한 것을 먹으면 자동으로 병이 생기게 됩니다.

하나님은 인간에게 잠을 소중히 여기라고 하십니다. 하나님은 6일 동안 천지 만물을 창조하신 후에 제 7일째 쉬셨지만 인간은 지구상에 만들어진 그 다음날부터 쉬어야 했습니다. 인간은 하루를 먼저 쉬고 나머지 6일을 일하는 존재로 만들어진 것입니다.

"저녁이 되고 아침이 되니 이는 첫째 날이니라"고 했습니다.

인간에게는 저녁이 먼저입니다. 해가 질 때쯤이면 일을 끝내고 쉬다가 잠이 오면 자동으로 잠자리에 들어가 자야 합니다. 먼저 하루에 7~8시간 푹 자는 것, 그것이 하루의 출발입니다. 그런 후에 일해야 합니다. "잠자는 것이 가장 중대한 일이다. 나는 하루에 여덟 시간 푹 자겠다"고 결심하고 그 일부터 실천하십시오.

좀 더 일찍 잠자리에 드십시오. 밤 열 시에 자면 그 다음날 여섯

시에 일어나서 열여섯 시간 동안 미친 듯이 뛰어다니며 일해도 피곤하거나 지치지 않습니다. 내가 그렇게 살고 있습니다. 그래서 남들보다 열배, 백배나 더 많은 일을 해내는 것입니다.

일주일 중에 하루를 먼저 쉬고 나머지 6일을 일해야 합니다. 달력에 보면 빨간색으로 일요일이 표시되어 있습니다. 그날은 여호와의 안식일입니다. 지금은 예수님이 부활하신 안식 후 첫날을 주일로 지킵니다. 그 날을 먼저 쉬고 나머지 6일을 일하면 큰 성과를 거둘 수 있습니다. 하루를 먼저 푹 쉬고 나머지 6일을 힘써 일하십시오. 당신이 나처럼 깨끗한 음식을 먹고 하루에 여덟 시간씩 잠을 푹 자고 습관적으로 산책하고 운동하면 자동으로 건강해집니다. 건강의 자동화입니다. 부요해지는 것도 내가 말한 것처럼 곳간을 관리하면 자동으로 부요해집니다. 지혜로워지는 것도 자동화입니다. 한 사람이 내게 말했습니다.

"김열방 목사님, 제가 〈김열방의 두뇌개발비법〉이란 책을 읽고 제 머리에 손을 얹고 150억 개의 뇌세포를 향해 명령을 내리고 있는데 도대체 몇 번을 해야 하나요? 하루에 한번씩 365번을 해야 하나요? 아니면 하루에 열 번씩 명령을 내려야 하나요? 저는 하루에 한 시간씩 기도하고 난 다음에 몇 번 명령을 내리는데요."

"아닙니다. 한번만 명령을 내리고 믿으면 됩니다. 하나님은 빛이 있으라고 한번만 명령하셨습니다. 우리도 150억 개의 뇌세포를 향해 예수 이름으로 가동되라고 명령을 내렸으면 그렇게 움직이고 있다고 믿어야 합니다. 백 번, 천 번을 명령하고 믿지 않는 것보다 한번 명령하고 믿는 것이 낫습니다. 기도하는 것도 한번 입을 열어

구했으면 받았다고 믿어야 합니다. 마음에 조금도 의심하지 않으면 그대로 됩니다."

책을 쓰고 강연하는 것이든, 1인 출판사를 차려 억대 수입을 올리는 것이든, 그것이 무엇이든 세상에 어려운 것은 하나도 없습니다. 단지 방법을 모르기 때문에 죽을 때까지 고생만 하는 것입니다. 천재적인 코치를 만나고 천재적인 방법을 따라 하면 자동으로 원하는 것을 다 얻게 됩니다. 쉽고 재미있습니다. 즐겁고 행복합니다. 자유합니다.

의와 성령 충만, 건강과 부요함, 지혜와 평화와 생명에 대해 자동으로 얻게 하셨습니다. 당신 안에 이 모든 것을 가지신 예수 그리스도가 성령으로 충만히 들어와 계십니다. 당신은 천재입니다. 천재적인 작가와 강연가, 사업가의 길을 가십시오. 한번뿐인 소중한 인생, 당신은 원하는 것을 모두 얻어 누리며 최고의 삶을 살 수 있습니다. 인생은 꿈대로 믿음대로 다 됩니다.

내일로 미루지 말고 오늘 코칭 과정에 등록하십시오.

[김열방 (金列邦) 연보]

"천재적인 재능을 마음껏 발휘하며 살라"

1969년 8월 15일(1세) / 목장을 경영하던 부친 김재오 장로와 모친 오미진자 권사의 둘째로 대구에서 태어남 / 김열방을 낳기 전에 부친이 맑은 하늘에 큰 별 세 개가 초롱초롱 빛나는 태몽을 꾸었고 이에 세 명의 아들이 하나님의 종의 길을 가게 될 것을 예언함

1980년(12세) / 예수를 만나다.

1987년(19세) / 어릴 때부터 교회를 열심히 다니며 중등부 회장, 고등부 회장을 역임함 / 고 3 때부터 시작해서 수년간 주일학교 교사로 어린아이들을 가르침

1988년(20세) / 성령을 체험하다. 하루 일과를 마치고 집으로 돌아오던 중 길을 걷고 있을 때 갑자기 성령이 강하게 임했고 그 길로 교회에 달려가 마룻바닥에 엎드려 회개하고 방언과 예언, 신유와 축귀 등의 다양한 은사를 받게 됨 / 그 이후로부터 김열방이 기도해 준 수만 명의 사람들이 성령을 체험하고 다양한 은사가 나타나게 됨 / 부흥회를 인도하기 시작함

1989년(21세) / 한 부흥회에 참석하여 대전에서 목회하는 백발의 노인 부흥사로부터 "모세와 같이 한 시대를 이끄는 목자의 사명을 받았다. 남다른 지혜가 네 안에 있다"는 예언을 받음

1991년(23세) / 군 복무 중 첫 휴가를 나와 공원을 산책하던 중 가시덤불에서 하나님을 만난 모세처럼 성령님을 인격적으로 대면하게 되었고 그 이후로 계속 성령님과의 특별한 우정과 사랑의 친교를 나누게 됨 / 그 내용을 정리해서 담은 책이 29세 때 〈성령님과 교제법〉으로 출간되어 수십만 명에게 감동과 도전을 줌

1993년(25세) / 광주 상무대 육군포병학교 만기 제대함(육군포병학교장 표창) / 군복무 시절 하루에 한 구절 이상 성구를 암송하여 1,000구절 암송함, 제대 후에도 계속 암송하여 현재까지 3,000구절을 암송함

1994년(26세) / 성령님의 인도로 아내 김사라를 만나 결혼함 / 단칸방이 너무 답답하여 밖에 나와 매일 산책하게 되었고 현재도 하루에 세 시간 정도 꾸준히 산책하고 있음

1997년(29세) / 첫 번째 책 〈성령님과 실제적인 교제법〉출간함 / 이때부터 본격적으로 세미나를 열고 전국과 세계를 다니며 부흥회를 인도함

1999년(31세) / 서울에서 개척하라는 성령님의 지시로 움직이다가 온전히 순종치 못하고 안산에서 머묾, 다시 순종하여 서울 잠실로 와 '종합운동장교회'를 개척함 / 수백만 명을 모아 놓고 대형전도집회를 열기 위해 '전세계복음화운동본부'(WGEC) 설립함 / 횃불회관에서 성령님과 교제법 세미나 시작함 / '천재협회' 설립함 / '크리스천 두뇌개발연구소' 설립함 / 두뇌개발 세미나를 시작함 / 〈크리스찬 두뇌혁명〉출간함 / 〈당신은 예수님을 사랑하십니까〉출간함

2000년(32세) / 〈성령님, 자아를 죽여주세요〉출간함

2001년(33세) / 교회를 멈추라는 성령님의 지시로 교회 문을 닫고 1년 6개월 동안 쉼 / 〈영감을 회복하라〉출간함

2003년(35세) / 총신대학교 신학대학원을 졸업함 / 성령님의 지시로 잠실로 다시 와서 한 가정에서 종합운동장교회를 시작함 / 산책하던 중 성령님의 도움으로 '온전한 복음'을 깨닫게 됨 / 〈거장들의 산책〉출간함 / '열방대학 대학원' 설립(하버드, 예일대학보다 더 좋은 대학)

2004년(36세) / 서울 송파구 잠실본동 221-3번지로 교회 이전함 / 인터넷 방송 전도 시작함 / 해외 선교를 위한 '김열방선교재단(KMF)' 설립함 / 〈백이십 퍼센트 믿음〉출간함

2005년(37세) / 목사 안수 받음 / '억만장자협회' 설립함 / 억만장자 세미나 시작함 / 날개미디어 출판사 설립함 / 〈재벌로 사는 비결〉출간함 / 〈천재육성론〉출간함 / 〈행복이 전염됩니다〉출간함

2006년(38세) / 텔레비전 방송 전도 시작함(CBS매주30분) / '서울목자교회'로 명칭 변경 / 〈처음 사랑을 회복하라〉출간함 / 〈인생을 아름답게 사는 법〉출간함 / 〈왕세자 교육〉출간함 / 〈성령님의 인도를 받는 법〉출간함 / 〈주님의 신부〉출간함 / 〈성령님과 인격적인 교제법〉출간함 / 〈응답 받는 믿음의 기도〉출간함 / 〈성령 충만한 전도왕〉출간함 / 〈전도의 불〉출간함 / 〈내 대에서 가난을 끝내라〉출간함 / 〈이끌림〉출간함

2007년(39세) / 라디오 방송 전도 시작함(CBS 매주15분) / 〈생수의 강〉출간함 / 〈예수처럼 요청하라〉출간함 / 〈성경적인 부의 법칙〉출간함 / 〈꿈을 이루는 50가지 믿음의 법칙〉출간함 / 〈거장들의 산책〉출간함

2008년(40세) / 미국 라디오 방송 전도 시작함(워싱턴 미주 방송 매주30분) / 〈아마존 강 같은 성령의 기름 부음〉출간함 / 〈생애 최고의 선물〉출간함 / 〈Guide to Personal Fellowship with the Holy Spirit, 성령님과 교제법 영문판〉출간함 / 〈내 인생을 바꾼 억만장자 마인드〉출간함 / 저자 사인회(영풍문고 종로본점) / 〈성령님과의 인격적인 교제법〉출간함 / 〈김열방의 두뇌혁명〉출간함

2009년(41세) / 〈성령을 체험하라〉출간함 / 〈예수 이름으로 명령하라〉출간함 / 〈6000년 명문가의 믿음의 비결〉출간함 / 성령체험대성회(1~3차, 한국교회백주년기념관대강당) / 〈김열방 목사와 잠실목자교회 꿈 이야기〉출간함

2010년(42세) / 〈성령님과 교제법〉출간함 / 〈신유를 사모하라〉출간함 / 신유를 사모하라 특별세미나 실시함 / 제42차, 성령님과 교제법 세미나 실시함(한국교회백주년기념관대강당)

2011년(43세) / 〈억만장자가 되는 12가지 비법〉출간함 / 잠실목자교회 확장 이전(2011년10월 29일, 서울시 송파구 잠실본동 197-7번지 3,4층) '서울목자교회'로 명칭 변경

2012년(44세) / '김열방의 책강공'(책쓰기,강연학교,공동저자) 설립함 / 김열방과 함께하는 공동저자 1~7차 진행함 / '한결사' 출판사 설립함 / 〈내 인생을 바꾼 만남의 축복〉출간함 / 〈원하는 것을 얻으려면 지금 저질러라〉출간함 / 〈자신의 가치를 백배로 증가시키는 비결〉출간함 / 〈김열방의 두뇌개발비법〉출간함

2013년(45세) / '국제책출간코칭협회' 설립함 / '열방천재스쿨' 설립함 / 〈성령님과 동업하는 비결〉출간함 / 〈성공하려면 의식 수준을 높여라〉출간함 / 〈칭찬 마인드로 기적을 경험하라〉출간함 / 〈크게 성공하는 비결〉출간함 / 〈낙천적 사고방식〉출간함 / 〈김열방의 기도응답비결〉출간함 / 〈김열방의 억대수입비결〉출간함 / 천재멘토 김열방의 대표저서 30권 플랜 시작함 / 김열방의 퍼스널 브랜딩 과정 시작함 /

2014년(46세) / 〈내 꿈을 이루어 주시는 성령님〉출간함 / 〈천국같이 살다가 천국으로 갑시다〉출간함 / 〈작가와 강연가 사업가의 길을 가라〉출간함 / 천대모 설립함(천재작가 대부호의 모임) / 천재멘토 김열방의 사업가학교, 자산가학교 설립함 / 〈천재멘토 김열방의 성령님과 실제적인 교제법〉출간함

2015년(47세) / 〈꿈과 소원 목록을 적으면 그대로 된다〉출간함 / 〈크게 생각하라〉출간함 / 〈천재멘토 김열방의 책쓰기와 벤츠와 롤렉스〉출간함 / 〈생각하라, 그러면 억만장자가 되리라〉출간함 / 〈나는 억만장자다〉출간함 / 〈당신도 벤츠를 사게 될 것이다〉출간함 / 〈천재멘토 김열방의 꿈성취비결〉출간함 / 〈천재멘토 김열방의 성령님과 교제법〉출간함 / 김열방의 오디오북 수백 권 출간함 / 천재화가의 재능이 나타나 서양화를 그리기 시작함 / 서양화 〈사자 얼굴〉 완성함 / 서양화 〈독수리 얼굴〉 완성함 /

2016년(48세) / 〈200세까지 대부호로 사는 비결〉출간함 / 천재멘토 김열방의 그림학교 시작함 / 천재멘토 김열방의 1인 출판사 설립학교 시작함 / 서양화 〈내 안에 실제로 살아 계신 예수님〉 완성함/ 서양화 〈기도 응답을 가져오는 천군 천사들〉 완성함 / 서양화 〈하늘을 나는 독수리〉

완성함 / 서양화 〈우주보다 크신 예수님〉 완성함 / 서양화 〈나는 꿈이다, 국무총리 요셉〉 완성함 / 서양화 〈아름다운 여인〉 완성함 / 〈아, 내 안에 하나님이 가득하다〉출간함 / 〈책쓰기와 강연, 1인 출판사로 인생 2막을 열라〉출간함 / 〈예수님이 십자가에서 다 이룬 복음〉출간함 / 〈내일로 미루지 말고 오늘 실천하라〉출간함 / 천재 디자이너의 재능이 나타나 디자인하기 시작함

• 현재 믿음의 대통령으로 변함없이 그리스도를 깊이 사랑하고 있음. 1만 평 땅에 50층 빌딩 2개 건축, 300만 명이 모이는 교회, 일간 신문사와 텔레비전 라디오 방송국 인수 등의 꿈을 품고 있음. 서울목자교회 담임, 김열방선교재단 회장, 전세계복음화운동본부 대표, 억만장자협회 회장, 천재협회 회장, 열방천재스쿨 교장, 열방대학 신학대학원 총장, '김열방의 책쓰기, 강연학교' 대표 코치, 열방그룹 회장 등으로 활동 중이며 아내 김사라와 네 명의 자녀와 함께 서울 잠실에서 산책하며 행복하게 살고 있음.

▶ 김열방 목사 연락처
• 등록문의 02)416-7869 : 김열방의 책쓰기학교, 강연학교, 1인 출판사 설립학교, 공동저자, 천대모, 열방고등학교, 열방대학, 열방대학원, 여성성공학교, 그림학교에 등록 문의
• 저서주문 02)416-7869 : 김열방의 책과 테이프, 대표 저서 30권 플랜을 전화로 주문 가능
• 입금계좌 : 우리은행 1006-201-345948 (잠실목자교회)
• 카드 24개월 할부 가능함, 카드 번호만 문자로 알려주면 결제 가능함. 010-2035-8865

책쓰기와 강연, 1인 출판사로 인생 2막을 열라

초판 1쇄 인쇄 | 2016년 3월 20일
초판 1쇄 발행 | 2016년 3월 30일

지은이 | 김열방
발행인 | 김사라
발행처 | 날개미디어
등록일 | 2005년 6월 9일, 제2005-44호
주소 | 138-229 서울시 송파구 백제고분로9길 6, A동 3층
전화 | 02)416-7869, 010-2961-8865
메일 | wgec21@daum.net

저작권 | '날개미디어'에 있으며 무단 전제와 복제를 금합니다.
폰트 | 본문은 '윤소호 2012 통합본'을 사용하고
소제목은 '다음체'를 사용하였음을 밝힙니다.

ISBN : 978-89-91752-57-3 13320

책값 20,000원